外宣翻译译者主体性能力范畴化研究

邓 薇◎著

本书的研究和出版得到广东省哲学社会科学基金项目「GD20YWY03」及「GD20CWW06」的资助。

本书也是2020年广东省高等教育教学改革项目（基于翻译能力培养的翻译专业实践教学体系建构）及广东省本科高校2021年课程思政改革示范课堂（英汉笔译——翻译中主语的确定）项目部分研究成果。

全国百佳图书出版单位
——北京——
知识产权出版社

A Study into Categorization of Subjectivity-
Prominent Translator Competence in
Translating of Overseas-Oriented Publicity

图书在版编目（CIP）数据

外宣翻译译者主体性能力范畴化研究 / 邓薇著 . —北京：知识产权出版社，2021.8
ISBN 978-7-5130-7667-8

Ⅰ . ①外… Ⅱ . ①邓… Ⅲ . ①中国对外政策—宣传工作—语言翻译—语言能力—研究 Ⅳ . ① H059

中国版本图书馆 CIP 数据核字（2021）第 167427 号

内容提要

译者主体性在翻译实践过程中发挥着重要作用。本研究从实践哲学和价值哲学出发，在功能目的论以及翻译学理论范畴建构基础上，探讨译者主体性发挥在外宣翻译实践中的表现形态，形成对外宣翻译中译者主体性能力范畴的系统整合性研究。研究结合理论分析与案例实证，对外宣翻译中译者主体性发挥进行理论层面的哲学思辨和实践层面的客观实证，从实践论、认识论、方法论维度对译者主体性能力进行范畴化研究，强调译者主体性能力的可描写性、可阐释性、可印证性和可推论性，厘清外宣翻译译者主体性发挥的方法与规律性特征，对应用翻译学理论体系构建有着重要意义。

责任编辑：宋　云　　　　　　　责任校对：潘凤越
文字编辑：卢文宇　　　　　　　责任印制：孙婷婷

外宣翻译译者主体性能力范畴化研究

邓　薇　著

出版发行：知识产权出版社 有限责任公司		网　　址：http：//www.ipph.cn	
社　　址：北京市海淀区气象路 50 号院		邮　　编：100081	
责编电话：010-82000860 转 8388		责编邮箱：hnsongyun@163.com	
发行电话：010-82000860 转 8101/8102		发行传真：010-82000893/82005070/82000270	
印　　刷：北京虎彩文化传播有限公司		经　　销：各大网上书店、新华书店及相关专业书店	
开　　本：720mm×1000mm　1/16		印　　张：14	
版　　次：2021 年 8 月第 1 版		印　　次：2021 年 8 月第 1 次印刷	
字　　数：229 千字		定　　价：69.00 元	
ISBN 978-7-5130-7667-8			

前　言

　　翻译是一种跨语符、跨文化的特殊活动，其思维过程是从一个认知域到另一个认知域的映射过程。翻译为不同社会制度、历史文化、意识形态、思维方式、民俗习惯、地域环境的人们架起了沟通的桥梁及联系的纽带。作为翻译实践活动的主体，译者的主体性在其中发挥着重要作用，但对于译者的主体性发挥与其能力的关系以及译者如何结合特定文本发挥其主体性等问题仍需要从理论研究范畴角度进行整合和系统研究，从深度和广度以及宏观和微观相结合上拓展其研究内涵和外延，进一步丰富译学界对译者主体性能力培养（尤其在外宣翻译领域）的认识。

　　为了凸显翻译的实践过程是译者主体在主客互动关系中发挥其主观能动性和创造性认识并改造客体的过程，也是为了实现最佳效度的综合艺术性和创译性而体现出来的译者能力各内涵和外延要素高度合作协同的过程，同时也与现有研究中译者能力和译者主体性研究进行区分，本研究使用了"译者主体性能力"的概念。研究从实践哲学和价值哲学出发，结合功能目的论以及翻译学理论范畴建构的研究成果，探讨译者主体性发挥在外宣翻译实践中的表现形态，也即形成对外宣翻译中译者主体性能力结构的认识。从本体上而言，外宣翻译译者主体性是指理想译者发挥其主观能动性和创造性需要具备的能力，是译者在翻译实践过程中作为翻译实践活动主体为满足受众—委托人双重目的需求所表现出来的主观能动性和创造性，是集实践性、目的性、主—客体关系性、主观能动性及创造性的统一；从认识论而言，译者主体性可根据外宣典型语料做进一步的主体性范畴建构与划分，形成对译者主体性的多维、立体认知；从价值论而言，译者主体性的发挥是指译者主体对原文文本价值属性特征的观念性把握并对其作出价值判断；从方法论而言，译者主体性发挥具体表现为译者将具有正价值的信息重现或凸显或强化，将具有零价值或负价值的信息虚化、弱化甚至删略的行为。

本研究以理论分析加案例实证的方法，对外宣翻译中译者主体性发挥现象进行理论层面的哲学思辨和实践层面的客观实证，从实践论、认识论、方法论对译者主体性能力进行范畴化研究，其中，实践论能力包括双语语言能力与超语言能力两大次范畴，认识论能力包括多维视角能力与主体间性能力两大次范畴，方法论能力可分为宏观理论能力与微观技法能力两大次范畴，各大次范畴下又可再分为各次次范畴。在范畴化研究过程中，本研究强调译者主体性能力的可描写性、可阐释性、可印证性和可推论性，以找出外宣翻译译者主体性发挥的方法与规律性特征。

本研究"译者主体性能力"逻辑范畴是翻译学理论范畴体系中一种维度拓展性研究的尝试，对构建应用翻译学理论体系有着重要意义。本研究的主要贡献有：第一，从哲学实践论、认识论、方法论维度系统地对外宣翻译译者主体性能力进行了研究，对长期以来被认为"只可意会不可言传"的主体性进行了哲学诠释和客观实证；第二，建构了译者主体性能力范畴，丰富了翻译学译者主体性系统研究，其成果为翻译教学、翻译培训中具体实践问题提供了可描写、可阐释依据，对翻译专业人才培养具有实践指导作用，也可为翻译批评提供可分析、可阐释、可描写性的评论视角；第三，本研究也是对应用翻译中具有影响力的德国功能目的派理论的拓展性研究，在其基础上拓展了应用翻译学的体系与研究次范畴，将其体系化、范畴化，形成相应的经验模块，能更明细、更系统、更有条理和逻辑地论述应用翻译学体系不同类型文本的理论和实践研究的关系，具有在批判继承基础上将理论与实践紧密结合的指导意义。

本研究的局限性：首先，本研究对译者的主体性能力研究限定在外宣翻译，没有把传统上认为主体性发挥较为典型的文学翻译纳入研究视野。其次，本研究建立的是开放性的研究范畴体系，对译者主体性能力各次级范畴及次次级范畴还需在大量典型语料的基础上进一步阐释和深化拓展。另外，本研究在微观层面客观实证的语料选取和分析方面也可能存在一定的主观性。当然，研究的局限性也可能蕴含可拓展空间，后续研究可从以下两方面考虑：一是对外宣翻译中译者主体性理论范畴进行实验实证研究；二是从大量外宣语料中进一步探讨译者主体性能力结构，拓展译者主体性能力范畴体系。

目　录

导　论

第一节　研究缘起

翻译，一项以语言为媒介的人类思想文化的交流行为，在几千年的历史中，为人类文明的传承和各民族间文化交流作出了巨大的贡献。翻译工作的必要性和重要性在于它为处在不同地域环境、历史文化、社会制度、意识形态、思维方式、民俗习惯等的人们之间架起了通达的桥梁。从社会历史发展角度看，翻译丰富了人类的语言和思想，促进了人类科技文化的传播，推进了全球化的进展。然而，翻译工作者的关键性作用和主体性地位却长期未能得到应有的认可。直到 20 世纪 70 年代，这种情况得以改善：翻译研究确立了自己的学科地位，开始转向以译者 / 读者为中心的文化研究范式阶段，由此"将翻译过程的语符转换过程扩大为文化交流和文化构建的过程"❶，同时也使译者进入了研究视野的中心，译者被看作"舌人""带着镣铐跳舞者""传声筒"的地位得以明显改善，作者 / 原文拥有至高无上地位的情况得以改变，翻译研究开始向翻译活动中的实践主体——译者转移，翻译主体性尤其是译者主体得到了前所未有的重视。有学者指出："译者是翻译过程中两种语言和两种文化间的联系纽带。与作者主体和读者主体相比，译者主体属于译学本体论研究范畴，是译学研究的重要组成部分。"❷

综观国内外译者主体的研究可以发现，西方翻译理论对于译者主体的研究主要集中在翻译中译者主体地位的确立以及译者主体与历史、社会、文化之间的关系上。西方翻译理论"过多地关注译者主体与译语文化的关系，缺乏对译者主体细致入微的分析研究。译者显现只是一个标志，实质是权力运作，译者

---

❶　段峰 . 文化视野下文学翻译主体性研究［M］. 成都：四川大学出版社，2008：1.

❷　葛校琴 . 后现代语境下的译者主体性研究［M］. 上海：译文出版社，2006：14.

主体更像是一个符号，指向的是译者所依附的译语文化中的各种影响因子及它们之间的关系，而与译者本体的研究无关"。❶ 正如杨洁、曾利沙所言，西方翻译主体性研究不足有二：其一是视野狭窄。其相关研究仅局限于译者本身，忽视了其他主体性因素。其二是缺乏内在逻辑性与系统性。❷ 而国内译者主体性研究则主要集中于译者主体地位的发现和译者的定位问题上，拓展了主体性问题的理论维度，但普遍存在学理性不足："①忽视理论研究的逻辑前提；②理论范畴不清，论述缺乏深度；③研究的片面性；④缺乏元理论创新及相应的术语体系。"❸ 就整体译学理论状况而言，"大多数研究还停留在语言、文学及文化方面单一、静态的零散的对比研究，从哲学、美学、社会、文化意识形态等角度，在更高的层次深入研究翻译功能、借用心理认知科学深入研究翻译过程的成果更少，有待系统和完善，各学科间的交叉研究和整合更待探讨和开发"❹，越来越多的翻译界人士意识到，目前的翻译研究缺乏系统性❺，提倡从整体上、宏观上将翻译理论研究系统化。❻ 作为翻译活动中最重要的实践主体——译者，其能力与其主体性发挥之间的关系也值得学界从系统、整体的角度对其进行深入研究。

从研究分析的文本类型来看，国内外译者主体性研究多集中于文学翻译。文学翻译因其具有明显的艺术和文化属性，被认为是能够调动译者主体性意识的典型文本，而传统意义上认为译者主观能动性发挥不明显、不活跃的应用翻译便成为被忽视的领域（如赫曼斯提到的为欧盟工作的翻译工作者不具有太大自由权，其中就暗含了这一点）。❼

应用翻译（pragmatic translation），又称为实用翻译（practical translation

---

❶ 段峰.文化视野下文学翻译主体性研究［M］.成都：四川大学出版社，2008：6.
❷ 杨洁，曾利沙.论翻译伦理学研究范畴的拓展［J］.外国语，2010（5）：75.
❸ 杨洁，曾利沙.论翻译伦理学研究范畴的拓展［J］.外国语，2010（5）：75.
❹ 杨平.对当前中国翻译研究的思考［J］.中国翻译，2003（1）：5.
❺ Gutt E A. Translation and Relevance：Cognition and Context［M］.Oxford：Blackwell，1991：15.
❻ 郭建中.当代美国翻译理论［M］.武汉：湖北教育出版社，2000：3.
❼ 原文为：A translator working for, say, the European Union may not have any leeway in the terms used for a particular type of contract or financial transaction, whereas Ted Hughes translating Ovid may feel somewhat freer to follow his own nose in deciding which chapters of the Metamorphoses to render and how to phrase and modulate his rendering. 见 Hermans T. Translation in Systems［M］.Shanghai：Shanghai Foreign Language Education Press，2004：53.

或 applied translation），是指一种实用性文本的翻译。法国翻译理论家德利尔
（Jean Delisle，1988）在她的著作《翻译的阐释》中定义了应用翻译："以传递
信息为根本目的，运用语用学的原则来翻译实用性文本。它特别区别于传达有
较强情感意义和美学意义的文学翻译。"❶ 相对于文学翻译，应用翻译注重客观
真实而非艺术创造，以传递信息为主要目的，注重信息传递效果，具有目的
性、信息性等特点，范围涵盖政治、经济、社会、文化生活的各个领域，包括
诸如政府文件、科技文本、旅游文本、广告文本、新闻文本等在内的应用性
文本。

近年来，应用翻译研究发展迅速，这与其日益增长的业务需求密切关系。
有学者分析表明，香港的翻译工作者绝大多数从事的都是应用翻译，从事文
学翻译的极少❷，文学翻译所占比重已下降到 4%。❸ 在应用翻译需求迅猛增长
的同时，其理论和实践研究也得到越来越多的关注，取得了大量成果。❹ 学者
们还提出过翻译教学的"非文学转向"❺。在认识到应用翻译的重要性和必要性
基础上，黄忠廉、方梦之、李亚舒等合著了《应用翻译学》❻，分创建论、来源
论、现状论和体系论，创建了应用翻译学，从多学科角度描写、分析、解释了
应用翻译学，提高了应用翻译学的理论性和学术性。

但总体来说，"应用翻译研究还滞后于实际需求"❼，诸多研究还只是停留
在感性认识的基础上，比如简略谈论翻译的心得体会，简单讨论文本的语言、
文体特点等，或简单借用诸如西方翻译理论，将其生硬地套用于某类文本的翻
译实践。在系统的理论研究上，应用翻译的基础性理论研究不足，呈现出"对
于应用翻译的各种技巧，翻译界讨论得比较多，但宏观的、基础性的理论研究
却比较缺乏"❽ 的状况，而对于应用翻译中译者主体及主体性问题，讨论更是

❶ Delisle J. Translation: An Interpretive Approach[M]. Ottawa: University of Ottawa Press, 1988: 13.
❷ 周兆祥. 专业翻译[M]. 香港: 商务印书馆（香港）有限公司, 1997: 14–16.
❸ 陈莉萍. 专门用途英语研究[M]. 上海: 复旦大学出版社, 2000: 70.
❹ 如方梦之、黄友义、林克难、沈苏儒、贾文波、韩子满、刘金龙等学者都就应用翻译发表了相关
　学术论文，详见参考文献.
❺ 周学恒, 孟宏党. 论应用型本科英语翻译教学非文学性转向[J]. 西安文理学院学报（社会科学
　版）, 2011（4）: 111–114.
❻ 黄忠廉, 方梦之, 李亚舒, 等. 应用翻译学[M]. 北京: 国防工业出版社, 2013.
❼ 方梦之. 应用翻译研究 30 年（1980—2010）[J]. 上海翻译, 2012（2）: 27.
❽ 韩子满. 应用翻译: 实践与理论研究[J]. 中国科技翻译, 2005（4）: 48–51, 61.

少之又少。可以说，作为翻译活动实践者的译者在应用翻译过程中的主体性作用还远没有被认识到。

曾利沙在这方面进行了积极的思考和成功的探索，他从外宣和旅游文本翻译研究入手，拓展了德国功能目的论理论范畴的研究内容，构建了应用翻译学核心理论范畴：目的—需求论原则→价值论原则→策略论原则→辅助性准则→可操作规则→翻译技法论❶，并提出了由"经验模块"和"理论模块"构成的"技术理论范畴"概念。❷他认为还有两大理论研究范畴有待拓展：一是"译者主体结构论"范畴，主要探讨译者主体性的构成，包括理论知识、认知思维、实践经验、文化知识、意识形态等之间的相互关系及其在主体翻译行为中的体现；二是"译者主体间性论"范畴，主要研究历时性与共时性应用翻译理论、社会效应、经验总结等在主体间性（如理论研究者、实践研究者、专业翻译者、培训者、受训者、专业管理者等）中所起的作用、互动、共识、差异、程度、方式、效度等。他本人也在译学界有关翻译主体性讨论的基础上拓展出了翻译主体性范畴。他认为，此前的翻译主体性研究主要停留在概念到概念的讨论阶段，要全面研究主体性，就必须将其置于理论范畴体系内进行探讨，并结合本体论、认识论、方法论和价值论等对译者主体性研究的目标、任务、方法、范围以及各子范畴之间的关系加以明确。据此，他拓展出译者主体性研究范畴的一系列次范畴，包括主体目的—策略论、主体意识形态论、主体价值论、主体个性特征论、主体能动性特征论、主—客体互动性特征论、主体结构特征论、主体间性特征论等。❸

从理论研究角度看，探讨译者主体性发挥的本质特点就是考察译者主体在双语语言文化思维差异中协调审美与思维方式、意识结构、认识方法或观察视

❶ 参见曾利沙. 从对外宣传翻译原则范畴化看语用翻译系统理论建构［J］. 外语与外语教学，2007（3）：44–46；曾利沙. 从翻译理论建构看应用翻译理论范畴化拓展——翻译学理论系统整合性研究之四（以旅游文本翻译为例）［J］. 上海翻译，2008（3）：1–5；曾利沙. 论应用翻译学理论范畴体系整合与拓展的逻辑基础［J］. 上海翻译，2012（4）：1–6；等等.

❷ 参见曾利沙. 从认知角度看对外宣传英译的中式思维特征——兼论应用翻译技术理论范畴化表征与客观理据性［J］. 广西民族大学学报（哲学社会科学版），2009（6）：175–179；曾利沙，李燕娜. 从语境参数论看范畴概念"活动"英译的实与虚——兼论应用翻译研究的经验模块与理论模块的建构［J］. 上海翻译，2011（2）：1–6；等等.

❸ 参见曾利沙. 论翻译的艺术创造性与客观制约性——主题关联性社会文化语境下的译者主体性个案研究［J］. 广东外语外贸大学学报，2006（2）：5–8，30.

角，从根本上提高主体认识客体价值属性的能力，洞悉不同社会文化历史对改造客体（凸显其价值属性）的制约性，改善认识主体的素养，改造主观和客观、思维与存在的关系。在翻译学理论研究中，探讨译者主体性的本质特征必须从实践出发考察其典型体现，而非笼统地将其泛化。缺乏典型性问题的翻译理论研究容易倾向于进行就事论事的主观印象式的认识，难以深窥实践客体的本质特征。研究者只有深入实践挖掘复杂的翻译现象后面那些具有典型特征和典型意义的实例，才能揭示出翻译活动的本质特征，从而总结出对策性的经验技法，从翻译活动目的、方向、条件等多维视角推衍出相应的具有公理性质的原则理论。本研究"外宣翻译译者主体性能力范畴化研究"试图考察外宣翻译实践过程中译者主体在认识对象客体并满足主体需求基础上，发挥其主观能动性和创造性需要具备的能力构成及本质特征，是翻译学理论范畴体系中主体结构特征论一种维度拓展性研究的尝试。

本研究将着重于应用翻译中的外宣翻译文本研究，原因有二：第一，外宣翻译"是一种门面工作，其中的错误与缺陷会被放大来看。可以毫不夸张地说，外宣翻译是一个国家对外交流水平和人文环境建设的具体表现"❶，是"宣扬民族意志、展现国家形象，延伸政府外交、争取国际认同，维护国家利益的重要手段"❷。在中国迈向国际化的新时代，无数事实表明研究外宣翻译的任务重要而又紧急。❸第二，"对外宣传翻译是一种目的—需求性很强的社会活动"，其共性特征表现在"侧重于传递以客观事实为主的信息"❹，而"目的性"和"传递信息性"也是应用翻译最为重要的本质特征。因此，研究外宣翻译案例具有典型性。为了使研究更具科学性和代表性，本研究将以官方正式出版、以中国国家政府为发布主体的外宣文本作为研究对象，包括中国政府白皮书、外

❶ 黄友义. 从翻译工作者的权利到外宣翻译——在首届全国公示语翻译研讨会上的讲话［J］. 中国翻译, 2005（6）: 31.

❷ 张昆. 国家形象传播［M］. 上海: 复旦大学出版社, 2005: 2.

❸ 可参见外企高管: 华为在美受阻反映中国对外宣传存问题［EB/OL］. http: //money.163. com/13/0407/14/8RS7ODR200254TJF.html; 刘奇葆: 加强对外宣传阐释 打造中国学术话语体系［EB/OL］. http: //cq.people.com.cn/news/2013515/2013515724533768385.htm.

❹ 曾利沙. 从对外宣传翻译原则范畴化看语用翻译系统理论建构［J］. 外语与外语教学, 2007（3）: 44.

交部对外声明、外交部重要新闻、政府工作报告、党和国家领导人讲话等。❶
本研究还将建立政府白皮书双语语料库，包括 1991—2020 年❷ 的 135 部政府白
皮书的官方中英文语料。研究中案例析取遵循的原则是：以问题为导向，着重
于译者主体性发挥较为典型的实践案例。

第二节　研究原理

作为对传统"等值"观的一个重大突破和对翻译理论的重要补充，德国学
者提出的翻译功能目的论为翻译研究开辟了新视角，被广泛运用于应用翻译领
域。该理论认为目的决定行为，它强调翻译是目的性跨文化行动，突出翻译目
的对翻译策略的影响，"不再把翻译看作一个静态的语言学现象，而是把其看
作一种目的性跨文化交际行动，把翻译理论的关注点从语言层面上转移到了翻
译的交际目的上来"❸。由此，译文不再被看作源文的复制品，而是被看作独立
的目标语文本产品，只要译文实现了预期的功能，达到了翻译的目的，译文即
使不对等于源文，也是值得认可的。在功能主义翻译目的论者看来，在翻译行
动中源文应该起什么作用，应由作为专家的译者来决定，即译者根据翻译发起

---

❶ 根据"白皮书"的词条（http://baike.baidu.com/view/1778.htm?fr=aladdin），世界各国编写白皮书的
　主要目的是对内对外进行国防政策阐释，以进一步明确防务或军事动向，增加军事透明度，努力
　树立自身良好国际形象，并满足国内民众的知情权。中国政府自 1991 年发布第一部白皮书，截至
　2015 年，已发表了 90 多部白皮书，涉及民主政治建设、法治建设、政党制度、人权状况、军控、
　国防、防扩散、宗教问题、人口问题、能源、环境问题、知识产权问题、食品药品安全、互联网
　以及西藏和新疆等内容，旨在全面准确地介绍中国政府在这些重大问题上的政策主张、原则立场
　和取得的进展，增进了国际社会对中国的了解和认识；根据"中华人民共和国外交部声明"词条
　（http://baike.baidu.com/view/8860011.htm），声明是外界观察中国反应的最权威、最直观文本；
　根据"政府工作报告"词条（http://baike.baidu.com/view/82720.htm），政府工作报告是两会期间
　各级政府向大会主席团、与会人大代表和政协委员所做的工作汇报，为了满足中国境内生活和
　工作的外籍人士以及对中国政府工作了解有需求的相关人士，中央政府工作报告往往都有相应
　的英文版，就连地方政府工作报告也逐渐出现了英文版。因此，白皮书、对外声明、政府工作
　报告英文版的主要目的是增进国际社会对中国的了解和认识，树立积极国家形象，具有外宣翻
　译的典型特征。
❷ 截止日期为 2020 年 12 月 31 日。
❸ Munday J. Introducing Translation Studies［M］. London and New York: Routledge，2001：35.

者指定的目标语文本的目的，把源语信息的某些方面提供给目标语接受者。❶
翻译中对源文信息的选择及翻译的目的绝非任意所为，而应按明确的目的进行
翻译，翻译目的必须根据目标语接受者的需要、期望等具体情况确定（不同的
情况下目的有所不同），译者可以采用归化法面向目标语文化，也可以用异化
法使译文读者了解源语文化。因此，功能目的论被认为为一些违反现有翻译标
准但经实际检验十分成功的翻译实践提供了理论依据，"引起人们对一些传统
上不提倡、但从实现译文功能角度来看有时是必需的翻译方法（如删减法和改
译法）重新评价"❷。可以说，功能目的论将译者从"源文中心"以及"对等"
中解放了出来，使译者在翻译过程中拥有更大的自由权和抉择权。

　　然而，"目的决定行为"只是一种比较原则性的笼统说法，属于宏观原
则理论范畴，让译者"起码是在宏观策略方面可以比较明确该采用何种方法
了"❸，但并不能帮助解决翻译实践操作中的具体问题，译者也只能在宏观策略
上有了明确方向，在中观的技术理论范畴以及微观的辅助准则和可操作性规则
层面，译者得不到指导与帮助。功能目的理论并没有对案例问题从本质特征上
进行定性概括，更没有提到为什么要采取何种翻译方法或策略，未能进行从下
至上、从实践感性过渡到理论感性再到理论理性的宏观理论建构。从这方面来
说，译者的自由实际成了一种更大的负担。例如，政府外宣文本的目的为塑造
国家形象，维护 / 争取国家利益，但在翻译实践过程中，译者如何根据"目的
决定行为"发挥其主体性，采取何种翻译原则、方法、策略等，这些都不能从
功能目的论中找到答案，德国功能目的论学派的后续研究也没有进一步从实践
层面对其进行深入系统的研究，因此该理论无法有效指导复杂的翻译过程中的
各种问题，尤其是无法对译者主体的各种主观能动的创译性表现作出合理的
解释。

　　本研究拟从实践哲学和价值哲学出发，结合功能目的论以及翻译学理论范
畴建构的研究成果，探讨译者能力主体性发挥在外宣翻译实践中的表现形态，

❶　Riss K, Vermeer H. Groundwork for a General Theory of Translation [M]. Tübingen: Niemeyer, 1984.
❷　陈小慰.翻译功能理论的启示——对某些翻译方法的新思考 [J].中国翻译，2000（4）：9.
❸　Vermeer H J. Skopos and Translation Commission [J]. The Skopos and the Commission or Translation Brief,
　　1989（29）：185; Venuti L. The Translation Studies Reader [C]. London and New York: Routledge,
　　2000：230–231.

也即形成对外宣翻译中译者主体性能力的认识。

所谓的逻辑范畴体系就是一种相互关联、相互印证的次范畴化的有机构成，从最高基本范畴中推衍出若干子范畴，再从子范畴中推衍出若干次范畴，根据需要还可从次范畴中再推衍次次范畴来。在逻辑范畴体系中，各子范畴之间都有相互关联、相互印证的可推论性关系，构成一个有机的范畴统一体。❶在各具体学科理论范畴发展过程中，各范畴之间具有内在的逻辑关联性，具有相互制约、相互印证的关系。❷无论是翻译理论或是实践研究都具有特定的认识对象，这个认识是一个具有丰富性、复杂性、多样性、多变性等诸多特点的整体，我们只能逐渐去接近这个认识对象，并形成特定的观念形态，通过抽象的概念去把握认识对象的某个侧面或层面的特点，揭示其本质特点，对其运作规律作出合理的阐释或描写。在翻译学理论研究范畴发展中，随着学术共同体理论研究视野的扩大和实践认识的进步，原有的范畴会不断深化和扩展其内涵与外延，或原有的范畴为新的范畴所否定、所摒弃而形成有关认识对象的新概念；或在保留原有的范畴的条件下，修正其不能反映新情况和新事实的内容，而以新的研究成果去纠正它、完善它，使之更加精确化。"无论是'翻译学'（The Science of Translation / Translatology）或是'翻译研究'（Translation Studies），其共同的理论目的都是从历时性或共时性的较广范围内的社会翻译活动中发现实践结构、认识结构、方法结构、价值结构相统一的区间规律性。"❸

哲学既是世界观又是方法论，或者说系统化、理论化的世界观和方法论。它不仅从总体上对人们如何处理自己同外部客观世界的关系提出一定的具有普遍性意义的观点、原理和原则，而且要对这些观点、原理和原则作出理论的解释。❹主体性的问题是哲学研究的核心问题之一，在翻译中对于主体的认识也是翻译研究的一个重点问题。

实践哲学"在承认物质世界的客观实在性和自然界对人的优先地位的前提

❶ 冯契. 逻辑思维的辩证法［M］. 上海：华东师范大学出版社，1996：235.
❷ 彭漪涟. 逻辑范畴论——马克思主义哲学关于范畴的理论［M］. 上海：华东师大出版社，2000：67-68.
❸ 曾利沙. 翻译学理论系统整合性研究［M］. 北京：外语教学与研究出版社，2014：137.
❹ 肖前，李秀林，汪永祥. 辩证唯物主义原理［M］. 北京：人民出版社，1981：4.

下，把主体——人的能动实践性提到重要地位"❶。它同时还告诉我们，主体和客体是构成活动的基本要素。主体总是和相应的客体互为前提而存在。在认识主客体相互关系时，我们还发现，价值哲学能帮助我们更好地认识实践："实践之所以成为创造性的活动，它之所以能创造出自然界不能自动产生的全新事物，重要因素之一正在于价值因素作为能动的调节因素，使实践成为有目的、有意识的自觉活动，实现人类自由的活动。"❷可见，任何实践都是有目的的实践，但并非任何实践都能直接达到目的，这就需要实践主体发挥能动性和创造性，寻求相应的对策和方法，间接地接近目的，以实现目的所蕴含的受众需求的内容，这种间接实现目的的创造性内容，往往体现为一种实践主体对客体的价值发现和价值凸显的认识过程和表现过程。

价值是指主体需要和客体属性的特定关系，改造客观世界的主体根据其特定需要认识并作用于客体，使客体按照主体的需要内容加以改变。翻译学作为具体学科的科学研究领域，同样需要价值哲学的指引才能更全面和深入地探索相关理论与实践之间的关系问题，其价值观不仅能合理地揭示翻译活动发展规律，而且能从深度和广度上揭示其区间规律性并进行相应的理论表征。这是因为研究译者主体，必须考察主体的实践对象——翻译活动的客体（或者说具有多重价值属性的文本），故翻译活动的客体必然是由多重属性构成的综合体，这些属性对主体而言，又具有意义关系本体论和认识论的意义。外宣翻译是社会性、跨文化性、目的性很强的实践活动，必然要考虑社会宣传的效度和受众的接受度，故客体的多重属性应具有可供选择的价值论特征，这就赋予了译者主体以合目的性的主观能动性，即价值甄别和创造性，从而进一步从理论高度上说明了译者主体主观能动性的哲学基础。

从实践哲学和价值哲学来研究译者主体性有助于探讨译者主体在实践活动中如何认识各对象客体——如文本类型及其典型特征，以使研究"走向现实文本世界，从人类社会实践的维度重新审视翻译活动"❸，并立足于在场的、现实的译者主体作为我们研究的具体对象，摒弃理论哲学视野中的观念性译者主

---

❶ 贺善侃.实践主体论［M］.上海：学林出版社，2001：1.

❷ 李连科.价值哲学引论［M］.北京：商务印书馆，1999：4.

❸ 孙宁宁.实践哲学转向对翻译研究的影响［J］.河海大学学报，2003（3）：78.

体。价值哲学则能指引人们更全面和深入地探索译者主体在翻译过程中主体性发挥的实质以及翻译理论与实践之间的关系问题。

第三节　研究目标与问题

如前所述，现有研究并未对译者主体在翻译实践过程中基于客体价值属性（包括价值甄别和选择）进行客体改造和价值再创的过程进行系统描述，在应用翻译领域尤其如此。然而，在翻译实践、教学和培训中，却常常需要对这种译者主体性能力进行描写和阐释，也需要对其进行具可证性和可推论性的形式化表征。从本质上来看，系统研究译者主体性能力能从根本上帮助提高主体认识客体价值属性的能力，洞悉不同社会文化历史对改造客体（凸显其价值属性）的制约性，改善认识主体的素养，改造主观和客观、思维与存在的关系。

在理论方法上，译者主体性研究不仅要考察社会语境下译者主体的思维过程、思维特征、思维形态，还要考察译者主体的种种操作理据，即检验主体是在客体的何种层面、何种程度、何种形态、何种差异上展开的，并在明确各种互参因素的基础上进行主体性能力范畴理论建构。

本研究拟结合实践主体和价值哲学，从多维视角来考察外宣翻译实践中理想译者主体性能力，如译者主体性能力的内在与外在构成及表现特征等，并将译者主体性能力研究和外宣文本自身属性特征研究结合起来，结合功能目的论以及翻译学理论范畴建构的研究成果，深入探讨译者主体性能力在外宣翻译实践中的表现形态，并试图进行理论范畴体系建构。本研究将以理论分析加案例实证的方法，对外宣翻译中译者主体性能力进行理论层面的哲学思辨和实践层面的客观实证。本研究主要探讨以下三个问题：

①什么是外宣翻译中译者主体性能力的本质特征以及构成译者主体性能力的结构要素？

②为何说对客体价值属性特征认识的基础必须从合目的性的主—客互动性关系中予以认识，理想的译者主体性能力的构成要素在相对应的实践层面具有何种表现形态？

③如何对外宣翻译中译者主体性能力要素作出具可描写性、可分析性、可印证性和可推论性的阐释，这对应用翻译学系统理论研究与范畴拓展有何理论与方法论意义？

第一个研究问题主要是从实践主体和价值哲学视角来探讨外宣翻译中译者主体性能力的本质特征及其结构构成要素。实践主体论将翻译实践中的活动主体指向译者，这也能帮助重新认识译者这一主体与各客体之间的关系；价值哲学则能从"主体需要客体的某种价值属性、客体具有满足主体某种需要的属性"来审视主—客体互动的实质及其关系。

第二个研究问题旨在探讨外宣翻译译者的主观能动性发挥有何客观理据和主观策略，以及主体性能力要素在相应实践层面如何进行主客体互动，并考察是何种因素导致了主体和客体产生互动，对这些因素参与主客体互动的可能性过程进行理论推导。

第三个研究问题试图从不同层面和不同维度对外宣翻译译者主体性能力作出理论概括，对其思维轨迹和客体指向性作出描写，并从特殊性上升到普遍性的理论认识对其进行范畴化研究。通过对译者主体性发挥的典型物化形态进行定性描写和分析，进一步从实证层面对外宣翻译译者主体性的结构要素作出具可描写性和可印证性的范畴化研究。

第四节　研究视角及语料

马克思确立的主体性原则的主要内容包括：其一，主体即从事现实的社会实践活动的人。实践性是主体性的首要属性，离开实践，就无所谓主体性。其二，主体性即主动性、创造性、自主性，即能动性，即"总是从自己出发"，按自己的能力、方式、需要和尺度去理解和改造客体及主体自身。

译者主体是外宣翻译活动中的实践主体，译者主体性则是外宣翻译活动中实现最佳效度的综合艺术和创译性的统一，是译者能力各内涵和外延要素高度协同合作的体现，直接关系到翻译的质量和效果问题。

在文本选取上，本研究将以官方正式出版、以中国国家政府为发布主体的外宣文本作为研究对象，包括中国政府白皮书、外交部对外声明、外交部重要新闻、政府工作报告、党和国家领导人讲话等，收集了我国政府 1991—2020 年 135 部政府白皮书中英文语料，个案上选取"问题导向"、译者主体性发挥较为典型的案例。问题导向是以问题的发现为出发点，以问题的研究为着力点，以问题的积极回应为归宿点的建设导向方式❶，也即"首先找出问题的所在，把问题的性质分析清楚，拿出解决问题的具体可行的办法"❷。马克思主义哲学是实践哲学，理论结合实际，就是要发现和解决实际中的问题。问题导向是理论与实际相结合的具体化和载体。

本研究所运用的方法是理论视角的多维性，即从马克思实践主体论、价值哲学论，以及逻辑范畴体系建构的系统论维度对有关目的与行为的辩证问题进行深入考察和思辨，并将哲学的理论观与翻译学理论中的原则范畴的拓展有机结合起来，融通翻译的功能目的论中的合理部分，在由上而下（从理论理性到实践理性）和从下至上（从实践到理论感性）的宏微观互动的基础上，分析与综合并举、归纳与演绎兼顾，突出研究问题的可阐释性、可描写性、可印证性和可推论性。

基于哲学层面的理论思辨是一种形而上的研究方法，其目的就是在哲学和逻辑层面探讨所研究的问题，对研究问题进行符合逻辑和事物发展一般规律的抽象理论论证和哲学思辨并对其作出概念性总结。如任何实践行为背后都有其特定的动机（理据），动机背后都有其特定的目的，目的（个人的目的性与社会的目的性关系）背后都有其特定的需求（物质需求与精神需求的关系性）。本研究的理论思辨将以实践哲学和价值哲学为理论基础，在辩证唯物主义认识论的指导下对主体认识客体进行定性概括，即主体对客体一种观念性的把握，同时也对客体自身的价值属性特征进行定性、归纳、概括等，以达到认识客体的目的，借此论证外宣翻译译者主体性发挥是以译者为实践主体、译者认识客体价值属性的过程，并揭示出译者主体性能力是实践性、目的性、主客互动性、主观能动性和创造性相互作用、相互联系之整体。客观实证具体是指以客观描述为基础，对翻译现象及翻译行为进行自然观察和本质关系分析和揭

❶ 李辉.论马克思主义理论学科建设的"问题导向"[J].高校理论战线, 2012（12）: 64.
❷ 罗选民.关于公示语翻译的几点思考 [J].中国翻译, 2006（4）: 66.

示，获取可分析的客观材料，明确研究问题，探讨解决问题的方法，上升为理论认识，进而用以指导翻译实践，针对相应的理论实践问题作出可证性的效度评估，这属于翻译学实证研究的描述性研究。理论阐释就是以某理论作为工具或分析视角，对具体的客观事物和现象进行分析和说明，探讨其产生或形成的可能过程或原因，以印证特定的理论认识，形成特定的理论假设和假说，辅以相应的原则和规则。本研究将在分析与综合的基础上选取外宣翻译中译者主体性发挥典型的物化形态予以范畴化的分类，进行定性认识和分析，继而进行典型或科学归纳，作出可行的演绎性推论，从特殊上升为一定范围内的普遍认识。本研究目标是建构译者主体性能力范畴，并阐释各能力要素的本质特征及其相互关系和相互作用，再结合功能—目的理论，从实践出发，拓展和建构出外宣翻译活动中理论原则的逻辑范畴体系：建构出外宣翻译活动中的逻辑范畴体系——目的—需求论原则→价值论原则→策略论原则→辅助性准则→可操作规则→翻译技法论。

第五节　本书结构

本研究由七部分构成。导论主要介绍研究背景、基本原理、研究的主要目标和问题、研究对象和拟采取的主要研究视角以及研究意义等。第一章对国内外相关研究现状进行了述评，一方面指出对译者能力的整体、全面认识，需要对其各能力进行系统的次范畴化，形成理论研究范畴体系，而对译者能力的全面认识需要结合译者的主体性进行研究；另一方面对现有外宣翻译研究进行概述，肯定了外宣翻译研究近年来取得的成绩，指出了有待深入研究的路向，即应突破纯粹经验总结的窠臼，注重理论与实践研究相结合的客观可证性、可描写性、可操作性和可阐释性，尤其是对宏观原理与微观操作理据之间的内在逻辑联系与外在制约关系等应进行深入探讨和论证。第二章构建了译者主体性能力范畴体系作为本研究的理论基础。首先分析了译者主体性能力内在结构与外在结构的关系，其次从功能目的论视角考察译者主体性结构，最后引入实践哲学、价值哲学来分析译者主体性的结构要素。在微观操作层面，语境参数论被引入对外宣翻译文本的分析，在此基础上，外宣翻译的译者主体性本质特征将得到展现。第三章、第四章、第五章着重考察译者主体的思维过程、思维特征、思维形态及种种操作理据，检验主体是在何种层面、何种程度、何种形态、何种差异上发挥其主观能动性，并对外宣翻译中译者主体性能力的实践论、认识论和方法论三个相辅相成的层面进行了建构、阐释与再范畴化。最后一部分为结论。本研究尝试对译者主体性在外宣翻译实践中的发挥作出具可描写性、可阐释性、可印证性和可推论性的描写，力求找出外宣翻译译者主体性发挥的方法与规律性特征。

小　结

　　本章阐述的是外宣翻译译者主体性能力的整体研究思路，也就是整个研究展开的基本架构。第一节主要对译者主体性研究的现状进行描述，说明研究外宣翻译中译者主体性能力结构的必要性及重要性，其目的在于为本研究在整个翻译学系统理论研究中进行定位。第二节说明研究的理论基础和理论根据，确立以马克思主义实践主体哲学和价值哲学为理论基石，结合功能目的论和参数理论，从多维视角系统研究译者主体性，有利于我们更好地认识外宣翻译中译者主体性能力结构。第三节和第四节详细说明了研究问题、研究方法，并对研究目标、研究视角及语料进行了概述。第五节简要阐述了各组成部分的主要内容，是对整个研究基本轮廓的描述。

第一章 译者能力及译者主体性研究概况

第一节 能力概念及主体性概念之厘清

马克思主义哲学认为，主体性是指主体在对象性活动中所表现出来的自觉性、能动性和创造性。其中，自觉性表现为主体既有自觉的对象意识，能够认识和把握对象的客观尺度，又有自觉的自我意识，能够认识和把握自身的内在尺度，而且在对象性活动中能将两个尺度相结合，提出活动的目标，使活动具有自觉的目的，并能对活动进行自觉的调节和控制，使目的得到实现；能动性表现为主体的对象性活动不是动物式的本能活动和消极的适应行为，而是按照一定的目的，积极主动地认识世界，并运用一定的手段，实际地改造世界，从而满足自身生存和发展的需要；创造性表现为主体在对象性活动中依据两个尺度对现存的客体进行理论的批判和实践的批判，在观念中创造出有利于自身生存和发展的观念性的理想客体，并在实践中将观念的创造物化，实际地创造出自然界并不现成存在，也不会自发产生的各种事物。[1] 因此，主体性一方面是主体自觉意识的表现，另一方面又是主体的社会物质性的表现，是主观性与客观性的具体的历史的统一。人的主体性是随着社会实践的发展而不断发展和提升的。马克思主义哲学还认为，要想全面、深入地探讨主体和客体的关系，就必须把主体及其活动置于社会、历史、文化的大背景中加以理解，注重对主体实际关系的分析认识。同样，在翻译实践活动中，要想正确认识译者主体与对象客体之间的主客互动关系，也必须将译者主体置于社会、历史、文化的大背景中。

---

❶ 李淮春.马克思主义哲学全书 [M].北京：中国人民大学出版社,1996：859.

翻译活动中，译者主体性❶的自觉性、能动性和创造性体现为译者主体与对象客体之间复杂的主客互动。首先，译者主体性的自觉性要求译者有自觉的对象意识，有认识和把握对象的能力。如译者需要具有把握外宣文本特征的能力。例如："（中国妇女）是中国改革开放和现代化建设的**生力军**，……在中国，'**半边天**'成为全社会对妇女作用最形象的赞誉"❷，"生力军"和"半边天"是对中国妇女的形象比喻，这样的隐喻在外宣文本中十分常见，故实践主体译者需要具备认识外宣文本特征"隐喻性"的相关能力和知识。自觉性还要求译者有认识和把握自身的能力。例如，外交谈判译者除了一般译者需具备的能力之外，还尤其需要具备在语言使用、措辞上的敏感性，译者若认识到自身不具备此方面的能力，便不应去承担外交谈判翻译工作。自觉性还体现了主体性的目的性，即在翻译过程中，译者主体性的发挥具特定目的。

译者主体性的能动性表现译者主体的对象性活动能按照一定目的、运用一定手段，能动改造客体。从行为需求理论看，主体的任何活动都有目的，目的背后有需求，例如中国国家/政府外宣翻译的目的为：增进国际社会对中国的了解和认识，扩大中国影响力，塑造积极正面的国家形象，维护/争取国家利益等。其背后便是中国国家/政府有对外宣传的需求，因为目前国际环境下仍然存在对中国政府/中国形象的曲解和误解，有些国家有意歪曲事实，诋毁我们国家的形象的情况。译者主体在改造对象客体过程中，需要运用手段和策略，比如有意识地增译解释中国文化和具有中国特色的信息，删除易被外国人误解的文化信息，或用国外受众便于接受的方式替换等。

译者主体性的创造性表现为译者主体翻译中的对象客体（主要指源语文本）进行理论批判和实践批判后，创造出理想客体（主要指目的语文本）。创译的过程中必然关涉对信息价值特征的甄别、析取、再现与操作处理，表现

---

❶ 从实践哲学来看，译者主体性，指的是翻译实践活动中作为实践主体的译者发挥的主观能动性和创造性。但现有研究中有些将译者主体性和翻译主体性两个概念进行等同。例如《译学词典》如此解释：译者主体性，亦称翻译主体性（如果翻译主体专指译者的话），指译者在翻译活动中表现出来的本质特征，即翻译主体能动地操作原本（客体）、转换原本，使其本质理论在翻译行为中外化的特性。译者主体性亦即译者的主观能动性。主观能动性在克服客观制约中得到表现。客观制约性包括双语差异、不同的文化语境和政治语境等（方梦之，2004：82）。本研究从实践哲学讨论主体，认为译者是翻译实践活动中的唯一主体，因此只研究译者主体性。

❷ 选自《中国妇女的状况》（1994）政府白皮书。

为将具有正价值的信息重现或凸显或强化，将具有零价值或负价值的信息虚化、弱化甚至删略的行为。这些也构成了翻译活动主客体之间一种重要的互动关系。

近年来，学界对译者主体性展开过广泛讨论。刘宓庆认为翻译的整个过程就是译者以自己的主观能动性克服客观制约性的过程。❶ 查明建、田雨认为译者主体性是指作为翻译主体的译者在尊重翻译对象的前提下，为实现翻译目的而在翻译活动中表现出来的主观能动性，其基本特征是翻译主体自觉的文化意识、人文品格和文化审美创造性。❷ 屠国元、朱献珑则认为译者的主体性是"译者在受到边缘主体或外部环境及自身视域的影响制约下，为满足译入语文化需要在翻译活动中表现出的一种主观能动性，它具有自主性、能动性、目的性、创造性等特点"。❸ 陈大亮从哲学的角度认识了译者主体性，认为其是能动性和受动性的辩证统一，也就是说，主体性只有在客体的对象性关系中才能表现出来。❹ 胡庚申也提出，主体性包括主观能动性、受动性及为我性，三者辩证统一于主体性之中。❺ 仲伟合、周静梳理了前人研究，并进一步深化了译者主体性的内涵：译者主体性是指在尊重客观翻译环境的前提下，在充分认识和理解译入语文化需求的基础上，作为翻译主体的译者在整个翻译活动中所表现出来的主观能动性，它体现了译者在语言操作、文化特质、艺术创造、美学标准及人文品格等方面的自觉意识，具有自主性、能动性、目的性、创造性、受动性等特点。❻

以上对译者主体性的论述尽管从不同角度、不同层面展开，但都有一个共同点，都认同译者主体性是主观能动性和客观受动性的统一，因实践主体性的本质及生成基础决定了要在与客体的辩证联系中研究主体性，一切对主体性规定的揭示都以对客观世界的本质和规律的本体论研究为前提❼，故这也是翻译

❶　刘宓庆.当代翻译理论［M］.北京：中国对外翻译出版公司，1999：52

❷　查明建，田雨.论译者主体性——从译者文化地位的边缘化谈起［J］.中国翻译，2003（1）：22.

❸　屠国元，朱献珑.译者主体性：阐释学的阐释［J］.中国翻译，2003（6）：9.

❹　陈大亮.谁是翻译主体［J］.中国翻译，2004（2）：3.

❺　胡庚申.从"译者主体"到"译者中心"［J］.中国翻译，2004（3）：12-18.

❻　仲伟合，周静.译者的极限与底线——试论译者主体性与译者的天职［J］.外语与外语教学，2006（7）：43.

❼　中共中央马克思恩格斯列宁斯大林著作编译局.马克思恩格斯选集（第1卷）［M］.北京：人民出版社，2012.

活动中主客体相互作用的必然产物。

翻译过程中译者主体性的发挥是一个复杂的主客互动过程，其思维过程必然有能力因子的介入，也就是说，译者主体必须具备一定的能力，才能保证翻译的顺利进行。因此，对译者主体性的研究必然涉及对译者主体能力的讨论。

所谓能力，是一个综合性的抽象概念，是指个体顺利地完成某种活动所必备的并直接影响活动效率的心理特征，有一般能力和特殊能力之分。前者指进行各种活动都必须具备的能力，如观察力、记忆力、抽象概括力等；后者指从事某些专业性活动所必需的能力，如数学能力、音乐绘画能力或飞行能力等。❶ 马克思主义哲学认为，主体能力是实践活动主体——人所内在具有的各种力量能力的综合，主体能力只有通过活动才能表现和实现，而人的活动主要可以归结为实践活动与认识活动，因此，主体能力从内容上说是实践能力与认识能力的统一，以及在此基础上派生的一切能力的总和，是由多种要素结合而成的复杂结构。各种能力相互结合、相互依存，构成了认识主体的能力结构，其中每一种能力发挥作用都不能脱离其他能力而单独实现，只有使这几种能力以一定的方式有机结合起来，才能使认识主体的能力得到有效发挥。❷

现有研究中对翻译中涉及能力的因素进行了广泛讨论，但大多数研究未对翻译能力和译者能力两个概念进行区分，也未对其内涵和外延的联系和区别进行讨论。例如"翻译能力"词条的对应译文为 translator's competence，其内容为"把源语语篇翻译成目的语语篇的能力，是译者的双语能力、翻译思维能力、双语的文化素质以及技巧运用能力等的综合体现"❸。同样，在英文中也存在相同的问题，学者们有的用 translation competence❹，有的则使用 translator competence❺，还有的采用 transfer competence, translational competence,

❶ 夏征农，陈至立. 辞海 [Z]. 上海：上海辞书出版社，2009.

❷ 李淮春. 马克思主义哲学全书 [M]. 北京：中国人民大学出版社，1996：552，858.

❸ 方梦之，等. 中国译学大辞典 [Z]. 上海：上海外语教育出版社，2009：17.

❹ 如 Neubert A. Empirical Basis for a Translation Expert System for Trainee Translation Studies [C] // Neubert A, Shreve G, Gommlich K (eds.). Basic Issues in Translation Studies. Kent: The Institute for Applied Linguistics, 1995; Presas M. Bilingual Competence and Translation Competence [C] // Schäffner C, Adab B (eds.). Developing Translation Competence. Amsterdam: John Benjamins, 2000: 19-32; Fraser J. The Broader View: How Freelance Translators Define Translation Competence [C] //Christina S, Beverly A (eds.). Developing Translation Competence. Amsterdam: John Benjamins, 2000: 51-62; 等等.

❺ Kelly D. A Handbook for Translator Trainers [M]. Manchester: St.Jerome, 2005.

translator's competence, translatorial competence, translation performance, translation ability, translation skill 等。❶

事实上，翻译能力与译者能力是既有联系又有区别的概念。克拉里（Kiraly）曾对其进行了区分，认为翻译能力主要是指产出可接受翻译文本的（主要是指语言方面）技能，而译者能力则主要表现为与其他译者或专家的交流方面，包括对各种惯习、规则等的了解。❷ 从马克思实践哲学看，相比翻译能力，译者能力是一个强调主体及主体性发挥得更为宽泛的概念，因为为了实现主体对客体的观念性的把握，主体必须具有三种能力：实践操作能力、感知与思维能力、精神驱动能力❸，在翻译实践活动中，翻译能力主要是指译者的实践操作能力方面，译者能力还包括其他方面能力，比如具体到外宣翻译，译者需要有国家形象修辞能力等。❹ 若要对译者能力进行更深层次的认识，还需要结合外部因素，考察译者能力的各大次范畴。本研究意图结合内外部因素全面考察理想译者需要具备的能力，因此拟采用"译者能力"而非"翻译能力"这一术语。需要特别指出的是，在本章后文的相关文献综述中，为了论述的简洁和方便，本研究此部分拟直接引用相关文献中的术语（其中大部分使用了翻译能力），但在小节标题及笔者概述中拟统一使用"译者能力"这一概念。

全面认识和分析译者主体性需要将其与译者能力的研究结合起来，在各种关系的相互联系中对其进行认识。一方面，译者能力是主体性发挥的基础，是翻译过程中语言得到转换的基本保证，也是译者主体性发挥在微观操作层面上的体现，译者个体能力的差异在某些程度上决定了译文的质量。另一方面，译者主体性是译者在宏观上对认识和改造客体的把握。译者主体性发挥不仅需要以译者能力为基础，还需要考虑理据性、目的—需求性、动机性、意图性、策略性、政治意识形态等。只有具备了这样的主体性，译者才能真正对译文负责，对读者负责，才能真正改造客体并实现价值再创。因此，翻译实践过程中

---

❶ Orozco M, Alabir A H. Measuring Translation Competence Acquisition [J]. Meta, 2002 (1): 375.

❷ Kiraly D. A Social Constructivist Approach to Translator Education: Empowerment from Theory to Practice [M]. Manchester: St. Jerome, 2000: 13–14.

❸ 中共中央马克思恩格斯列宁斯大林著作编译局. 马克思恩格斯选集（第 1 卷）[M]. 北京: 人民出版社, 2012.

❹ 本书第三章第三节中将对"国家形象修辞能力"进行专门介绍，故此处不展开讨论。

若无译者主体性的发挥，译者能力很可能无法得以展现。

为了凸显翻译的实践过程是译者主体在主客互动关系中，发挥其主观能动性和创造性认识与改造客体的过程，也是为了实现最佳效度的综合艺术性和创译性而体现出来的译者能力各内涵和外延要素高度合作协同的过程，同时也与现有研究中译者能力和译者主体性研究进行区分，本研究使用了"译者主体性能力"的概念。翻译活动中的译者主体性能力❶是一个综合性概念，是指译者主体在主客互动关系中发挥其主观能动性和创造性认识和改造客体、实现最佳效度的综合艺术性和创译性而体现出来的译者能力的集合，是多种技能、机制和因素构成的复杂的、有机的、动态的能力综合体，也是各层次能力相辅相成、动态互动的综合体。从哲学上来看，是实践论能力、认识论能力和方法论能力的统一，以及在此基础上所派生出来的一切能力的总和。

第二节　国外译者能力研究

西方几十年间对译者能力的研究大致可以分为三个阶段：第一阶段的特点是简单将译者能力视为双语能力的总和；第二阶段把译者能力视为一种超级能力或无法细分的综合能力；第三阶段主要考察复杂的译者能力，认为其可以具体细分为多种子能力，是子能力共同形成合力的结果。

对译者能力的认识早期主要基于乔姆斯基（Chomsky）的理论。1965年，乔姆斯基提出了语言能力（linguistic competence）和语言表现（linguistic performance）的概念，认为人类语言在其深层次存在共同特点。❷语言能力，是人脑中的语言知识以及运用这些知识识别、理解和组织正确句子或话语的能力，是一种内化了的包括语音、词汇、语法等的语言规则体系。语言能力在语言交际中可细分为听、说、读、写四种能力。听、读是领会理解他人意思的过程，说、写则是表达自己思想的过程。语法能力，是指学习者掌握语言的结构

---

❶ 本书第二章第四节中将结合外宣翻译的特点对"外宣翻译译者主体性能力结构"进行定义，故此处不展开讨论。

❷ Chomsky N. Aspects of the Theory of Syntax［M］. Cambridge, Mass.: MIT Press, 1965.

规律，词汇、短语和句子的构成、变化及组织规律的能力。在乔姆斯基生成转换语法理论影响下，译者能力的概念被认为等同于双语能力。学者们认为，既然译者是在两种语言之间做转换的专家，那么他们就必然具备驾驭两种语言的能力，如此才能从事翻译工作。持这种观点的代表人物有哈里斯（Harris），他提出，翻译能力是"通晓两种语言的人在日常生活情境中无须接受特殊培训就能从事翻译的能力"❶，或者说，翻译能力是一种"内在的语言技能"，是双语者所具有的一种天生的语言能力，并且，"翻译能力随着语言能力的发展而提高"❷。同样，图里（Toury）也认同自然翻译观，他认为翻译能力是通晓双语者具备翻译的天生素质，这种素质是"与双语能力共同扩展的"❸，翻译能力从学习第二语言时便开始表现出来。这么说来，专业译者、翻译学员和二语学习者的翻译行为基本无太大区别。他还指出，翻译能力是翻译中各种关系的总和，是译者在翻译过程中为寻求解决翻译问题的方法时所依赖的资源（包括语言、文体、文学等方面），而不是解决翻译问题的具体方法。换言之，翻译能力是译者自身具有的一种潜在知识资源或一种知识潜能。图里的阐释反映了翻译能力的认知特性：构成翻译能力的诸多要素，如语言、文化、审美、翻译策略等知识已内化到译者的心理结构中，因此译者能从自在到自为、从自觉到自由进行运用。这些能力要素在翻译思维中的介入程度会外显在译文中。不过，依照图里的观点，翻译培训也只是对通晓两种语言者的自然能力施加一定的干预而已。翻译能力是双语者交际能力的子能力，翻译培训就是要对翻译能力进行干预，帮助学生更好地由翻译新手成长为专业译者。

　　尽管自然翻译观反映了语言能力在翻译中的重要性，但很快学者们便认识到，翻译能力是远非语言能力所能概括的复杂能力。翻译科学派的代表人物威尔斯（Wilss）指出，与单语交流只涉及听、说、读、写四种技能不同，翻译要求一种跨语言的超能力（interlingual supercompetence），"这种能力建立在

❶ Harris B. The Importance of Natural Translation. Revised Text of a Paper Read to the AILA World Congress [C] //Working Papers on Bilingualism. Stuttgart, 1977.

❷ Harris B, Sherwood B. Translating as an Innate Skill [C] //Gerver D, Sinaiko H W (eds.). Language, Interpretation and Communication. New York: Plenum, 1978: 155–170.

❸ Toury G. Descriptive Translation Studies and Beyond [M]. Amsterdam/ Philadelphia: John Benjamins Publishing Company, 1995: 245.

全面掌握包括篇章语用维度在内的源语和目的语知识基础上，并由能在更高层面即语篇层面整合两种单语能力的才能构成"，他由此提出了由源语的接受能力、译语的产出能力以及"超能力"（即转换能力）三个成分组成的翻译能力模式。在这一阶段，翻译能力被认为是一种难以细分、包含"超能力"的复杂能力。❶

随着翻译能力研究的深入，学者们进一步展开对能力结构的思考和分析。贝尔（Bell）认为翻译能力包括理想的双语能力、专业技能和交际能力，其中专业技能系统是核心，主要由知识基础（包括源语知识、译语知识、语篇类型知识、语域知识、双语对比知识）和推理机制（包括对源语的解码和对译语的编码）构成。交际能力则包括语法能力、社会语言能力、语篇能力、策略能力。❷诺德（Nord）认为职业译者应具备接受和分析文本的能力、研究能力、转换能力、文本产出能力、翻译质量评估能力以及双语和双文化的能力。❸克拉里（Kiraly）从翻译教学的角度对译者能力和翻译能力做了区分，认为翻译教学的目标应该是培养译者能力，因为这一术语更为强调专业译者的任务和所需要的非语言技能。他认为译者的能力包括：①译者对特定翻译任务中涉及的情景因素的意识；②译者已具备的翻译相关知识，包括源语和译语的双语知识、源语文化和译语文化双文化知识以及翻译所涉及的专门话题知识；③译者能够引入适当直觉和控制的心理语言过程来生成合适的译语文本以及监控该文本作为原文本的翻译的恰当性（翻译相关的技能）。❹

对翻译能力各子能力的思考和分析激起了学者们对翻译能力模式的建构及实证研究兴趣。1998 年，坎普贝尔（Campbell）通过对 38 位参加澳大利亚公共翻译考试的学生的译文进行实证研究，分析了译入第二语言的译者能力，认

❶ Wilss W. Perspectives and Limitations of a Didactic Framework for the Teaching of Translation [C] // Richard W B (ed.) . Translation Applications and Research. New York: Gardner, 1976: 58.

❷ Bell R T. Translation and Translating: Theory and Practice [M] . London: Longman, 1991.

❸ Nord C. Text Analysis in Translation: Theory, Methodology and Didactic Application of a Model for Translation-oriented Text Analysis [M] . Amsterdam: Rodopi, 1991.

❹ Kiraly D. Pathways to Translation: Pedagogy and Process [M] . Kent: The Kent State University Press, 1995.

为译者能力包括目的语文本能力、译者个人特质、监控能力三个方面。❶ 可以说，坎普贝尔对译入第二语言译者能力的实证探索是翻译能力开启实证方法的先导。

翻译能力的实证研究又进一步推动了对能力结构的思考。2000 年，纽伯特（Neubert）提出了翻译能力的五个参数，或曰五个分力：语言能力、文本能力、学科能力、文化能力及转换能力，其中转换能力是核心，统摄其他能力。他还进一步论述了翻译能力的七个特征：复杂性（complexity）、异质性（heterogeneity）、近似性（approximation）、开放性（open endedness）、创造性（creativity）、特定性（situationality）和历史性（historicity），它们错综复杂，构成翻译能力的背景特征，贯穿整个翻译过程。比如，复杂性区分了翻译活动与其他交际活动，两者之间职能有别；异质性指翻译活动需要各种技能、语言知识和具体的专业技艺；近似性指译者不可能是各个领域的专家，只能掌握一定的相关知识，协助译入语读者理解所传达的内容和形式；开放性指译者需不断发展交际技能、掌握相关知识，以减少误译；创造性指译者在原文的引导下，构思新的内容和形式、能指与所指之间的关系，在译入语语言文化中创建译文；特定性则是指译入语语言文化是发挥翻译能力的特定条件，要求翻译产生一定的结果；历史性指翻译能力的应变性，译者要适应新形势变化的需要采取不同的翻译技巧。❷

与纽伯特一样，奥拉泽科（Orozco）也认为转换能力是翻译能力的核心。转换能力是"完成从原文到译文转换过程、并且考虑到翻译的功能和接收者特点的能力"❸，围绕在转换能力周围的是双语交际能力、超语言能力（言外能力）、工具—职业能力、心理—生理能力。转换能力还能细分成几种能力：理解能力，即分析、综合以及激活言外知识从而获取文本意义的能力；控制干扰的能力，即将语言抽象化并把源语和译语分别放于互不干扰的心理空间中的能

---

❶ Campbell S J. Translation into the second Language [M]. London and New York: Routledge, 1998: 152: I have identified three components of a model of translation competence: target language textual competence, disposition, and monitoring competence.

❷ Neubert A. Competence in Language, in Languages, and in Translation [C] // Schäffner C, Adab B (eds). Developing Translation Competence. Amsterdam: John Benjamins, 2000.

❸ Orozco M. Building a Measuring Instrument for the Acquisition of Translation Competence in Trainee Translators [C] // Schäffner C, A dab B (eds.). Developing Translation Competence. Amsterdam: John Benjamins, 2000: 199.

力；重新表述的能力，即涉及语篇组织和创造性发挥的能力；执行翻译任务的能力，即如何选用最恰当的方法。奥拉泽科对转换能力的细分深化了对翻译能力的认识。

同样认为转换能力是翻译能力中重要组成部分的还有比拜（Beeby），他提出翻译能力由转换能力、语言对比能力、语篇对比能力和语言外能力四个子能力组成，其中，转换能力是指了解翻译的过程，具备较高的原文阅读水平、去语言外壳技能、译文重组技能，在翻译过程中具有良好的上下文意识，以及认识文本和翻译的宏微观结构；语言对比能力是指了解原文和译文的排版差异、认识两者的词汇结构差异、清楚字典的局限性和了解两者的句法差异；语篇对比能力是指了解原文和译文的文本类型和题材的差异、能意识到上下文和语域之间的关系和了解两者上下文衔接和连贯的区别；语言外能力是指了解原文和译文文化的语用和符号差异，并具备检索资料的能力。❶

在论及翻译问题和初学者的能力要求的关系时，福克斯（Fox）指出了翻译新手常碰到的各种问题，诸如不了解翻译任务的目标、意识不到客户和受众对翻译任务的预期、对目的语风格规范及使用等缺乏了解、对文本的社会文化背景认识不够、资料查证能力不强、不能有效地编辑翻译的文本等。就此，他针对性地提出了翻译能力包括五个方面：①交际能力：清醒地认识到翻译任务的目的，以及翻译出合格译文所应具备的条件；②社会文化能力：认识到译文的社会文化背景，并能够在源语和译语文化中理解文本；③语言和文化意识：能认识到语言的内在机制、语言如何传达意思，并能译出符合目标受众语言和文化预期的译文；④学习能力：能认清各种不同的翻译资源及其使用办法；⑤解决问题的能力：认识到各种情景、语言、文化或文本问题，并能利用工具解决这些问题。❷这五种翻译能力结构特别强调译者的学习能力，即利用外部辅助工具补充内部知识不足的能力。可以看出，福克斯的模型主要针对翻译新手的问题，对更高层面上翻译能力的考察略有欠缺。

❶ Beeby A. Choosing an Empirical-Experimental Model for Investigating Translation Competence: The PACTE Model [C] // Olohan M (eds.). Intercultural Faultlines. Research Models in Translation Studies: Textual and Cognitive Aspects. Manchester: St Jerome, 2000: 46.

❷ Fox O. The Use of Translation Diaries in a Process-Oriented Translation Teaching Methodology [C] // Schäffner C, Adab B (eds.). Developing Translation Competence. Amsterdam: John Benjamins, 2000.

也有学者探讨职业译者的能力构成，如沙芙娜（Schäffner）根据对欧洲职业译者的调查，在其原有的包括熟练的双语能力、文化能力、文本能力、具有某一专业或领域的知识能力、研究（解决问题的）能力、转换能力的翻译能力模式❶基础上，将译者的翻译能力具体化为：提供翻译服务的能力、语言能力、社会语言学能力、信息获取能力、主题能力、技术能力。❷

同样考虑译者的专业或工具等技术能力的还有克里（Kelly），他的译者能力模式包括七个方面：专业—工具能力、交际—文本能力、主题领域能力、心理—生理或态度能力、人际关系能力、策略能力、文化—跨文化能力。其中，专业—工具能力主要指利用因特网进行文献背景调查和使用平行文本、字典的能力；交际—文本能力包括翻译中所涉及的两种语言的技能、篇章和话语的意识以及篇章和话语的规范；主题领域能力指译者了解可能从事的题材的基本知识并能够达到理解原文和使用特定文献以解决翻译问题的能力；心理—生理或态度能力包括自我概念、信心、注意力、记忆等；人际关系能力指团队合作的能力；策略能力指组织与计划运用翻译技巧、自我评估和修改的能力；文化—跨文化能力包括与翻译相关的文化及跨文化能力。❸

也有学者从狭隘而泛化的角度考察译者能力，如皮姆（Pym）从翻译行为方面考察了译者能力，划分了两大次范畴：生成译文的能力和选择译文的能力，前者指译者能够依据源语文本生成可能目的语文本的能力；后者则指译者迅速地从一系列译语文本中选择最合适的译文的能力。❹但如何能保证译者迅速地生成合适的译文或选择合适的译文，他却没有作深入细致的探索和论证。

在译者能力实证研究方面作出突出贡献的有西班牙翻译能力研究小组PACTE，他们对翻译能力培训项目进行了长达十几年的大规模的实证调查，以研究翻译能力习得过程。PACTE 认为，翻译能力是译者在翻译过程中必备的一个潜在知识、技能和策略的体系，包括六大次能力（sub-competence）：

---

❶ Schäffner C, Adab B. Developing translation competence［C］. Amsterdam/ Philadelphia：John Benjamins Publishing Company, 2000：8.

❷ Schäffner C. Translation Competence：Training for the Real World［C］. Keynote Speech at the FIT Sixth Asian Translators' Forum, Macau, 2010：59.

❸ Kelly D. A Handbook for Translator Trainers［M］. Manchester：St.Jerome, 2005：55.

❹ Pym A. Redefining Translation Competence in an Electronic Age［J］. Meta, 2003（4）：485.

双语能力（language sub-competence in two languages）、语言外能力（extra-linguistic sub-competence）、工具/专业能力（instrumental/ professional sub-competence）、心理—生理能力（psycho-physiological sub-competence）、转换能力（transfer sub-competence）和策略能力（strategic sub-competence）。[1] 他们后来还对各构成要素进行了更为动态的描述，提出翻译能力是相互关联、具有层次、可转化和具动态性的能力的总和，其中转换能力处于中心。在后续研究中，PACTE 发现策略能力对协调各次能力的相互转换和运作方面有最重要的作用，因此对翻译能力模式进行了修正（如图 1-1 所示），将策略能力换在了中心位置。

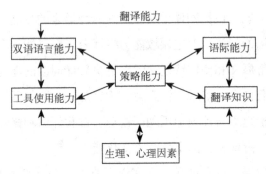

图 1-1　翻译能力模式（PACTE）[2]

PACTE 的这一模式得到了研究者们的广泛认同，被认为是翻译能力研究的经典模式。

总体而言，西方对译者能力的研究从早期的"双语能力即翻译能力"阶段进展到"多角度、多层次、复杂的译者能力"阶段，"翻译能力的内涵逐步扩大，对翻译能力的认识从早期的、单一的语言能力逐步延伸到由多种技能、机制和因素构成的复杂的、有机的、动态的能力综合体"[3]，这也是人类认识深化的必然结果。

---

[1] PACTE. Acquiring Translation Competence, Hypotheses and Methodological Problems of a Research Project [C] //Beeby A, Ensinger D, Presas M（eds.）. Investigating Translation. Amsterdam/ Philadelphia: John Benjamins Publishing Company, 2000.

[2] PACTE. Investigating Translation Competence: Conceptual and Methodological Issues [J]. Meta, 2005（2）: 612.

[3] 王湘玲，等. 西方翻译能力研究: 回眸与前瞻 [J]. 湖南大学学报（社会科学版），2008（2）: 103.

第三节 国内译者能力研究

翻译能力研究被引介入中国后，引发了学者们的关注，对其认识也不断深化和发展。尽管"与国外相比，国内译界对翻译能力的研究相对薄弱一些"❶，但可喜的是，相关研究正在稳步发展，特别是近年来受到越来越多的关注。综观国内译者能力研究我们可以发现，国内对翻译能力的认识具有多角度、多层次特征，其研究大致可分为三类：译者能力模式建构研究、译者能力模式运用研究以及译者能力实证研究。

1. 译者能力模式建构研究

在对译者能力的研究中，语言能力是较多研究者讨论的能力范畴。例如，国内较早研究翻译能力的学者文军就认为，翻译能力可分为语言/文本能力、策略能力、自我评价能力三个方面。❷王树槐、王若维提出的翻译能力综合模式也包括了对语言能力的考察，他们认为，翻译能力包括六个方面：①语言—语篇—语用能力；②文化能力；③策略能力；④工具能力；⑤思维能力；⑥人格统协能力。其中，语言—语篇—语用能力包括语言对比与转化能力、语篇生成能力、美学表现能力、翻译功能实现能力（包括对文本类型、翻译任务、读者需求、市场知识的分析和掌握）等。❸金萍建构的具多维性特点的翻译能力结构体系中，亦包括了语言能力：翻译能力是译者双语语言能力、双语文化能力、翻译认知能力等结构因素相互作用、相互影响的体现。其中翻译转换能力是语际理解能力与言语再造能力的综合体现，是译者在从源语文本到译入语文本转换过程中，综合运用和协调各种知识和技能的能力，是译者的知识，即译者的双语语言知识、双语文化知识、翻译专业知识以及译者个体为顺利完成翻译任务所需的各种翻译技能和文本处理技巧的综合。❹尽管双语语言能力是译者从事翻译转换活动的基础，但翻译转换能力不能简单地等同于双语语言能

❶ 马会娟. 汉译英翻译能力研究［M］. 北京：北京师范大学出版社，2013.
❷ 文军. 论翻译能力及其培养［J］. 上海科技翻译，2004（3）：1-5；文军. 论以发展翻译能力为中心的课程模式［J］. 外语与外语教学，2004（8）：49-52.
❸ 王树槐，王若维. 翻译能力的构成因素和发展层次研究［J］. 外语研究，2008（5）：81.
❹ 金萍. 多维视域下翻译转换能力发展与翻译教学对策研究［M］. 北京：中国人民大学出版社，2012；金萍. 多维视域下翻译能力结构体系的认知阐释［J］. 兰州大学学报（社会科学版），2013（6）：148-153.

力，翻译转换能力中存在一种具体特殊的能力，这种能力贯穿翻译转换的全过程，并决定翻译的质量，是翻译转换的基本核心能力（STC），它更能体现译者主体的心理认知特性。这种核心能力的运作越强，译者越容易寻找到话语间的最佳关联以获得语境效果，其对语篇、语用、语义、文化信息推理的准确率也越高，因此越易在译入语中找到最有效的表达方式，故翻译质量越高。反之，当这种核心能力的运作很弱时，译者就很难寻找到话语间的最佳关联，从而较难在译入语中找到有效的表达方式或者产生质量较高的译文。

认为译者能力应包括文化能力次范畴的研究也不少。杨仕章指出文化翻译能力是翻译能力的重要组成部分，它以异化意识为先导，着重阐述了文化翻译能力的两种子能力：文化能力和文化适应能力。其中，文化能力是基础，文化适应能力是归依。[1] 王树槐、王若维则认为，翻译中文化能力包括文化认知能力、文化比较能力、文化协调能力。[2] 还有的研究认为，交际/策略能力是翻译能力的一个重要次范畴。例如，刘庆雪从交际策略的角度研究了译员在口译现场解决心理、语言及跨文化等因素造成的问题时的具体应变策略，以及口译策略的选择原则，指出合格的译员不仅必须具备丰富的知识，更需要善于选择交际策略以应对可能各种问题层出不穷的口译现场。这些具体交际策略有推理策略、拖延策略、回避策略、笔记策略、修复策略、补偿策略、合作策略、非语言策略等。[3] 莫爱屏等则认为，在翻译过程中，译者基于已有的知识、经验和语境的关联，构建多种知识交互作用的思维空间，进而将其迁移到目标社会和文化系统。因此，从这个意义上来讲，译者能力是译者的翻译能力、职业素质和态度、交际能力、语言能力等因素的总和。[4] 马会娟则构建了一个适合中国学习者的汉译英翻译能力模式，提出汉译英翻译能力包括策略能力、语言交际能力、翻译专业知识、语言外能力（包括主题知识、百科知识和翻译的文化能力）和查询资料的能力。[5]

---

[1] 杨仕章. 异化视域中的文化翻译能力 [J]. 解放军外国语学院学报, 2013（1）: 100.

[2] 王树槐, 王若维. 翻译能力的构成因素和发展层次研究 [J]. 外语研究, 2008（5）: 81.

[3] 刘庆雪. 跨学科视角下的口译交际策略研究 [D]. 上海: 上海外国语大学, 2011: 109.

[4] 莫爱屏, 吴迪, 刘吉林. 社会建构模式下职业化译者能力培养新探 [J]. 外语教学理论与实践, 2015（3）: 68.

[5] 马会娟. 汉译英翻译能力研究 [M]. 北京: 北京师范大学出版社, 2013.

从认知角度对译者能力进行思考的研究也在兴起。苗菊认为认知能力在翻译活动中发挥了根本性作用，故应处在由认知能力、语言能力、交际能力构成的翻译能力的最重要的位置。❶王湘玲、毕慧敏同样强调了译者的认知能力，提倡将真实的翻译项目引入课堂，采用过程教学法培养学生的综合翻译能力。❷冯全功也从认知视角研究了包括翻译图式和认知机制两大次范畴翻译能力，并且，认知机制对翻译图式起调控作用。从图 1-2 认知视角下的翻译能力构成模式图我们可以看出，冯全功的"翻译图式"中实际上已经有了对译者能力外部因素考虑的意识，遗憾的是，研究者们未在此基础上进行深入探讨。❸

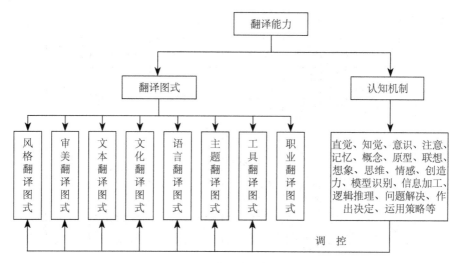

图 1-2　认知视角下的翻译能力构成模式图

也有研究者从结构范畴的层次关系上描述翻译能力结构。张瑞娥认为，传统翻译能力结构在范畴等级方面缺少基本范畴层次，对于以教学交往为取向的翻译能力可以进行再范畴化，形成完备的包括上位范畴、基本范畴和下位范畴的能力结构（如图 1-3 所示）。❹以翻译能力的再范畴化为基础，翻译教学

---

❶ 苗菊 . 翻译能力研究——构建翻译教学模式的基础［J］. 外语与外语教学，2007（4）：48.

❷ 王湘玲，毕慧敏 . 建构基于真实项目的过程教学模式——兼评《翻译能力培养研究》［J］. 上海翻译，2008（2）：52.

❸ 冯全功 . 从认知视角试论翻译能力的构成［J］. 外语教学，2010（6）：110.

❹ 张瑞娥 . 翻译能力构成体系的重新建构与教学启示——从成分分析到再范畴化［J］. 外语界，2012（3）：52.

主体的交往目的就是培养和发展学生一定层次的本体性、条件性、实践性和评价性翻译能力。翻译能力具有不同的发展阶段，前一阶段的翻译能力是发展后一阶段能力的"支架"，对学生某一阶段中的翻译能力培养目标应遵循"最邻近发展区"原则进行定位。翻译教学内容是教学主体之间开展交往的最为重要的中介客体。以交往目的为参照，以翻译教学内容为载体的交往中介可以分为条件性、本体性、实践性和评价性中介，分别对应语言／文化／知识、翻译理论、翻译实践和翻译评价等教学内容，其选择设置要符合以下原则：合目的性原则、合规律性原则、所有主体参与原则、在主体交往中选择设置的原则等。翻译教学主体交往中介客体呈现出多层次、立体化和复合式的特点，不同模块既矛盾又统一、既独立又联系。

上位范畴	基本范畴	对应下位范畴	理想状态下所属阶段	知识范畴	能力性质
翻译能力	条件性翻译能力	语言能力、文化能力、知识能力	译前阶段	陈述性知识	共核型能力
	本体性翻译能力	对翻译本身的认识和理解能力			非共核型能力
	实践性翻译能力	交际能力、发现问题和分析问题的能力、收集／查询和获取信息的能力、利用相关资源和工具的能力、转换能力、策略能力、职业导向能力等	译中阶段	程序性知识	
	评价性翻译能力	对译文进行评价、反思和总结的能力	译后阶段	使两种知识相关联	

图 1-3　经过再范畴化的翻译能力总结

总的来说，国内译者能力模式建构主要涉及能力的次范畴，但是，多数研究只讨论了翻译能力的分类，或者讨论了翻译能力某个次能力的几个方面。而对翻译能力的整体、全面认识，需要对其各能力进行系统的次范畴化，"关于翻译能力的研究——识别、描写、界定、分析它的构成，目前仍然在探索阶段"[1]。也就是说，现有研究需要在译者能力范畴化体系建构方面继续深化。此外，翻译能力研究还可以结合特定文本类型与实践主体主观能动性发挥方面进行深入探讨。

---

❶ 苗菊，刘艳春．翻译实证研究——理论、方法与发展［J］．中国外语，2010（6）：92.

2. 译者能力模式运用研究

上面的一小节综述主要是对译者能力模式的理论建构，而本小节则侧重于对译者能力模式的应用方面进行综述。一方面，译者能力模式的建构必然会引发其在翻译教学、培训领域的应用；另一方面，译者能力模式的应用也可以推动对模式建构的研究。

将翻译能力集中于某个或某些方面或某种能力的研究者也不少，如王爱琴从现有翻译能力集中于"知识性"概念，着重探讨对比知识，认为在学习翻译的过程中，两种语言的对比知识可以使学习者认识到两种语言重合与差异的程度，从而提高词典的使用效率，缩短在翻译过程中两种语言的差距，实现语际间的成功转换。❶ 文军的《翻译课程模式研究——以发展翻译能力为中心的方法》提出现有翻译课程模式主要分为三类：以翻译技巧（练习）为中心的模式，以翻译理论为中心的模式，理论 / 技巧（练习）的融合模式，指出了在不同层面各模式的优点及缺陷，提出采用"环境模式"和外语教学中"以学习为中心的课程设计"结构，构建"以发展翻译能力为中心"的模式。❷ 穆雷在翻译能力概念认识的基础上，提出了模糊学综合评分模式，就是针对翻译教学中的文本翻译测试。❸ 苗菊基于译者能力构成及发展，讨论了翻译教学中的相关问题和过程教学方法论，提出了要在研究翻译能力的基础上探讨如何在翻译教学中体现出来，并且翻译能力研究可作为制定教学大纲、设计教学内容、创新课程设置、改革教学方法、强化质量评估的依据和参照。❹ 张瑞娥、陈德用结合英语专业本科学生的实际情况，提出了翻译能力的复合培养模式。❺ 罗选民等从翻译能力模式评估了 13 所大学英语翻译教学测试现状，由此指出了目前大学翻译教学测试的不足，并从教学大纲的要求、测试效度、测试方式与题型等方面提出了一些改进建议。❻

薄振杰的研究点更为集中，他结合 TEM-8 考试，在分析比对客观主义与

❶ 王爱琴. 词典技巧与翻译能力［J］. 上海科技翻译, 2004（2）: 55.

❷ 文军. 翻译课程模式研究——以发展翻译能力为中心的方法［M］. 北京: 中国文史出版社, 2005: 15.

❸ 穆雷. 翻译能力与翻译测试——英汉 / 汉英翻译测试研究系列（四）［J］. 上海翻译, 2006（2）: 43.

❹ 苗菊. 翻译能力研究——构建翻译教学模式的基础［J］. 外语与外语教学, 2007（4）: 48.

❺ 张瑞娥, 陈德用. 英语专业本科生翻译能力的复合培养教学模式［J］. 外语界, 2008（2）: 47.

❻ 罗选民, 黄勤, 张健. 大学翻译教学测试改革与翻译能力的培养［J］. 外语教学, 2008（1）: 76.

建构主义两大教学范式的性质和特点基础上，提出需要把学生无标题语段翻译能力（Non-Title Passage Translation Competence）的培养融入中国高校英语专业翻译教学，构建了以学生无标题语段翻译能力培养为基本目标的中国高校英语专业翻译教学新模式，以适应翻译职业化（翻译产业）和翻译学科研究的需要。❶

在翻译能力研究方面，有研究者结合课程设置进行讨论，文军、李红霞结合现有翻译能力概念及框架，对 11 所高校翻译专业本科课程设置进行了调查分析，指出其在宏观和微观两个方面的不足，并提出高校应该考虑：

①处理好翻译理论课程与翻译实践课程的关系，确定好相应比例；

②在课程设置中增加 IT 能力、工具书应用、职业素养、策略能力和自我评估能力等方面的课程或内容；

③在课程设置中突出学校特色。❷

这种从更宏观角度讨论翻译能力无疑大大拓展了培养学生翻译能力的研究维度。李瑞林梳理了翻译能力研究的主要成果，在反思、统合翻译能力自然观、要素观、最简观和认知观的基础上，以译者能力这一概念为切入点探讨翻译教育的目标内涵，提出了以高阶思维能力为核心的译者能力动态观和译者素养观。❸ 作者提出，译者素养是译者素质和译者能力综合发展的结果，主要表现为译者根据翻译情境和目的建构翻译的自主性、灵活性和创造性，是译者形成专家能力和可持续发展能力的标志，译者素养应是翻译人才培养的终极目标指向。

非英语专业和翻译专业学生翻译能力的差异性教学也受到一些翻译教师的重视。赵宇阳和李海军、李钢分别将翻译能力模式运用于非英语专业外语教学和英语专业学生翻译能力培养中。赵宇阳认为要重视翻译法在大学课堂上的作用，把基础翻译知识技巧融入课堂教学，增加英语语言文化背景知识的教

---

❶ 薄振杰.中国高校英语专业翻译教学研究——无标题语段翻译能力之培养［D］.济南：山东大学，2010.

❷ 文军，李红霞.以翻译能力为中心的翻译专业本科课程设置研究［J］.外语界，2010（2）：2.

❸ 李瑞林.从翻译能力到译者素养：翻译教学的目标转向［J］.中国翻译，2011（1）：46-48.

学。❶李海军、李钢认为合格的译者应该具有如下四个方面的能力：双语能力、百科知识能力、翻译策略与技巧能力、翻译技术能力。❷莫爱屏等则从培养翻译人才角度考虑，从跨学科角度，建构了"必修课程＋前沿讲座＆博士生论坛＋自主学习＋科研与实践"四位一体的翻译学博士研究生跨学科能力培养模式。❸

总体来看，翻译能力的运用主要涉及翻译教学、翻译测试、翻译课程设置及评估几大方面，对翻译能力在其他领域的讨论较为少见。另外，多数研究都注意到译者能力有别于定位在具体性层面的翻译方法或技巧，它具有可传授性、可模仿性、可操作性，是译者对翻译的各种规则（原则、技巧、知识等）的内化，是一种心理资源。在能力模式的应用中，研究者们还认识到翻译能力的发展离不开翻译技巧的掌握，翻译技巧的锤炼是协助知识内化的辅助手段。但是，对翻译能力与翻译技巧在实际操作层面的关联性和区别性讨论却并不多见。

3. 译者能力实证研究

随着对译者能力认识的深入，对译者能力的实证研究也是必然趋势。自1986 年西方学者奎因斯（Krings）进行了第一例翻译研究的个案研究（Was in den Köpfen von Übersetzern vorgeht，译者的大脑中发生了什么）以来，西方翻译实证研究已有三十多年的发展历史，至今已形成了翻译实证研究模式。❹Toury 认为，翻译学的实证研究能够解释翻译活动中的各种制约因素之间的关系，及其对翻译过程、译作以及译作在译入语文化中产生的功能的制约作用。❺实证研究的研究对象主要是翻译过程、译者在翻译过程中的思维过程、翻译能力、翻译专业技能。实证研究的方法是对翻译过程、译者在翻译过程中的行为表征进行描写、分析的方法，是建立在观察翻译活动的现象、获取有用可靠的数据的基础之上的。实证研究对翻译学的潜在贡献是表现这种关系及其

---

❶ 赵宇阳. 论非英语专业外语教学中的翻译能力培养 [J]. 广西民族大学学报（哲学社会科学版），2009（S1）：120.

❷ 李海军，李钢. 英语专业学生翻译能力的培养 [J]. 中国大学教学，2012（3）：69.

❸ 莫爱屏，满德亮，蒋清凤. 翻译学博士研究生跨学科研究能力的培养 [J]. 中国外语，2014（4）：91.

❹ 苗菊，刘艳春. 翻译实证研究——理论、方法与发展 [J]. 中国外语，2010（6）：92.

❺ Toury G. Descriptive Translation Studies and Beyond [M]. Amsterdam/ Philadelphia: John Benjamins Publishing Company, 1995：247.

预示能力。这种潜力源于实证研究的两个内在特征：①对变量相对的可控制性；②复制率高。❶需要特别说明的是，翻译能力实证研究通常是在现有能力模式基础上，或提出某个能力范畴的次范畴，或对能力模式进行补充和修订，因此本可以纳入本研究"翻译能力模式建构及发展"小节内，但笔者考虑其研究方法的独特性，因此将其单独分类。

从实证角度考察翻译能力，则有助于比较具体地认识译者所具备的翻译知识和翻译能力的关系。如苗菊采用实证研究的方法，认为翻译能力由认知能力、语言能力和交际能力三部分组成：认知能力包括是否能对语词概念与语义进行识别、推理、分析、类比、预期、联想、比较等；语言能力体现在对语法/句法/词汇能力、语义结构、表情能力、修辞/风格/主题/文化的意识，对语言差异的敏感和熟悉掌握等方面；交际能力包括技巧知识（如对句法形式、指称准确、语境合适方面的操作）、目标知识（如对交际伙伴、社会/情景/文化语境、目的/功能的了解）。❷在这三个单项能力中，"认知能力是翻译能力中至关重要的成分，决定了一个人能不能成为真正的译者"。

钱春花也是翻译能力实证研究的一位代表人物。她通过实证研究分析交互性教学对学习者翻译能力的驱动机理，建立了学习者翻译能力的构成维度，并应用结构方程模型研究方法，提出假设，建立概念模型。作者对问卷调研所得数据分析得出了交互性教学可以通过语言交互、教学与环境交互、情感交互三种途径提升学习者翻译能力。她还以"翻译能力要素"为主题对受访者进行了开放型、半结构型和焦点团体访谈，构建了由内驱力、认知能力、语言能力和操作能力构成的翻译能力金字塔模型，然后提出这四种能力之间的关系假设，对305名大学生、培训学员和翻译人员进行了问卷调查，并对数据进行了因子分析和路径分析。结果表明：内驱力正向影响其他三种能力；认知能力正向影响语言能力和操作能力；语言能力正向影响操作能力；操作能力受其他三种翻

---

❶ 苗菊.翻译能力研究——构建翻译教学模式的基础［J］.外语与外语教学，2007（4）：47.

❷ 苗菊.翻译能力研究——构建翻译教学模式的基础［J］.外语与外语教学，2007（4）：48.

译能力的正向影响。❶

　　也有教师从翻译考试环境角度探讨译者翻译技能培养的对策，如陈怡的研究着眼于英语专业高年级学生以及 TEM-8 汉译英文本测试，在对他们汉英翻译表现进行实证研究的基础上提出了一个针对这一特定对象和特定背景的汉英翻译能力模式，并由此拟定出八级考试汉英翻译评分的修订方案，再通过对这一评分方案信度和效度的验证，以证实其有效性。❷

　　尚宏的《不同译者思维过程与职业能力的实证研究》主要探讨中国的不同译者（主要是学生译者和职业译者）在英汉及汉英双向翻译中的思维过程差异，以及如何提高学生译者的职业能力，加快学生译者向职业译者的转变，增强英语专业学生的就业能力。研究方法有文献研究、实证研究以及社会统计学软件 SPSS（版本 13.0）分析等。其中实证研究共有两个过程。首先针对翻译思维过程差异，共有两组研究对象，一组为八名英语专业本科学生，一组为四名职业译者。在这一研究过程中，采用有声思维法要求译者边翻译边口述其思维过程，所得资料连同回顾报告和行为观察笔记共同构成研究数据来源，然后对其进行编码和分析，结果显示在翻译过程中学生译者与职业译者在策略使用和处理层面上的异同以及二者的译文质量差异。第二个实证研究过程则再次将这八名学生译者和他们的职业能力作为实证研究对象，继续探讨翻译职业能力和译文质量之间的相关性。通过采用社会统计学软件 SPSS（版本 13.0）对问卷调查所得数据进行定量分析。作者的研究结果显示，参与真实的翻译项目后，学生译者的总体翻译职业能力得到了提高，而且具体体现在学生译者身上的翻译职业能力的各次级能力的提升幅度遵循一定的次序，从高到低依次为职业道德、人际交往、使用翻译资源、培训意识、工作态度以及质量控制能力，而且学生译者在职业道德、人际交往以及使用翻译资源能力这三方面次级能力

❶ 钱春花.交互性教学对学习者翻译能力的驱动［J］.外语界，2010（2）：19-24；钱春花.基于扎根理论的译者翻译能力体系研究［J］.外语与外语教学，2011（6）：65-69；钱春花.基于心流理论的体验式翻译教学对翻译能力的作用分析［J］.外语界，2011（3）：23-30；钱春花.翻译能力构成要素及其驱动关系分析［J］.外语界，2012（3）：59-65；钱春花，徐剑，李冠杰.翻译行为研究评述与展望［J］.上海翻译，2015（3）：17-22.
❷ 陈怡.英语专业高年级学生汉译英能力与文本测试评分研究——以 TEM-8 为例［D］.上海：上海外国语大学，2010.

的提升与译文质量的提高呈显著性正相关。❶

建构主义的哲学思想和从多学科交叉视角下进行项目式的翻译能力培养也受到不少研究者的重视。王湘玲在有关项目式的翻译能力培养理论研究中综合了语言学、哲学、教育学、认知心理学等相关理论，剖析职业化的翻译能力内涵，将其细化到翻译策略能力、翻译双语能力、翻译工具能力、翻译语际能力、翻译认知心理生理因素、翻译元认知能力、翻译理论能力、翻译自我评估能力等八类。在此基础上，她进行了翻译能力培养的实证研究。研究采用描述统计分析、相关分析、方差分析、多元统计分析等方法对实验数据进行综合统计分析，运用推断统计方法描述样本并以概率的形式表述出翻译能力的总体指征，在此基础上，构建多种数量模型，从整体与部分、部分与部分、整体与环境之间的相互联系、相互影响、相互比较中系统考察项目式翻译能力培养实施后受试翻译能力基本状况的变化。❷

从翻译过程中所关涉的多重思维能力角度研究翻译能力，能揭示解决翻译过程中何种思维形式和思维形态与翻译能力的关系。刘艳春认为，翻译的过程是译者复杂的思维过程，译者的认知能力对翻译质量有着深刻影响。只有从不同层面了解译者的认知资源和认知能力，才能将其培养成满足社会需求的专家译者。同时，在培养专家译者的过程中，还需了解其在不同的翻译专业技能发展阶段认知变化的规律。作者将研究的对象确定为翻译专业技能一般译者产生同专家译者相同认知变化特征和模式的途径以及翻译专业技能的理论研究如何为译者培养提供理论支持上。在此基础上，作者采用了实验研究中较为科学的三角测量法（Triangulation），即通过对有声思维（TAPs）所获取的质性数据、电脑操作记录软件（Translog）所获取的量性数据及译后追溯性访谈（Retrospective Interview）所提取的语料相互进行比对与分析，归纳出翻译专业技能的结构、发展阶段及获取翻译专业技能可行性方法——有目的性之操练。❸王育伟则从"中翻英过程中查证行为实证研究"出发，通过对翻译新手、半专业译者和专业译者在中翻英过程中查证资料行为的比较，试图探究译者策

❶ 尚宏.不同译者思维过程与职业能力的实证研究［D］.上海：上海外国语大学，2011.

❷ 王湘玲.建构主义的项目式翻译能力培养研究［M］.长沙：湖南大学出版社，2012.

❸ 刘艳春.翻译专业技能研究［D］.天津：南开大学，2014.

略子能力和查证子能力表现形式，以及这些形式与最终结果的可能关联。研究提出了三个问题：①译者的资料查证行为与译者的问题意识和为解决这些问题而制定的查证策略是否存在规律性的联系？②译者在翻译过程中的资料查证行为与最终的翻译质量是否存在规律性的联系？③译者检索查证资料的时间越多，其最终译文的质量是否会越高？研究结果表明，译者的资料查证活动的强度、复杂程度，以及对辅助工具的使用策略，与最终翻译质量存在明显的正相关关系。❶

笔译能力和口译能力在表现形式和工作环境方面具有共性和特殊性。刘猛在既有研究的基础上，提出口译能力构成体系，阐述了认知能力的认知神经心理学基础，进而提出了四个研究问题：

①口译能力各项子能力在重要性上有何差异，认知能力是否是其一项重要构成要素？

②口译能力各项子能力在口译训练中提高难度有何差异，认知能力是否很难提高？

③认知能力的差异是否有助于口译员的选拔？

④认知能力的差异是否能够预测交替传译的学习效果？❷

针对四个研究问题，作者采取了定量与定性相结合的研究方法，用调查问卷、WCST数据以及测试的方式收集数据，得出口译能力中各子能力由重至轻排列为：语言能力、心理耐力、认知能力、实践能力、百科知识、口译技能、生理耐力、职业意识、交际能力、合作能力、演讲能力、工具能力等，其中认知能力是口译能力的一项重要构成要素。作者认为，"首次用定量的方法，明确了口译能力各项子能力在重要性上的差异以及这些子能力在实践中提高的难易程度差别，完善了口译能力体系构建研究，使得口译教学重点突出，教学层次更加清晰，内容安排更加科学，可以有效避免口译教学中资源和精力的浪费，最终能够促进口译教学效果的提高"。❸但研究对口译能力各子能力分类及排序（如交际能力是否重要于合作能力、实践能力是否包括了口译技能等）

❶ 王育伟.中翻英过程中查证行为实证研究［D］.上海：上海外国语大学，2014.
❷ 刘猛.认知能力与交替传译能力的关系［D］.上海：上海外国语大学，2014.
❸ 刘猛.认知能力与交替传译能力的关系［D］.上海：上海外国语大学，2014.

还有待继续验证。

正如苗菊、刘艳春所指出，翻译实证研究的主题已明确形成：通过描写研究翻译过程，从中认识译者的思维状态和操作策略，研究译者的认知能力和专业技能，从而提出发展翻译教学、加强译者培训的建设性意见。❶ 翻译实证研究的新发展，使这一特殊的描写性研究更具科学性、创新性、真实性和有效性，显现了实证研究的理论意义和应用价值。但遗憾的是，对于翻译中的实践主体——译者的主体性发挥与译者能力的关系以及译者如何结合特定文本发挥其主体性等问题一直未见系统研究。

综合前文第二节和第三节国内外对翻译／译者能力的研究，我们可以用表1-1描述。

表 1-1　国内外对翻译／译者能力的研究

代表人物	能力内涵					
	语言能力	超语言能力	主体内在能力	主体考虑外部因素的能力	主体间性能力	主观性能力
Harris, Toury	Y		Y			
Wilss	Y	Y	Y			
Bell, Kiraly, Campbell, Orozco, Beeby, Shaffner	Y	Y	Y	Y		
Neubert, Fox, Kelly, PACTE	Y	Y	Y	Y		Y
文军	Y	Y	Y		Y	
苗菊、刘艳春、王湘玲	Y	Y	Y			
金萍、张瑞娥、冯全功、苗菊	Y	Y	Y	Y		Y
马会娟、钱春花	Y	Y	Y	Y		

从表 1-1 中我们可以清晰看出，对翻译能力的研究已经从对其进行简单

❶ 苗菊, 刘艳春. 翻译实证研究——理论、方法与发展 [J]. 中国外语, 2010 (6): 93.

的划分进入了较为复杂和更为细化的阶段，对主体考虑外部相关因素的能力也得到了更多的关注，但总体来看，对翻译能力的思考缺乏对主体性发挥进行考察的研究，同时，对译者主体间性的研究也有待深入。

第四节　外宣翻译范围之界定

外宣，即对外宣传，但"外"是一个相对的概念，可以指外国，也可指外国人（受众），还可以指外语等。

广义上的外宣翻译几乎涵盖了所有的翻译活动，可以说，凡是以对外宣传为目的，都属于广义的外宣翻译的范畴。学者们对外宣翻译进行了广泛的讨论，有学者将其理解为"在全球化背景下以让世界了解中国为目的，以汉语为信息源，以英语等外国语为信息载体，以各种媒体为渠道，以外国民众为对象的交际活动"❶；有学者则提出，从文本类型和文本交际目的的角度来看，外宣翻译可以被定义为以对外宣传为目的的实用翻译，其目的性内容可具体化为向国外受众介绍我国政治、经济、文化、教育、国防、军事、民族、国际交往、城市开发建设、旅游休闲等领域的动态发展状况，或以便让其了解事实信息、加深认识、消除隔阂、塑造积极形象、建立良好关系、促进友好往来。❷

本研究中将重点探讨狭义上的外宣翻译，指侧重于传递客观事实信息，以让世界了解中国情况、加深对中国认识、消除隔阂、塑造积极的国家形象、建立良好关系、促进友好往来等为目的，以官方正式出版、以国家政府为发布主体的政治文献资料型的外宣文本的翻译，包括中国政府白皮书、外交部对外声明、外交部新闻、政府工作报告、党和国家领导人讲话等。

在对外宣翻译进行范围界定后，还有必要对其英译进行讨论，以便进一步说明确定本研究中外宣翻译的内涵及特征等。

---

❶ 张健.英语新闻业务研究［M］.上海：上海外语教育出版社，2010：363.
❷ 曾利沙.从对外宣传翻译原则范畴化看应用翻译系统理论建构［J］.外语与外语教学，2007（3）：44.

现有研究中，"外宣翻译"的英译❶主要有以下几种：① Translation for China's Global Communication 或 C-E Translation for Global Communication❷；② Translation for China's International Communication❸；③ Translation in International Publicity❹ 或 C-E International Publicity Translation❺ 或 China's Foreign Publicity Translation❻；④ Governmental Discourse Translation❼；⑤ Overseas-oriented Publicity❽（Translation）。其侧重点各有不同，例如第一、第二类侧重于沟通交流功能，而第三类则侧重于文本宣传的特征。鉴于本研究侧重于中译外的翻译研究，其中案例分析主要涉及中英两种不同的语言文化、审美习惯、语篇修辞差异等的操作处理及其一系列对策，旨在与国内翻译界同行在对外宣传翻译方面进行交流，研究的问题虽有普遍性，但也有特殊性，故将"外宣翻译"相应译为"Translating of Overseas-oriented Publicity"，凸显了受众的范围指向。

第五节　外宣翻译研究述评

在我国的翻译研究领域里，外宣翻译研究相对于文学翻译研究而言起步较晚。国内对于外宣翻译最早的研究大多是关于"对外宣传"的讨论，如段连城的《对外传播学初探》❾和《怎样对外介绍中国》❿。其中《对外传播学初探》被

---

❶ 本书主要讨论当今时代使用的"外宣翻译"的英译，诸如 propoganda 这样的翻译因已过时，故不予讨论。

❷ 胡兴文．叙事学视域下的外宣翻译研究［M］．上海：上海交通大学出版社，2019；刘雅峰．译者的适应与选择——外宣翻译过程研究［M］．北京：人民出版社，2010；卢小军．国家形象与外宣翻译策略研究［M］．北京：外语教学与研究出版社，2020；杨雪莲．传播视角下的外宣翻译［D］．上海：上海外国语大学，2010；等等。

❸ 仇贤根．外宣翻译研究［D］．上海外国语大学，2010；朱义华．外宣翻译研究体系建构探索［D］．上海：上海外国语大学，2013．

❹ 袁卓喜．修辞劝说视角下的外宣翻译研究［M］．北京：中国传媒大学出版社，2017．

❺ 乐萍．目的论视角下贵州地区少数民族文化的外宣翻译研究［D］．上海：上海外国语大学，2014．

❻ 胡洁．建构视角下的外宣翻译研究［D］．上海：上海外国语大学，2010．

❼ 窦卫霖．中美官方话语的比较研究［D］．上海：上海外国语大学，2011．

❽ 曾利沙．对《2002年中国的国防》（白皮书）英译文评析——兼论对外宣传翻译"经济简明"原则［J］．广东外语外贸大学学报，2005（2）：5-9，16．

❾ 段连城．对外传播学初探［M］．北京：中国建设出版社，1988．

❿ 段连城．怎样对外介绍中国［M］．北京：中国对外翻译出版公司，1993．

公认为我国对外传播的第一本学术性专著，但在此书中，对外宣传过程中的翻译问题被视为对外传播活动中的必然组成部分，翻译问题很大程度上变成了"对外传播技巧"问题，甚至变成了"外文写作问题"。沈苏儒的《对外报道教程》更多探讨的是新闻意义的对外传播行为。❶ 他提出，对外报道是向国外提供信息并进行国际交流和配合国际斗争的重要手段。它的总目的是在国际上塑造中国的形象、维护其利益、宣扬其立场、散播其观念、介绍其真实情况，以争取外部世界尽可能多的人对本国的了解和友谊。沈先生指出对外报道是对外传播业务的主要部分，但翻译活动仍然不是研究的重点所在。朱穆之的《论对外宣传》❷、蔡帼芬的《国际传播与对外宣传》❸、刘洪潮的《怎样做对外宣传报道》❹ 这几本专著也都基本侧重于"对外报道"工作的相关研究，并没有分立章节专门探讨我国对外传播活动中的翻译行为。

但对外传播或报道研究还远不是外宣翻译研究的全部。外宣翻译这一术语的普遍使用和接受主要发生于 21 世纪。

对"外宣翻译"较早进行论述的是时任中国译协副会长兼秘书长的黄友义先生，他将中共中央政治局常委李长春在中央对外宣传工作会议讲话中提及的对外宣传要"贴近中国发展的实际，贴近国外受众对中国信息的需求，贴近国外受众的思维习惯"的原则，提炼成了"外宣三贴近"原则❺，得到学界一致认可，引发了广泛讨论。之后，"外宣翻译"逐渐得到学界重视，相关研究在数量和质量上都有了较大进展。党的十七大明确提出"激发全民族文化创造活力，提高国家文化软实力"的号召，并且将增强文化软实力作为提升我国国际竞争力的重要战略手段，作为文化软实力传播的重要途径，外宣翻译受到了高度的关注，这一点同样体现在相关学术研究上。外宣翻译迅速成为翻译研究的热门领域之一，研究对象涉及政府公文报道、旅游文本、公示语以及企业外宣资料等。研究者们有的探讨不同外宣文本的特征及其翻译策略（如黄友义、贾

---

❶　沈苏儒. 对外报道教程［M］. 北京：五洲传播出版社，2004.
❷　朱穆之. 论对外宣传［M］. 北京：五洲传播出版社，1995.
❸　蔡帼芬. 国际传播与对外宣传［M］. 北京：北京广播学院出版社，2000.
❹　刘洪潮. 怎样做对外宣传报道［M］. 北京：中国传媒大学出版社，2005.
❺　黄友义. 坚持"外宣三贴近"原则 处理好外宣翻译中的难点问题［J］. 中国翻译，2004（6）：27.

卉、王静、武光军、潘月明、郭秀芝、卢小军等❶），有的讨论外宣翻译中出现的问题并试图从不同视角、借用不同理论来解决这些问题（如吴自选、黄慧、贾卉、贾文波、陈小慰、胡芳毅、刘彦仕、熊英、袁卓喜等❷），有的则讨论外宣翻译译者需具备的素质（如黄友义、刘雅峰、李加军、肖姝、朱义华、刘春阳等❸）。此外，国际期刊近年来刊登了不少关于中国外宣文本翻译讨论的文章，如 Zhong Yong❹，Yang Mingxing❺，Zhang Meifang❻，这也说明外宣翻译引起了越来越多的关注。这些论文都极大扩展了外宣翻译的研究视野和范围，也为外宣翻译的进一步发展提供了宝贵的理论和实践基础。

---

❶ 黄友义.坚持"外宣三贴近"原则 处理好外宣翻译中的难点问题［J］.中国翻译，2004（6）：27-28；贾卉.意识形态与美国《新闻周刊》涉华词语的翻译［J］.上海翻译，2008（2）：27-31；王静.外宣资料的功能性编译法探讨［J］.上海翻译，2010（3）：40-42；武光军.2010年政府工作报告英译本中的迁移性冗余：分析与对策［J］.中国翻译，2010（6）：64-68；潘月明，郭秀芝.高校外宣翻译的策略探微——以浙江理工大学校史翻译为例［J］.中国科技翻译，2011（4）：28-31；卢小军.略论我国外宣翻译的误译类型及其成因［J］.江苏外语教学研究，2011（2）：75-80.

❷ 吴自选.德国功能派翻译理论与CNN新闻短片英译［J］.中国科技翻译，2005（1）：4-7，24；黄慧，贾卉.建构主义翻译观下的外宣翻译——从"做可爱的上海人"的英译谈起［J］.上海翻译，2007（4）：38-42；贾文波.应用翻译理论与实践［M］.长沙：湖南科学技术出版社，2004；贾文波.功能翻译理论对应用翻译的启示［J］.上海翻译，2007（2）：9-14；贾文波.应用翻译功能论（第二版）［M］.北京：中国对外翻译出版公司，2012；陈小慰.外宣翻译中"认同"的建立［J］.中国翻译，2007（1）：60-65，96；陈小慰.对外宣传翻译中的文化自觉与受众意识［J］.中国翻译，2013（2）：95-100；胡芳毅，贾文波.外宣翻译：意识形态操纵下的改写［J］.上海翻译，2010（1）：23-28；刘彦仕.生态翻译学视角下的红色文化旅游资料的英译［J］.外国语文，2011（S1）：74-76；熊英.我国外宣翻译存在的不足及其成因分析［J］.湖南科技大学学报（社会科学版），2012（2）：142-145；袁卓喜.现代修辞视角下的外宣翻译——基于西方劝说机制理论的思考［J］.解放军外国语学院学报，2013（1）：91-95.

❸ 黄友义.从翻译工作者的权利到外宣翻译——在首届全国公示语翻译研讨会上的讲话［J］.中国翻译，2005（6）：31-33；黄友义.谈谈职业翻译人才培养与翻译人才评价以及翻译行业管理的接轨［J］.中国翻译，2007（4）：8-9；黄友义.社会需要更多的实用翻译人才［J］.中国翻译，2007（1）：47-48；刘雅峰.译有所为，译者何为？——文化全球化背景下外宣翻译及其译者研究［J］.山西师范大学学报（社会科学版），2008（3）：140-142；李加军.外宣翻译中的译员文化认知——以跨文化传播中的受众解读效果为视角［J］.江苏大学学报（社会科学版），2009（6）；肖姝.译者主体性与对外传播中标语、口号翻译［J］.外国语文，2011（S1）：61-63，136；朱义华.从"争议岛屿"来看外宣翻译工作中的政治意识［J］.中国翻译，2012（6）：96-98；刘春阳.谈外宣翻译人才的基本素质［J］.外语学刊，2013（1）：117-121.

❹ Zhong Y. The Making of a "Correct" Translation Showcasing the Official Chinese Discourse of Translation［J］. Meta, 2011（4）：796-811.

❺ Yang M X. The Principles and Tactics on Diplomatic Translation—A Chinese Perspective［J］. Babel, 2012（1）：1-18.

❻ Zhang M F. Reading Different Cultures through Cultural Translation—On Translation of Site Names in Macau Historic Centre［J］. Babel, 2012（2）：205-219.

讨论外宣翻译的专门论著直至新世纪才出现，较早的有刘雅峰的《译者的适应与选择——外宣翻译过程研究》❶、衡孝军的《对外宣传翻译理论与实践——北京市外宣用语现状调查与规范》❷以及张健的《外宣翻译导论》❸。近年来，外宣翻译专著得以快速增长，学者们从诸如传播学、跨文化、叙事学、修辞劝说、跨文化公关、描写译学等不同视角对外宣翻译的特征、性质等各方面进行研究❹，为后续研究奠定了良好的基础。

为了论述的方便，下文中笔者将按照以下研究方法对现有研究进行综述：①自下而上的"问题导向型"外宣翻译研究；②自上而下的"理论运用型"外宣翻译研究；③综合自上而下和自下而上的"整合型"外宣翻译研究。

1. "问题导向型"外宣翻译研究

"问题导向型"外宣翻译研究的典型特点是就外宣翻译中的问题，以及翻译的方法、策略或原则进行总结和探讨，通常采取自下而上的研究方法。此类研究是早期外宣翻译研究的显著特点。研究者们根据自己在翻译实践中碰到的诸种问题提出注意事项或原则指导，进行经验感性认识，如外宣翻译的重要性、翻译工作的严谨态度、双语之间的语言文化差异、民族间的思维差异、实践中的各种翻译的语言现象造成不同的语用效度问题、外宣翻译中语言变异及其合理性等。研究代表人物有黄友义先生，他提出了"外宣三贴近"原则，并根据自己在工作中的经验总结了外宣翻译工作者要坚持的两条原则：一是充分考虑文化差异，努力跨越文化鸿沟；二是熟知外国语言习俗，防止落入文字陷

❶ 刘雅峰.译者的适应与选择——外宣翻译过程研究［M］.北京：人民出版社，2010.
❷ 衡孝军.对外宣传翻译理论与实践——北京市外宣用语现状调查与规范［M］.北京：世界知识出版社，2011.
❸ 张健.外宣翻译导论［M］.北京：国防工业出版社，2013.
❹ 吕和发，董庆文，任林静.跨文化公关视域下的外宣与外宣翻译研究［M］.北京：国防工业出版社，2016；朱义华.外宣翻译的政治性剖析及其翻译策略研究［M］.苏州：苏州大学出版社，2017；郑海霞.跨文化视域中的外宣翻译研究［M］.北京：中国水利水电出版社，2017；袁卓喜.修辞劝说视角下的外宣翻译研究［M］.北京：中国传媒大学出版社，2017；许宏.外宣翻译与国际形象建构［M］.北京：时事出版社，2017；卢彩虹.传播视角下的外宣翻译研究［M］.杭州：浙江工商大学出版社，2017；杨友玉.多维视域下的外宣翻译体系构建研究［M］.北京：水利水电出版社，2018；王家根，孙丽，赵联斌.外宣翻译理论导论［M］.合肥：安徽师范大学出版社，2019；胡兴文.叙事学视域下的外宣翻译研究［M］.上海：上海交通大学出版社，2019；卢小军.国家形象与外宣翻译策略研究［M］.北京：外语教学与研究出版社，2020；黄驰.跨文化传播视域下的外宣翻译研究［M］.长春：吉林大学出版社，2020；胡妤.描写译学视域下的外宣翻译规范研究——以 China Today 为例［M］.上海：上海交通大学出版社，2020.

阱。❶ 之后，关于外宣翻译的原则、方法、策略讨论开始全面展开。新华社高级编辑、曾多次参加国务院总理"政府工作报告"英文翻译及其他重要文件翻译审稿工作的王平兴先生指出了外宣翻译中的"伪对应"与"近似对应"的现象，对外宣翻译进行了新思考，例如他以阅兵时军委主席与部队官兵的对话（"首长好"）翻译为例，说明同样几句话，在不同的语境下使用，日常问候语变成了庄严的口号，在翻译时应该考虑到语境场合，用间接引语而非直接引语来表达，否则显得"很不严肃"，并且提出"有时候翻译必须走样"。❷ 正规场合或者书面文字的翻译同日常口译一样，需要注意语境，这是作者对于语境、语言场合的朴素意识。在 6 个案例分析中，作者探讨了"近似对应"的概念，认为理想的外宣翻译译者应考虑以下几个方面：①要依据词义的价值判断；②要考虑语境 / 上下文；③要考虑对外交流效果；④防止误会（因某些词组在英文中已有固定意思）；⑤要考虑语体、场合；⑥有时需要用解释性翻译。❸

对外宣翻译中存在的问题进行较好分类，或者说，对外宣翻译某类文本特征进行总结的有武光军，他指出中文政治文献英译中的一个重要问题就是迁移性冗余，并从句子和语篇两个层面分析了 2010 年政府工作报告英译本中的迁移性冗余。句子层面的冗余主要包括：①冗余的名词；②冗余的动词：③冗余的修饰语；④冗余的成对词；⑤一事两说。❹ 语篇层面的冗余主要分析了修饰语的冗余。在分析的基础上，作者提出了解决中译英中迁移性冗余问题的相应对策，即主要进行简化和删略的对策。

基于语料的研究能克服外宣文本特征或外宣翻译问题提出较为主观的缺陷。在这方面，范勇做了不错的尝试。他以《纽约时报》网站 2009 年的全部涉华报道为样本（共 539 篇，约 44 万字），通过定量分析证实了《纽约时报》在表达中国文化特色概念时以异化为主的翻译策略，并分析了该报在处理中国文化特色词汇时的种种"显异"手法：①完全直译；②完全音译；③直译加解释。他认为在保证国外读者理解的前提下，应优先采用异化方法翻译中国文化

---

❶ 黄友义 . 坚持"外宣三贴近"原则 处理好外宣翻译中的难点问题［J］. 中国翻译，2004（6）：27.

❷ 王平兴 . 关于党政文献汉译英的词语搭配和语义韵问题［J］. 中国翻译，2013（3）：71—77.

❸ 王平兴先生并没有在文中明确提出六大策略，此乃本书作者根据王平兴的论证予以总结的。

❹ 武光军 .2010 年政府工作报告英译本中的迁移性冗余：分析与对策［J］. 中国翻译，2010，31（6）：64—68.

特色词汇，以达到传播中华文化、展示中国文化软实力的目的。❶

　　对翻译原则、策略、方法的提出需要在实践中进行受众接受的检验。在这方面比较成功的尝试为武光军和赵文婧的《中文政治文献英译的读者接受调查研究——以 2011 年〈政府工作报告〉英译本为例》，研究立足于外国读者，从词汇、句子、篇章三个层面调查了 2011 年《政府工作报告》英译本的读者接受度。调查发现，2011 年《政府工作报告》英译本在词汇与句子方面的问题较为显著，根据被调查者对开放问题的回答，作者提出中文政治文献的翻译可从以下三方面提高其读者接受度：在词汇层面，译者须提高选词的准确性，避免词汇重复，并对中国特色词汇进行注解；在句子层面，要缩短句子长度，减少重复句子结构的使用；在语篇层面，要增加衔接词，加强语篇连贯性，并控制好段落的长度，对过长的段落进行适当切分。❷ 类似的受众检验研究还有蒋芳婧的《受众接受视角下的中央文献日译策略——基于〈2013 年政府工作报告〉日译本受众访谈调查》❸，作者在结合受众意见基础上对一些实例进行了分析，探讨并总结了中央文献中译日的五个策略：

①避免字对字翻译；

②在准确理解原文的基础上去除译文的冗余成分；

③仔细推敲译文选词；

④译文用词与句式应避免过于口语化；

⑤对于不易理解的、有中国特色的词语宜补充说明背景。❹

　　总的来说，从受众接受度检验出发的研究有助于对其他研究中提出的翻译原则、方法、策略起到很好的补充作用，但遗憾的是，目前国内此类研究尚不多见，笔者分析原因有二：第一，受众接受度研究需要大量的目的语受众，这为研究制造了困难；第二，接受度检验研究常见的为两类，即问卷调查法和有

❶　范勇 . 美国主流媒体表达中国文化特色词汇的显异策略——基于对 2009 年《纽约时报》涉华报道的实证研究 [J]. 上海翻译, 2011（1）: 65–69.

❷　武光军, 赵文婧 . 中文政治文献英译的读者接受调查研究——以 2011 年《政府工作报告》英译本为例 [J]. 外语研究, 2013（2）: 84–88.

❸　本研究主要讨论的是汉英外宣翻译, 但目前国内对外宣翻译译文接受度研究较少, 故本研究同样对其进行了讨论。笔者认为, 作者提出的日译本策略对外宣翻译英译本同样具有启示作用。

❹　蒋芳婧 . 受众接受视角下的中央文献日译策略——基于《2013 年政府工作报告》日译本受众访谈调查 [J]. 天津外国语大学学报, 2014（5）: 42–48.

声思维法，而大多数研究需要将此两类结合。问卷调查的设计通常需要良好的语言学、统计学相关知识功底；而与其他方法相比，有声思维数据的采集更是一个复杂的过程。有声思维数据的采集主要包括三个方面：受试者的培训、测试注意事项和转写技术规范。在每一个环节，都需要耗费大量的时间精力，并且需要相关的专业知识。因此，尽管受众接受度研究意义重大，但目前此类研究仍不多见。就算在上述两个研究中，可用于研究分析的译语受众仅分别为15 人❶ 和 8 人❷，存在样本量较小的问题。在今后的翻译研究中，我们可以更多地结合受众接受度来做翻译研究，此类研究的重心不仅可以检验哪些译文可接受度更高，还可以作为可接受度高的原因方面的分析及相关经验和理论方面之总结。

总体而言，"问题导向型"的外宣翻译研究主要对翻译方法、策略、原则进行总结，属于经验感性认识，如有的总结经验，提出对策（如 Pinkham❸、徐梅江❹、李欣❺ 等），有的提出翻译策略或方法论原则，如 "壮辞淡化" "轻化、浅化、淡化、虚化、弱化" "经济简明" "信息突出" "主题突出"（周领顺❻、许建忠❼、曾利沙❽）、看易写（林克难❾）、ABC 模式（the Adapt-Borrow-Create，模仿—借用—创新）（丁衡祁❿）、二元共存（袁晓宁⓫）等。这些论述对外宣英译提供了富有价值的参考，不足之处就是多数仍然停留于经验感性认识，缺乏对典型问题的归纳，不具客观可证性、可描写性、可操作性和可阐释性，尤

---

❶ 调查共选取 20 名母语为英语，年龄在 20—40 岁的在中国某大学就读的英美留学生与英美外籍教师，均具有大学以上文化程度。共回收问卷 15 份，回收率为 75%。

❷ 研究采用半结构型间接访谈的方式，由作者对 8 名日本人通过网络电话分别实施个别访谈。

❸ Pinkham J. The Translator's Guide to Chinglish [M]. Beijing: Foreign Language Teaching and Research Press, 2000.

❹ 徐梅江. 汉译英的双向理解和完美表达 [J]. 中国翻译, 2000（6）: 11–14.

❺ 李欣. 外宣翻译中的 "译前处理" [J]. 上海科技翻译, 2001（1）: 18–21.

❻ 周领顺. 试论企业宣传文字中壮辞的英译原则 [J]. 上海科技翻译, 2003（3）: 59–60.

❼ 许建忠. 工商企业翻译实务 [M]. 北京: 中国对外翻译出版公司, 2002.

❽ 曾利沙. 对《2002 年中国的国防》（白皮书）英译文评析——兼论对外宣传翻译 "经济简明" 原则 [J]. 广东外语外贸大学学报, 2005（2）: 5–9, 16; 曾利沙. 论旅游指南翻译的主题信息突出策略原则 [J]. 上海翻译, 2005（1）: 19–23.

❾ 林克难. 从信达雅、看易写到模仿—借用—创新——必须重视实用翻译理论建设 [J]. 上海翻译, 2007（3）: 5–8.

❿ 丁衡祁. 对外宣传中的英语质量亟待提高 [J]. 中国翻译, 2002（4）: 44–46.

⓫ 袁晓宁. 论外宣英译策略的二元共存 [J]. 中国翻译, 2013（1）: 93–97.

其是对宏观原理与微观操作理据之间的内在逻辑联系与外在制约关系等缺乏
深入探讨和论证，在理论表征上仍有待于条理化和系统化。❶另外，有些研
究并非基于问题导向，即讨论的并非外宣翻译中的问题（例如拼写、印刷错
误等），而有的基于问题提出的策略也未必具有针对性，对指导翻译实践意
义有限。

2. "理论运用型"外宣翻译研究

"理论运用型"外宣翻译研究的典型研究思路为运用某个理论，对外宣翻
译的方法、策略或原则进行理论认识（多为理论感性认识），通常采取自上而
下的研究方法。

笔者以"外宣翻译"为主题词进行简单搜索，得到核心期刊和 CSSCI 论
文 226 篇。❷经认真研读发现，有较为明确的理论视角的论文数量并不多，举
例如表 1–2 所示。❸

表 1–2 "理论运用型"外宣翻译研究论文

理论视角	代表文献
功能翻译理论	吴自选，2005❹；王正琪、陈典港，2006❺；周锰珍、曾利沙，2006❻；洪明，2006❼；徐敏、胡艳红，2008❽；王静，2010❾；孙雪瑛、冯庆华，2014❿

---

❶ 曾利沙. 从认知角度看对外宣传英译的中式思维特征——兼论应用翻译技术理论范畴化表征与客观理据性 [J]. 广西民族大学学报（哲学社会科学版），2009（6）：175.

❷ 笔者登录日期截止到 2021 年 4 月 30 日。

❸ 因整合型研究也涉及理论运用，此处所统计的数据包括自上而下理论运用和整合型研究的总和。

❹ 吴自选. 德国功能派翻译理论与 CNN 新闻短片英译 [J]. 中国科技翻译，2005（1）：4–7，24.

❺ 王正琪，陈典港. 论对外宣传翻译中的 Skopos 原则 [J]. 南昌大学学报（人文社会科学版），2006（2）：136–139.

❻ 周锰珍，曾利沙. 论关联性信息与价值 [J]. 中国科技翻译，2006（2）：23–26，35.

❼ 洪明. 企业外宣广告翻译的目的论维度 [J]. 外语学刊，2006（5）：103–106.

❽ 徐敏，胡艳红. 功能翻译理论视角下的企业外宣翻译 [J]. 华中科技大学学报（社会科学版），2008（3）：107–111.

❾ 王静. 外宣资料的功能性编译法探讨 [J]. 上海翻译，2010（3）：40–42.

❿ 孙雪瑛，冯庆华. 目的论视域中的企业外宣翻译 [J]. 外语学刊，2014（4）：98–102.

续表

理论视角	代表文献
生态翻译学	刘雅峰，2008⑪；刘彦仕，2011⑫；吴育红、刘雅峰，2014⑬；张丽红、刘祥清，2014⑭
西方修辞学	陈小慰，2007⑮，2013⑯；张雯、卢志宏，2012⑰
操作论 / 意识形态论	贾卉，2008⑱；胡芳毅、贾文波，2010⑲；胡芳毅，2014⑳
跨文化	李加军，2009㉑
建构主义	黄慧、贾卉，2007㉒；常青、周玉忠，2009㉓
语言顺应论	彭劲松，2010㉔；林晓琴，2012㉕
认知学	曾利沙，2009㉖
模因论	赵式一，2012⑪⑪

⑪ 刘雅峰. 译有所为，译者何为？——文化全球化背景下外宣翻译及其译者研究［J］. 山西师大学报（社会科学版），2008（3）：140–142.

⑫ 刘彦仕. 生态翻译学视角下的红色文化旅游资料的英译［J］. 外国语文，2011（S1）：74–76.

⑬ 吴育红，刘雅峰. 译者适应与译者选择之偏差［J］. 上海翻译，2014（3）：78–81.

⑭ 张丽红，刘祥清. 生态翻译学对外宣翻译的启示［J］. 中国科技翻译，2014（2）：43–46.

⑮ 陈小慰. 外宣翻译中"认同"的建立［J］. 中国翻译，2007（1）：60–65，96.

⑯ 陈小慰. 对外宣传翻译中的文化自觉与受众意识［J］. 中国翻译，2013（2）：95–100.

⑰ 张雯，卢志宏. 中西方修辞传统与外宣翻译的传播效果［J］. 上海翻译，2012（3）：38–40，78.

⑱ 贾卉. 意识形态与美国《新闻周刊》涉华词语的翻译［J］. 上海翻译，2008（2）：27–31.

⑲ 胡芳毅，贾文波. 外宣翻译：意识形态操纵下的改写［J］. 上海翻译，2010（1）：23–28.

⑳ 胡芳毅. 操纵理论视角下的外宣翻译——政治文本翻译的改写［J］. 中国科技翻译，2014（2）：40–42，39.

㉑ 李加军. 外宣翻译中的译员文化认知——以跨文化传播中的受众解读效果为视角［J］. 江苏大学学报（社会科学版），2009（6）.

㉒ 黄慧，贾卉. 建构主义翻译观下的外宣翻译——从"做可爱的上海人"的英译谈起［J］. 上海翻译，2007（4）：38–42.

㉓ 常青，周玉忠. 建构主义视角下的外宣翻译——从宁夏旅游景点的英译谈起［J］. 宁夏大学学报（人文社会科学版），2009（3）：189–192.

㉔ 彭劲松. 外宣翻译中变译的语言顺应论阐释［J］. 广西师范大学学报（哲学社会科学版），2010（1）：49–52.

㉕ 林晓琴. 从乔布斯悼词的两岸三地译文看企业外宣翻译的本土化顺应［J］. 东南学术，2012（5）：273–280.

㉖ 曾利沙. 从认知角度看对外宣传英译的中式思维特征——兼论应用翻译技术理论范畴化表征与客观理据性［J］. 广西民族大学学报（哲学社会科学版），2009（6）：175–179.

⑪⑪ 赵式一. 模因论视阈中的外宣翻译［J］. 山西大学学报（哲学社会科学版），2012（2）：137–140.

续表

理论视角	代表文献
关联理论	王立松、张静敏，2015❶
交际翻译法	牛新生，2007❷
信息释义角度	洪卫，2012❸
互文视角	武建国、牛振俊、冯婷，2019❹
叙事学	王一多，2019❺
传播学	余秋平，2016❻；傅雪婷，2017❼

　　例如，贾卉借用勒菲弗尔的意识形态理论，指出意识形态是一定社会和文化的产物，翻译作为一种跨语种和跨文化的交际行为，从一开始就不可避免地打上了意识形态的烙印。翻译者在将一个异域文化的话语所包含的观念引入本土文化时，必然会对这来自异域文化的价值观做出自己的价值判断，然后决定转达的策略。作者提出在分析中可以看出意识形态为政治服务，它影响译者的取材和对原文的解读，译文迎合译入语读者的主流意识和审美习惯，在翻译策略上具体表现为异化和对原文的操控与误译。最后作者讨论了意识形态理论对翻译的启示，即中国译者在进行外宣翻译时，要树立鲜明的政治立场，注意内外有别，采用异化和归化相结合，灵活慎重处理有关政治言辞，尽量少使用意识形态符号和容易引起误解的词语，为我们国家树立积极正面的国际形

❶ 王立松，张静敏.关联理论重构外宣翻译中的文化缺省［J］.天津大学学报（社会科学版），2015（1）：68-72.
❷ 牛新生.从感召功能看汉语公示语英译——以宁波城市公示语为例［J］.中国翻译，2007（2）：63-67，94.
❸ 洪卫.从信息释义角度谈外宣词汇翻译策略——以新词为例［J］.西安电子科技大学学报（社会科学版），2012（4）：85-88.
❹ 武建国，牛振俊，冯婷.互文视域下中国传统文化的外宣——以林语堂的翻译作品为例［J］.外语学刊，2019（6）：117-121.
❺ 王一多.叙事学视角下的国防白皮书英译研究［J］.外语研究，2019，36（2）：77-81，95.
❻ 余秋平.国家形象视阈下外宣翻译策略刍议［J］.西安外国语大学学报，2016（1）：126-129.
❼ 傅雪婷.传播学视阈下的国际性重大活动官网外宣翻译研究——以杭州 G20 峰会官网为例［J］.浙江师范大学学报（社会科学版），2017（3）：103-109.

象等。❶但关于该理论是如何对翻译策略进行影响和操作的，研究并没有进行深入探讨。此外，"提倡异化"在何种情况下可以采取，文章也没有进行具体解释。

胡芳毅、贾文波同样以勒菲弗尔的操纵论为基础，并且特别指出外宣翻译中大多数语言文字的修改和调整，并非出于文本内因素的考虑，而恰恰是文本外诸多因素直接介入和操纵的结果，集中反映出其强烈的意识形态和诗学倾向。基于这一事实，作者提出"外宣翻译较之其他类文本的翻译，其意识形态的主导作用相对而言却要绝对化得多"。作者用较大篇幅表明翻译是被操纵的改写以及外宣翻译中的意识形态倾向，从理论基础来看，研究论证了理论应用的前提。作者接着从四个方面阐明了"改写"在外宣翻译中的必然性，并强调这种改写在翻译中具有交汇中西文化、引领文学创新的积极作用，提出为有效实现外宣翻译的社会功能，"改写"不失为一条行之有效的翻译途径。❷总体而言，作者理论论证过程论述较为充分，令人信服，为考察文本外因素在翻译中的作用提供了良好的视角。

胡芳毅在上述研究思路上，继续探讨了政治文本翻译的改写。作者用三个案例探讨了意识形态对外宣翻译的操纵，最后提出在政治文本的翻译中，译者必须充分考虑意识形态对于翻译的操纵，在顺应国外读者思维习惯的同时保持高度的本土意识，在准确地传达原文内容的基础上对原文适当改写，以确保达到最佳翻译效果。❸

从功能目的论理论研究外宣翻译的自上而下的研究同样具有上述特点。2005年，吴自选在《中国科技翻译》发表了《德国功能派翻译理论与 CNN 新闻短片英译》的文章，指出自己在 CNN 新闻短片英译工作中，经常对原文进行适当的增删、改写和解释，这可以用德国功能派理论进行解释。最后还提出，尽管接受者是决定译文目的的主要因素，但这并不说明在"目的法则"指导下的翻译就一定要严格遵循译入语文化规范或一味地迎合译入语文化，也不

❶ 贾卉.意识形态与美国《新闻周刊》涉华词语的翻译［J］.上海翻译，2008（2）：27-31.

❷ 胡芳毅，贾文波.外宣翻译：意识形态操纵下的改写［J］.上海翻译，2010（1）：23-28.

❸ 胡芳毅.操纵理论视角下的外宣翻译——政治文本翻译的改写［J］.中国科技翻译，2014（2）：40-42，39.

说明翻译时就一定要采取意译的方法。对原文所有灵活的处理，都是为了达到一个目的，那就是更好地向海外介绍中国，让世界了解中国。❶ 而在这方面，德国功能派翻译理论对减少不顾传播效果、交际目的等重要因素的死译、硬译和一味"忠实"于原文的译风，更好地认识对外宣传翻译的特点、原则，提高外宣翻译质量，都提供了有力的理论支持。

王静则直接提出功能派译论中的文本类型理论、目的论、翻译行为理论及语篇翻译理论与外宣翻译关系最为紧密。❷ 功能派译论的主要思想与外宣资料的特点有诸多契合之处，功能派译论为增删、改写等非常规的翻译方法提供了理论支撑，因此以原文为基础的删减法、解释法和重构法是外宣资料编译的有效方法，作者随之以案例证明上述三种方法是行之有效的。

袁晓宁在目的论视角下，结合外宣手册《南京采风》的大量汉英翻译实践实例，提出了在语篇构成、表达风格、句式结构、信息传递四个方面以目的语为依归的翻译的策略及其根据。❸

采用相似研究路径的还有孙雪瑛、冯庆华。文章首先从功能目的论视角看现有企业外宣翻译中存在的问题，即忽略目标受众对信息的需求、忽略目标受众的文化差异、忽略宣传文本的预期功能，随后提出了基于目的原则的视角转换、语篇重构、信息删减、编辑改写，最后作者提到在翻译过程中，译者应致力于突出原文的主要信息，应时刻铭记目的原则，从而灵活采用多种翻译策略和方法，才能为企业进行有效的宣传和推介，争取到最大限度的经济利益，实现企业对外宣传的预期目标。❹

周锰珍、曾利沙的研究在简要解释了德国功能目的理论后，作者简述了对外宣传资料的特点及翻译策略，意为理论与文本之间搭建桥梁，最后提出对外宣传资料翻译应遵循功能翻译目的论原则，使对外宣传资料的功能在译语文化和交际目的中顺利再现。为此，对外宣传资料翻译应考虑译文语体、读者反应以及译语文化等因素，采用信息突出性、信息召唤性和信息简洁性的翻译策

❶ 吴自选. 德国功能派翻译理论与 CNN 新闻短片英译［J］. 中国科技翻译, 2005（1）: 4-7, 24.
❷ 王静. 外宣资料的功能性编译法探讨［J］. 上海翻译, 2010（3）: 40-42.
❸ 袁晓宁. 论外宣英译策略的二元共存［J］. 中国翻译, 2013（1）: 93-97.
❹ 孙雪瑛, 冯庆华. 目的论视域中的企业外宣翻译［J］. 外语学刊, 2014（4）: 98-102.

略，使翻译活动得到更完善的诠释。❶

曹立华、王文彬也是在论述目的论与旅游文本翻译的关联性后，用平行文本语料分析得出中英旅游文本在语言风格、信息内容、行文结构方面的差异，如语言风格方面，汉语旅游文本的普遍特点是用词华美，倾向于使用大量华丽的辞藻和带有浓厚主观色彩的词汇表达，喜用夸张、比喻等多种修辞手段，行文工整匀称，排比、对偶、重复、四字结构屡见不鲜。景物描写含蓄笼统，追求一种情景交融的朦胧之美。而英语旅游文本语言平实简练，倾向于使用简洁准确的词汇和严谨的句式结构来传递信息，行文注重逻辑性、语言的实用性和信息的准确性，景物描写大多客观具体、直观可感，追求一种朴实自然之美。在此之上，作者提出了删减、增补、改写等翻译策略。❷笔者认为，从平行文本比较得出的中英差异具有一定说服力，故在此之上提出相应翻译对策是可行之举，只是研究提出的翻译策略相对而言不具新意，恐有新瓶装旧酒之嫌。

可以说，德国功能目的论成了万金油，凡是翻译中译文与原文存在差异的，即统统可以用"目的决定行为"这一法则来辩护。至于具体需要怎么做，则是"见仁见智"的问题，缺乏可操作的具体规则。

总体而言，"理论运用型"研究首先应该在能否对某类翻译文本进行理论指导或对某个翻译现象进行解释进行逻辑论证；其次则应该将在理论指导下得出的翻译原则、方法或策略予以归类，最好进行经验模块或理论模块的提升。因此，外宣翻译研究在此方面可以继续深化。

3."整合型"外宣翻译研究

本研究中的整合型研究之典型特点为从外宣翻译中存在的问题出发，对问题进行定性，随之从某个理论视角，对此类问题及相关的文本进行理论阐释，在此基础上再总结出相应的外宣翻译原则或方法策略，并辅之以相应的案例分析。笔者经认真研读材料后发现，属于此类研究的学术期刊论文不多❸，而博

❶ 周锰珍，曾利沙.论关联性信息与价值 [J].中国科技翻译，2006（2）：23-26，35.

❷ 曹立华，王文彬.目的论视阈下跨文化语言交际规范之研究——以辽宁旅游景区宣传资料汉英翻译为例 [J].辽宁大学学报（哲学社会科学版），2013（6）：138-143.

❸ 笔者认为，主要原因可能为期刊论文受篇幅限制，不能进行全面深入探讨。

士学位论文则主要采用此研究路向，研究视角则从传播学、功能目的论、西方修辞学、生态翻译学、语义学、建构主义、话语分析、哲学、叙事学、形象视域、互文性等方面进行。

期刊论文的代表有陈小慰的《外宣翻译中"认同"的建立》和曾利沙的几篇论文。陈小慰是外宣翻译整合型研究的先行者之一。她借用西方修辞学"认同"的概念，指出了外宣翻译中建立"认同"的必要性以及外宣翻译中建立"认同"的基础，并结合案例分析了如何建立外宣翻译中的"认同"，即外宣翻译应该遵循"以西方——受众认可接受的话语方式，达到宣传中国的目的"的原则，在翻译中采取必要的策略，努力建立"认同"，包含两个方面：一方面是信息本身的可信度（删减、改写和套用），另一方面是信息的表述方式（调适和顺应）。❶

上述研究为较为典型的拓展整合型研究，其贡献在于从西方修辞学中借用的"认同"丰富了外宣翻译中的原则概念，并且针对性地拓展了两个策略原则。

曾利沙从认知角度将对外宣传翻译理论研究与实践研究结合起来，从经验感性认识上升到理性认识，在评析方法论上引入认知语言学的概念框架。他先论证了翻译必然要涉及话语及其基本构成——词语与概念等的正确使用，译者有必要明确"语词""概念""定义""语义特征""知识"等与认知思维相关的概念框架，因为明确语词、概念及其定义的特点，译者在中译英时就可以尽量做到选词择义的简明性，避免盲目使用语词自身冗长的概念（或定义），以致造成文字累赘、语句臃肿；而明确语义特征及其结构特征则有助于认识外宣翻译中信息处理的思维过程：不同民族的人通过对语词或概念语义特征的掌握，对共同熟悉的事物都有相应的认知图式，能在由概念构成的认知结构中自动进行认知补缺，使之整体连贯，这是一种对相关信息进行组合、充实、完形的心理过程。作者随之用四个方面的译例（"概念内涵结构成分附加式"信息冗余、"语法形态范畴表意式"信息冗余、"方式/状态内涵特征析出修饰式"信息冗余、"概括表意不言自明式"信息冗余）说明了对外宣传英译中冗余信息形态

---

❶ 陈小慰. 外宣翻译中"认同"的建立［J］. 中国翻译, 2007（1）: 60–65, 96.

特征及其分类方法，形成了微观技术理论的范畴化表征，将外宣翻译中"经济简明"原则与"信息冗余"的关系进行了条理性认识和客观论证。笔者认为，这是理论与实践较为完美的结合，其论证过程在逻辑严密性、理论概括性，以及对微观层面策略的可操作性、可印证性、可描写性、可阐释性的阐述都堪称典范。外宣翻译研究需要更多的此类研究，以丰富理论视角，并提出具可描写、可阐释、可印证、可操作性的一系列翻译原则、辅助性规则、可操作性规则和翻译技法。❶

博士学位论文方面 ❷，较早对外宣翻译进行研究的是刘雅峰 ❸。作者首先梳理了中外译界对"适应"与"选择"的论述以及相关学科原理，试图阐释翻译适应选择论对外宣翻译的解释及指导作用；其次，在"翻译适应选择论"的框架下，作者对译者在外宣翻译过程中适应什么、如何适应、选择什么、如何选择、译者适应与选择的相互作用等问题进行了论述，并以翻译适应选择论为视角对外宣翻译的典型误译进行了评析，意欲进一步论证外宣翻译的过程就是译者适应与选择的过程这一中心论题。作者最后指出，文化全球化迫切要求外宣译者重新审视自己的意识观，才能多维度地适应特定的翻译生态环境，才有可能产生"适应选择度"最高的译品。❹

刘雅峰的研究在外宣翻译理论拓展方面做出了不错的尝试，其研究思路基本清晰，翻译适应选择论也丰富了外宣翻译理论研究的视野，作者提出的译者的适应和选择也具一定道理。美中不足的是，作者的逻辑论证过程未必严谨。比如作者在以官方语言中四字格为例探讨译者如何把握微观层面的"三维"转换时，针对温家宝总理 2007 年政府工作报告的一段"总结我们的实践经验，归结起来就是，只有解放思想、实事求是，与时俱进、开拓创新，坚定不移地走中国特色社会主义道路，坚持改革开放，坚持科学发展、和谐发展、和平发

---

❶ 曾利沙. 对《2002 年中国的国防》(白皮书) 英译文评析——兼论对外宣传翻译"经济简明"原则 [J]. 广东外语外贸大学学报，2005 (2)：5-9，16；曾利沙. 从对外宣传翻译原则范畴化看应用翻译系统理论建构 [J]. 外语与外语教学，2007 (3)：44-46.

❷ 笔者阅读了外宣翻译的相关硕士论文，发现套用理论框架对外宣翻译现象、策略、方法进行解释，"理论与实践两张皮"的现象很常见，故本研究中只讨论研究相对深入的博士论文。

❸ 2010 年刘雅峰出版专著《译者的适应与选择：外宣翻译过程研究》，该书内容在其博士论文基础上无太大改变。笔者为了研究的方便，此处对其博士论文进行述评。

❹ 刘雅峰. 译者的适应与选择：外宣翻译过程研究 [D]. 上海：上海外国语大学，2009.

展，才能最终实现现代化的宏伟目标"的英译文做了如下分析：译文并未受四字格的外部形式和内部结构所束缚，而是根据具体的语境，译出了四字格的指称蕴涵和文化蕴涵，特别是"科学发展、和谐发展、和平发展"的英译，实现了"意合"到"形合"的转变。同时，用几个动词短语并列做谓语翻译四字句的主体，其正式程度与原文更加吻合。无论在语言维、文化维还是在交际维上都做到了最大程度的适应。可谓同中有异，异中存同。笔者以为，"意合"与"形合"被公认为中英语言之差异，倘若不懂适应选择论，凡是懂得中英语言差异之译者，都不会进行简单直译。故这种适应选择论所基于的案例并不典型，有硬套之嫌。或许，正如作者所言，"根据具体的语境进行翻译"才是王道。遗憾的是，作者未能在论证过程中指出译者如何根据外宣文本特征进行适应和选择，若简单认定这便是译者把握"三维"的转换，有些过于"粗暴"。

仇贤根在《外宣翻译研究——从中国国家形象塑造与传播角度谈起》一文中首先总结分析了中国外宣翻译的概念、现状、任务和特点，紧接着又指出中国外宣翻译的挑战和原则，进而提出中国对外宣传译员应具备的素质。然后，通过实例总结了外宣翻译中的两大类最常见的问题——语言内错误和语言外错误，进而分析了其成因。文章接下来提出了若干中国外宣翻译的策略建议，既有宏观上的策略，也有微观上的具体翻译技巧。但稍显遗憾的是研究仅在第七章才对国家形象塑造理论进行概述，并简单论述了其与外宣翻译的关系，且作者对外宣翻译中的两大问题的总结显然有点简单随意，如拼音错误、标注、拼写、语法等都被计入其中。一般而言，博士研究需以"问题"为导向，拼写错误这些从本质上看并非外宣翻译的问题，故不值得将其作为专门类别列出；另外，研究提出的微观上的具体翻译技巧如"考虑文化差异，宜用解释性翻译""注重语篇功能，改写策略可考虑"等缺乏理论可证性，可操作性也不强。如前所述，缺乏对研究问题的定性、缺乏对理论应用于实践的逻辑论证、缺乏对翻译策略之可操作性进行阐释是很多研究的共同特征。❶

窦卫霖通过分析国家政府首脑、高级官员、政府发言人或国会议员等在各

---

❶ 参见仇贤根. 外宣翻译研究——从中国国家形象塑造与传播角度谈起［D］. 上海：上海外国语大学，2010.

类正式场合发表的讲话、声明、言论、签署的重要文件、两国政府各自或共同发表的文件、报告、公告、声明等大量语料，对中美官方话语进行了比较，指出中美官方话语具有以下共同特征：第一，很强的政治目的性和意识形态性；第二，丰富的文化内涵性；第三，严谨的规范性；第四，灵活多样的话语策略运用。作者同时还发现了两者在词汇、语义、语用和语篇等方面的差异，并从差异性中得出以下几点结论：第一，官方话语构建国家身份；第二，官方话语体现意识形态；第三，官方话语服从于国家利益；第四，官方话语深受传统文化的影响；第五，话语策略的运用是提高官方话语有效性的重要手段。最后，作者提出了官方话语对外传播应注意几条原则：整体谋划，顶层设计；系统协调，形成机制；关注细节，巧用策略。❶ 尽管该研究并非外宣翻译研究，但作者从语料库得出的结论有助于我们认识中英在此类文本方面的差异，为我们进一步思考外宣翻译提供了基础。

李家春《城市外宣翻译跨文化文本重构研究》以跨文化传播学和功能语言学等相关理论为指导，从宏观、中观和微观三个层面建构外宣翻译的研究框架。宏观层面，作者根据跨文化传播的一般规律和中国外宣翻译所处的特定的历史阶段提出外宣翻译阶段论。中观层面提出外宣翻译文化比重论，即根据外宣翻译发展的不同阶段做出合理的文化选择。微观层面，提出根据国家的宏观外宣战略和既定的翻译取向，在具体的翻译行为过程中做出基于原文的"建设性分层重构"。作者接下来讨论了城市外宣翻译的过程，将翻译的行为过程分为译前、译中、译后三个过程。译前应该主要进行外部分析和译前处理。译中主要关注城市外宣翻译的多种功能变体和过程译写，包括政治、经济、民俗、宗教、历史等多种文本类型的译写的方法。译后，应该持续关注跨文化传播的效果和反馈，然后根据反馈来重新调整策略。作者进一步指出，城市外宣翻译过程中，文本重构存在于语篇、句组、句子和词语层面，作者就此提出了城市外宣翻译建设性分层重构体系，即译者应该深入研究汉英两种文化语境，注意复杂语境文化与简单语境文化之间的差异，根据预期的文本功能和目的以及目的语文化的信息负载能力进行语篇、句组、句子和词语四个层面的调整，调整

❶ 窦卫霖.中美官方话语的比较研究［D］.上海：上海外国语大学，2011.

方法包括补偿、压缩、分合、仿拟、调序和译写。❶ 值得注意的是，作者在该研究中利用了语料库，正如作者所言，"通过中美城市概览语料库的词汇统计特征的分析和对比，可以对中国城市概览文本的词语特征进行实证性描述，并探讨城市外宣的规律性特征。通过对美国城市概览语料库的词汇特征的统计性分析有助于中国城市外宣工作者制定更为详细的翻译规范"。研究利用语料库较好解决了外宣翻译问题的提出过于主观的问题，并且，研究对基于问题之上提出的翻译策略也进行了理论论述和案例分析。

朱义华的《外宣翻译研究体系建构探索》则以哲学话语体系为理论依据，基于信息传播的七大要素（即传播主体、传播目的、传播内容、传播渠道、传播对象、传播场合与传播效果），采用定性的描写性研究方法，建构出了包括外宣翻译研究本体论、认识论、目的论、方法论、价值论与批评观在内的外宣翻译研究理论体系。❷ 研究建构了外宣翻译研究理论体系，这也是众多应用翻译学者之期待。

邱大平基于国家形象视阈，从政治话语翻译的特点和问题出发，分析了政治话语翻译与国家形象的关系，对外宣策略进行论证，提出政治话语外宣翻译中的"二元统一"策略：语言形式层面，遵循以目的语为依归的策略；政治话语内容尤其是文化与政治内容方面，采用"以我为准"的策略。❸

综合三十多年来相关文献我们发现，尽管外宣翻译在近年来取得了不少成绩，国内学者对外宣翻译研究的兴趣日益浓厚，但总体说来，外宣翻译领域的研究仍处于较为落后的状况。首先，目前既有理论探讨的切入面较窄，理论体系薄弱，仍有待于从宏—微观互动层面进行理论范畴拓展，相关方面的理论范畴研究也期待有突破性的进展，以便形成科学合理的理论范畴体系。例如功能—目的论在外宣翻译中的运用需要从理论范畴上进行拓展，如我国近阶段外宣翻译的需求转向强化塑造新型的国家形象，深化改革，强国、强政、强军需要建立一个强势而不霸道的大国形象，因而对具体的语言表达目的具有选择性，目的是突出一定的意图或意向，并要求一定的语言策略相辅助，让国外受

---

❶ 李家春.城市外宣翻译跨文化文本重构研究［D］.上海：上海外国语大学，2013.
❷ 朱义华.外宣翻译研究体系建构探索［D］.上海：上海外国语大学，2013.
❸ 邱大平.国家形象视阈下政治话语外宣翻译策略研究［D］.武汉：华中师范大学，2019.

众通过明白或能理解这种目的或意向，从而有效达到使其感受到我国政府的这种新时期下政治诉求。外宣翻译理论范畴建构需要由下至上地对外宣文本功能及特征进行定性概括和微观理论范畴化拓展，分析出它们的社会需求价值及其与目的的辩证关系。

其次，从研究内容看，现有多数研究主要集中于翻译实践中的经验总结，其不足之处就是停留于经验感性认识，不具客观可证性、可描写性、可操作性和可阐释性，尤其是对宏观原理与微观操作理据之间的内在逻辑联系与外在制约关系等缺乏深入探讨和论证，在理论表征上仍有待于条理化和系统化。

再次，部分研究缺乏"问题导向"性，例如对外宣翻译中的拼写、印刷错误等进行讨论，此类研究因其缺乏系统性和规律性，对外宣翻译教学的指导性有限。

最后，对于外宣翻译活动中的实践主体——译者，学界讨论并不深入。大多数对于译者主体的研究只是从外宣翻译特点、翻译策略等出发，谈及的更多是对译者的要求和培养，对于译者主体的本体论结构研究较少，对外宣翻译教学、译者培训具可操作性、可实践性的研究较为匮乏。

外宣翻译理论要求从范畴上进行从上到下的范畴体系的建构，这种建构关涉译者主体性的认识问题，能从不同层次或不同方面对相关问题作出相辅相成的解释。如何认识译者主体既是一个普遍哲学思辨问题，也是翻译学这一具体学科理论认识的重要哲学思辨问题。马克思的实践哲学"在承认物质世界的客观实在性和自然界对人的优先地位的前提下，把主体——人的能动实践性提到重要地位"❶。从实践哲学来研究译者主体性有助于探讨译者主体在实践活动中如何认识各对象客体——如文本类型及其典型特征。

"实践之所以成为创造性的活动，它之所以能创造出自然界不能自动产生的全新事物，重要因素之一正在于价值因素作为能动的调节因素，使实践成为有目的、有意识的自觉活动，实现人类自由的活动。"❷人类在认识这个复杂的主体与客体相互作用的过程中，始终存在着价值观的参与。改造客观世界的主体是根据其特定需要去认识并作用于客体的，使客体按照主体的需要内容而加

❶ 贺善侃. 实践主体论［M］. 上海：学林出版社，2001：1-9.
❷ 李连科. 价值哲学引论［M］. 北京：商务印书馆，1999：4.

以改变。当被主体改变的客体烙有主体的特征时，我们认为主体赋予了客体某种价值特征；而当这种价值特征被主体所把握，并被认为具有了某种特定的价值时，我们认为客体存在着这种价值属性。

从实践哲学和价值哲学来认识外宣翻译活动中译者主体对客体（包括文本属性、文本价值等）观念性的把握能帮助我们由下至上地对外宣文本功能及特征进行定性概括和微观理论范畴化拓展；宏观原则上，拓展的功能—目的能帮助我们从上到下进行范畴体系的建构，这样，宏观理论的目的—需求理论和微观层面的文本功能理论范畴能实现有机统一，而这也是普遍意义上的译者主体性理论研究需要的重要内容。

小　结

本章分为五个小节，第一节对译者能力相关概念进行厘清，指出译者主体性与译者能力是两个既相关联又有区别的概念，在此基础上提出了译者主体性能力的概念。第二节、第三节分别对国外和国外译者能力研究进行述评，总结出两个主要特征：其一，现有翻译能力研究具有多角度、多层次特征。翻译能力的内涵逐步扩大，从早期单一的语言能力延伸到了由多种技能、机制和因素构成的复杂的、有机的、动态的能力综合体。但是，对翻译能力的整体、全面认识，需要对其各能力进行系统次范畴化，现有研究可以在译者能力范畴化体系建构方面继续深化。其二，对于翻译中的实践主体——译者的主体性发挥与翻译能力的关系以及译者如何结合特定文本发挥其主体性等问题缺乏系统研究。翻译实践过程是译者主体能力与其主体性能动发挥的有机结合过程，对翻译能力的全面认识需要结合译者的主体性进行研究。第四节确定了本研究外宣翻译的研究范围，第五节从研究方法特点对现有外宣翻译研究进行了概述。

外宣翻译研究近年来取得了不少进展，总结了不少翻译原则方法，但总体而言，现有研究多停留于经验感性认识，不具有客观可证性、可描写性、可操作性和可阐释性，尤其是对宏观原理与微观操作理据之间的内在逻辑联系与外在制约关系等缺乏深入探讨和论证，在理论表征上仍有待于条理化和系统化，因此，我们拓展了现有的功能—目的论，形成目的—需求论，以便能更好地从宏观上对外宣翻译理论范畴进行拓展。在微观层面，马克思实践哲学和价值哲学能帮助我们更好地认识译者主体对客体的价值选择和价值甄别等观念性把握，这些都是主体性研究的重要内容。

第二章　外宣翻译译者主体性能力研究范畴

第一节　实践—价值哲学体系下之译者主体论

如何认识译者主体既是一个普遍哲学思辨问题，也是翻译学这一具体学科理论认识的重要哲学思辨问题。马克思曾明确指出：主体是"从事实际活动的人"，是"一定历史条件和关系中的个人"。❶马克思辩证唯物主义认为，实践是主体（人）的存在方式和存在过程，主体就是在实践中存在，主体是实践的主体，实践是主体的实践，在一定意义上说，主体就是实践。也就是说，在实践唯物主义那里，真正的人是"实践人"，脱离现实实践活动谈人，那"人"就只能是抽象的人，是一种抽象的存在。"主体既不是先验的自我，也不是绝对精神，而是有躯体的、能劳动的主体。"❷强调实践范畴的重要性也是马克思主义的辩证唯物主义不同于旧唯物主义的一个重要特征。"在承认物质世界的客观实在性和自然界对人的优先地位的前提下，把主体——人的能动实践性提到重要地位。要深刻理解马克思主义哲学的主体性思想，必先考察马克思关于主体人的理论。"❸这意味着，马克思所确定的主体性实际上就是人在实践活动中所表现出来的主观能动性。

马克思在坚持唯物主义本体论的基础上把科学的实践观引入认识论，辩证地看待主体和客体以及它们之间的关系。在马克思主义的实践中，主体和客体是构成实践活动的两个基本要素，主客体之间是一种对象性活动，其中主体是人，客体是人在实践活动中所指向的对象。杨洁、曾利沙总结了衡量"主

❶ 中共中央马克思恩格斯列宁斯大林著作编译局.马克思恩格斯选集（第1卷）[M].北京：人民出版社，2012.
❷ 哈贝马斯.认识与兴趣[M].郭官义，李黎，译.上海：学林出版社，1999.
❸ 贺善侃.实践主体论[M].上海：学林出版社，2001：1.

体"的四要素：①实践性——实践是主体产生或存在的前提；②目的性——主体实践以认识和变革客体为旨归（无客体变革即无主体性）；③主—客体关系性——二者只存在于一定关系或条件范围内；④主观能动性与创造性。实践哲学中的主体和客体都不能独立存在，客观事物只有进入主体的实践活动，并成为主体所指向的对象才能成为客体，而主体也只有在与客体相互作用中才能确证自己的主体地位。❶ 所以，马克思主义实践哲学中的主体与客体是相互依存的，互为前提的，无客体也就无所谓主体。在主客体关系中，主体是能动的方面，它为了自己的生存和发展，总是按照自己的能力、方式、需要和尺度去支配、占有并创造客体，而客体在被主体改造、反映和评价中也同样制约主体，形成主客体之间相互制约、相互联系，并在一定条件下相互转化的关系。❷

在翻译从原文到译文生成过程的实践活动中，译者是翻译活动过程中真正的能动性主体，因为只有译者才是真正的具有主观能动性、对客体价值属性从本体论、认识论和价值论等多维视角进行把握、选择、创造的主体，其他只是译者主体的参照性主体。作者和译文接受者不具有实践主体身份，因为他们没有直接参与翻译实践活动，没有对客体作出合目的性、能动性的改造。同样，接受环境也不能成为主体，根据实践哲学对主体的界定——主体必须是"属人的存在"，而接受环境是作为物的一种自然性存在，而不是作为人的社会性与历史性存在。因此，在实践哲学的视域观照下，作者、读者、接受环境都属于译者主体视域内的参照物，构成对译者的翻译行为具有一定影响或制约的因素。在这种意义上，译者无疑是唯一主体，也是翻译学理论体系中译者主体结构论理论范畴中处于核心地位的主体。

根据马克思主义实践哲学的客体观，真正现实的客体是必须进入主体的实践活动和认识活动领域的那部分客观世界。在译者的翻译实践活动中，既然并不是所有的文本属性都能够进入译者的活动领域，那我们就不能笼统地说原文本就是翻译的客体。准确地说，在具体的翻译实践活动中，翻译客体只是指那些进入译者主体活动领域而成为其所指向对象的特定或者说某一方面的文本客体属性，或者说只有这些特定的文本属性现实地成为翻译的客体。外宣翻译主

---

❶ 杨洁，曾利沙.论翻译伦理学研究范畴的拓展［J］.外国语，2010（5）：75.

❷ 齐振海.认识论探索［M］.北京：北京师范大学出版社，2008：67—69.

体性发挥之主客体互动，实际上是指译者主体与相应的文本客体之客观属性间的互动。当然，在一般情况下，我们仍然可以把原文本视为翻译的客体。

那么，作为翻译实践活动中的主体，要认识客体的属性，首先自身必须具有哪些条件呢？业界对此展开过讨论，沙芙娜认为是译者的能力。❶图里认为是"翻译行为必备翻译能力"❷，威尔斯也认为翻译实际上就是在"翻译能力与翻译行为之间力的相互作用下形成的"❸一种特殊的语言活动。在前文中我们对翻译/译者能力的相关研究进行了综述，前人的研究为译者能力的培养与发展指明了方向，但在能力的分类上，显得有些空泛和过于笼统。在翻译活动中讨论译者主体的能力结构，必须给予特征化和次范畴化拓展，再从外延和内涵上予以界定或描写。

实践哲学观照下的译者主体，是翻译活动过程中的能动性主体。这种基于翻译实践的译者主体性的一个重要构成性要素就是实践的对象——客体，没有客体就没有主体。客体是指进入主体之思维中具有多种规定性属性统一的自在之物，是有待于主体去发现和把握的整体意义上的客体。从这个意义上说，构成主体的一个重要特征就是：翻译活动主体必须对其对立面——客体的属性有比较全面的了解和把握。在外宣翻译实践与理论的关系研究中，我们可从文本的属性特征，如信息性质、信息功能、信息价值、信息传达度出发，探讨其目的—策略论原则及其准则的建构，并对其信息性质和信息价值作出区别和描写。文本自身的属性特征与功能是影响策略论原则的重要制约参数，如外宣翻译文本具有广延性、模糊性、不定性、歧义、多义、结构空白、语境性、隐喻性等特征。从研究方法论看，就是将整体意义上的应用文本从信息类型、信息性质和信息功能关系上予以定性概括和量化综合，这是对系统内要素数量关系的综合把握，而不是像传统翻译研究中那样简单地将文本视为"形式与内容"二元对立关系（dichotomy in opposition）的对象物。故对客体属性特征的把握构成译者主体结构中的"客体属性认识论"结构性要素。这是从认识论和方法

❶　Schäffner C，eds. Developing Translation Competence［J］. John Benjamins B.V，2000：8.

❷　Toury G. Descriptive Translation Studies and Beyond［M］. Amsterdam/ Philadelphia：John Benjamins Publishing Company，1995：242 – 247.

❸　Wilss W. The Science of Translation：Problems and Methods［M］. Amsterdam/ Philadelphia：John Benjamins Publishing Company，2001：15.

论层面对译者主体性能力结构的认识。

结合外宣翻译自身的特征可知，外宣翻译译者要想做好翻译工作，需要具备一般译者具备的能力，如双语的语言文化知识和经验知识的积累与建构，包括能够策略或技巧性地保留源语文化的特点，避免引起歧义、误读等，或在跨文化交际意识导引下，顺应目的语语言文化的习惯等。此外，还需要具备翻译外宣文本特殊的认知思维、意识形态、译者伦理等。这是从实践论维度对译者主体性能力结构的认识。

马克思创立唯物辩证法也是借助于对主、客体之间的价值关系而认识的。"实践之所以成为创造性的活动，它之所以能创造出自然界不能自动产生的全新事物，重要因素之一正在于价值因素作为能动的调节因素，使实践成为有目的、有意识的自觉活动，实现人类自由的活动。"❶马克思和恩格斯批评费尔巴哈单纯从客体的形式去理解事物和现实，认为应从主体的感性活动，从主体创造价值的实践中去理解主客体。马克思认为，人们认识事物是从客观实在出发，获得了关于客体的知识，而客观形态的知识，变成人们的实践观念，变成实践主体的目的和愿望时，在对知识的取舍、实施等过程中，总要有价值观的参与。主体"人"对客观实在的反映中带有"创造性"，即能动性，也是主动而自觉的选择性，这也就是"人"对客观实在中的价值属性从主观上把握的体现。❷因此，人类在认识这个复杂的主体与客体相互作用的过程中，始终存在着价值观的参与。辩证唯物主义认识论借助于价值问题，也能深化对认识能动性的理解。外宣翻译理论研究中关涉的信息价值特征的甄别、析取、再现与操作处理构成了翻译活动主客体之间一种重要的互动关系，也是译者主体性发挥中所体现的自由度的主客观基础或重要依据。

何谓价值？"价值是指主体需要和客体属性的特定关系，是二元归一。"❸也就是说，改造客观世界的主体是根据其特定需要去认识并作用于客体的，使客体按照主体的需要内容而加以改变。当被主体改变的客体烙有主体的特征

---

❶ 李连科.价值哲学引论［M］.北京：商务印书馆，1999：4.

❷ 中共中央马克思恩格斯列宁斯大林著作编译局.马克思恩格斯选集（第4卷）［M］.北京：人民出版社，2012：220-278，564-568.

❸ 李连科.价值哲学引论［M］.北京：商务印书馆，1999：2.

时，我们认为主体赋予了客体某种价值特征；而当这种价值特征被主体所把握，并被认为具有了某种特定的价值时，我们认为客体存在着这种价值属性。

人类不是为了认识而认识，认识的目的在于利用事物的某种属性或事物间的某种关系来满足人类自己的需要。为了利用事物的属性或事物间的关系，必须确定这些属性的作用和意义，即它们是有利于实现人的目的还是不利于实现人的目的。确定对象的属性对于人的需要的关系实际上就是对它们在满足人的需要、实现人的目的中的作用做出肯定或否定的评价。肯定的评价是指出对象的某种属性对认识的主体有利、有用，可称为具有正价值；否定的评价是指出对象的某种属性对认识的主体有害、有损，可称为具有负价值。人们对这种价值关系的认识是更高一级的认识，它是在对事物获得描述性认识（感性认识和理性认识）的基础上形成的。价值认识的成果必须通过判断来表述，我们把表述价值认识的判断叫作价值判断。❶ 当从实践—价值哲学的视角去分析主体性的问题时，可以得出这样的结论：主体不是一个实体范畴，而是一个价值范畴，体现的是一种能动的价值关系。主体只能在主—客或主—主这样的关系中出现。中心性主体并不是绝对意义的实体主体，而是价值意义上的中心，是主客相互作用关系中的能动的一方。❷

翻译活动是人类的社会实践活动，同样，对翻译活动的认识也可借助于价值哲学的研究。在国内外，也有译界同仁对此进行了认识和讨论。德里达（Derrida）在"巴别塔"中以独特的视角阐述了译文的价值，他提出翻译就是"在永无休止的分析中摆弄相似与差异"，通过翻译，我们可以对各语言之间的差异有更深更准确的认识。一篇译文的价值取决于它对语言差异的反映程度。它是作品的一种存在方式，与原作相比，它有自己独特的存在价值。它延长了原作的生命，帮助读者认识原作的价值，并且在译入语文化中发挥着巨大的作用。❸ 韦努蒂（Venuti）也提到："翻译过程中的每一步骤——从国外文本的选择到翻译策略的实施，再到译本的编辑、评论、阅读都受到目标语言中流

---

❶　于慧堂. 辩证思维逻辑学［M］. 济南：齐鲁书社，2007：67.

❷　李楠明. 价值主体性［M］. 北京：社会科学文献出版社，2005：49.

❸　Derrida J. Des Tours de Babel［C］//Difference in Translation. Ithaca and London：Cornell University Press，1985：165.

通着的各种文化价值的调解，而且总是呈现着某种层级体系。"❶ 国内学者们对翻译活动中所蕴含的"价值"也进行了积极讨论，张柏然指出："翻译学在本质上不是一类以价值中立、文化无涉为前提，以事实发现和知识积累为目的，以严密的逻辑体系为依托的科学活动，而是一类以价值建构和意义阐释为目的的价值科学或文化科学。这既是事实性的（实然），也是表达性的（应然）。"❷ 袁筱一认为"翻译不是信息的传递，而是价值的传递"。❸ 李惠红从价值学探讨了翻译："从价值学角度来看，人类的一切实践活动都是一种创造价值的活动……人类对价值的追求，驱动着人类的翻译实践活动其本身具有价值属性。"❹

在翻译理论与实践研究中，我们应认识到，对客体价值属性的再现或表现往往需要译者主体对客体的形式与内容的价值属性作出正确的认识与评价，并且能克服自己的主观片面性。价值哲学认为，价值选择是指价值创造或获得过程，是在实践中实现的创价活动。社会规律是有意志、有目的、有价值追求的人构成的。社会规律的必然性是有"弹性"的必然性，由大量偶然性构成，是通过偶然性表现的。❺ 任何事物的发展都是有多种可能性的，翻译活动的客体也是如此，译者主体有如何选择价值属性的可能性的自由，至于这种可能性能否转化为现实性，则是主体自身的问题。

由此而引发的对具体真理的认识问题是：为翻译主体所把握或认识的翻译客体的价值属性是什么（质的表现），并具有哪些价值属性（量的统一），通过何种形式予以确证。对此类问题的认识是讨论翻译原则的价值哲学理论基础的前提，因为"没有同主体发生认识和实践关系的物质世界，虽客观存在着，但并不构成客体，或者说只是潜在的客体，而非现实的客体"❻。也就是说，不能为翻译主体所把握的客体的属性就不能成为价值属性，而脱离价值属性谈论翻

❶ Venuti L. The Translator's Invisibility：A History of Translation［M］. London and New York：Routledge，1995.
❷ 张柏然. 全球化语境下的翻译理论研究［J］. 中国翻译，2002（1）：58.
❸ 袁筱一. 从翻译的时代到直译的时代——基于贝尔曼视域之上的本雅明［J］. 外语教学理论与实践，2011（1）：89.
❹ 李惠红. 翻译学研究方法论［M］. 北京：国防工业出版社，2010：61.
❺ 李连科. 价值哲学引论［M］. 北京：商务印书馆，1999：133.
❻ 李连科. 价值哲学引论［M］. 北京：商务印书馆，1999：78.

译原则是没有理论意义的，故我们可认定翻译客体的价值属性是对翻译主体而言的具有意义的属性，在理论研究上必须对翻译客体那些具有意义的价值属性进行定性概括才能看出其价值特征的客观确定性，进而形成翻译活动有关客体的理念认识。这些被确证了的价值属性特征必然以意义化了的概念形式在一定程度上左右着翻译活动主体的行为，成为翻译活动过程译者主体性发挥的理据。

但是，翻译活动并非为总是发生在一种理想状态下的行为，客体自身的诸多价值属性并非直接地、全部地暴露在翻译主体面前而为主体所把握或认识，而是隐蔽地存在着，有待于主体去发现或深究；主体所处的社会历史阶段的意识形态等外部环境的变化，以及语言文化和认知思维差异等诸种制约条件，使得主体对客体的价值属性的把握和需要发生相应的变化而产生相应的价值选择。这就需要"主体一方面主动排除外界干扰去认识事物属性，另一方面从自己需要的角度去认识外界事物属性。为了实现价值，主客体各自克服自己的片面性，相互联系、相互补充"❶，这就形成客体人化、主体物化的主客体相统一的互动性的实践关系。就翻译活动而言，会出现两种情况：一种是在理想状态（无条件制约）下翻译主体有可能将客体 1（指源语）的价值属性在客体 2（指目的语）中再现或表现出来，从而实现客体价值属性的等值，或者说是一种耦合性的"忠信"；另一种是在非理想状态（有条件制约）下客体 1 的某些价值属性可能以负价值或欠额价值的状态在目的语中呈现出来，而翻译主体有可能对客体 1 的某些负价值或欠额价值的属性进行摒弃和改造，或加工重构，或补偿和仿拟性创造等，这样，在翻译实践中就会出现客体 1 和客体 2 的形式之间在价值属性上不对应或不相等的现象。

从翻译的社会属性看，翻译活动并非译者主体个人自娱自乐或孤芳自赏的行为，必然带有一定社会目的性倾向，必然希冀其译文能产生一定社会影响并为社会群体所承认和接受，从而实现其预期的社会价值。翻译活动是人类社会实践活动，同样遵循人类活动的行为模式：行为—动机—目的—需求，即翻译活动行为背后必有其特定动机，而动机背后必有其特定目的，目的背后又必有

---

❶　李连科.价值哲学引论［M］.北京：商务印书馆，1999：2-6.

其特定需求。从马斯洛的需求理论看，人的需求是有层次的，是动态的、发展的。从翻译活动看，需求层次不仅体现在（通过译者实现的）委托人的需求和读者需求两个方面（前者需求实现以后者需求实现为前提），还体现在需求的层次性。当然，译者主体有其自身的目的—需求性，但应受其委托人的目的—需求性支配。受众群体也有自身的目的—需求性，二者之间互为因果。在马克思的实践主体论的基础上，还应借助于价值论的理论认识来讨论译者主体论。因为，在外宣翻译过程中，译者主体具有特定目的和需求，追求某种社会效应，作为针对客体而言的主体必然对客体的属性具有价值判断，即客体的某个属性在翻译过程中的表现是否能产生预期的正效应的效果，从而产生积极性的选择行为；若客体某属性表现在目的语文化中产生负效应，这种属性就形成负价值的客体属性，以致使译者主体对其进行必要的调节性操作，或弱化，或虚化，或淡化，或轻化，或简化等。这种调节性操作行为就是译者主体有理据的选择行为。这就构成了译者主体结构中的"目的—需求"价值论这一结构性要素的辅助性之结构性要素，并继而推演出辅助性的"主—客观理据性"主体性结构要素，属于客体价值判断的理论范畴。

第二节　功能目的论下之译者主体论

功能目的论的翻译观是 20 世纪 70 年代末继语言学派形式主义的翻译观之后，吸收和借鉴了交际学理论、行为理论、篇章语言学、话语分析以及读者反应论等形成的一个有重要影响力的翻译学派。在语言学派末期，功能目的论在关注语言本身功能的同时，开始关注外部因素，关注译者，目光开始转向译者和译语。从这个意义上来说，后来发展的翻译研究文化学派，译者从被遮蔽到显身，与功能目的论是一脉相承的。因此，本节中要介绍的有关译者主体的研究是从功能目的论开始延续到文化学派的、关注译者的研究。

功能派翻译理论之开创者赖斯认为，译者应充分考虑源文的背景及原作者的方式，熟悉有关的历史和文化知识，充分考虑源文的读者对象，设法使目标语读者能够从目标语文化的角度理解源文。译者还必须把文本类型本身的翻译标准同语言外因素（包括源文中的情景、主题、创作的时间、描写的地点，以及源文接受者、发送者与说话者有关的因素和情感暗示等）结合起来。当然，赖斯也承认，译者对源文的"阐释过程"带有较大的主观性，且译者自身的性格特点对译文有着重要影响，如"自信型"（aggressive type）译者，即"以自我为中心、自作主张"之译者常常因自我表现欲太强，往往把源文当作按照自己观点进行再创作的"原材料"，因此而或多或少地损害源文。❶

从功能目的论的系统建构来看，赖斯的思想可以说是朦胧的"目的—需求"之设想，她还有了基于文本自身特征的本体论认识，并且考虑了译者自身的能力结构会影响译文等因素。

弗米尔（Vermeer）在论述人类目的性行为基础上，明确提出了翻译的目的性，并且指出：在翻译过程所涉及的所有因素中，译者起着最为重要的作用。译者的最终任务，是创作出对目标文化接受者来说有意义的文本。为完成这一任务，译者首先应该明确翻译的交际目的。译者还可以根据翻译目的来自行选择翻译策略或方法。也就是说，译者所作出的选择应该建立在一个目标之上——实现翻译的预期功能。❷

弗米尔还认为，在翻译过程中，译者的任务应该包括以下几个方面：分析翻译指令在法律上、经济上或意识形态上是否可接受、是否可行；检查翻译是否真的必要；详细说明完成翻译指令需要的各项活动；实施翻译行动，翻译的结果可能是一篇译文，也可能只是源文的简短摘要，或者在特殊情况下向客户提出建议不翻译源文 ❸，因为译文不会达到预期的目的。❹ 因此，在功能主义翻译目的论中，译者地位得到了提升，被赋予了较多的自由，是翻译行为的重要参与者，更是专家、顾问，译者可以针对翻译过程中涉及的一切问题作出自己的选择。当然，翻译目的论也对译者提出了更高的要求。

值得肯定的是，弗米尔在目的论中注意到了受众因素，他认为决定翻译目

---

❶　Reiss K. Translation Criticism—The Potentials & Limitations［M］. Translated by Rhodes Erroll F.Shanghai：Shanghai Foreign Language Education Press，2004：110–111.

❷　Vermeer H J. A Skopos Theory of Translation（Some arguments for and against）［M］. Heidelberg：Text Con Text–Verlag，1996.

❸　Vermeer H J. Starting to Unask What Translatology Is About［J］. Target，1998（1）.

❹　Nord C. Translation as a Purposeful Activity：Functionalist Approaches Explained［M］. Shanghai：Shanghai Foreign Language Education Press，2001：21.

的的最重要因素之一是受众，受众具有自己的文化背景知识、对译文的期待以及交际需求。此观点是符合应用文本翻译实际情况的，因为就应用文本翻译而言，有时其译文以受众接受的有效性为前提，若接受效果不佳或效果很差，译者和委托人的目的性也就不能如期实现。故对于内化了的原作者意图或目的的文本形式而言，其信息价值度可能不一样，值得深入研究，并可形成一个特定的研究范畴。

曼塔莉（Holz-Manttari）的译者行为理论进一步确认了译者的专家地位，译者的道德责任来自于他 / 她作为跨文化信息传递领域的专家身份。❶

诺德（Nord）的"以翻译为导向的文本分析模式"❷ 则为译者——构成翻译过程八大方面中最重要因素之一——提供了相对具可操作性的翻译方法论；其对翻译问题的识别、分类及解决方法也为翻译教学提供了较为有效的理论框架。诺德同时还提及了译者应掌握源语和译语的文化与语言，并具有转换能力，包括文本接受、操作和研究的技巧，以及协调源文接受和译文创作的能力。这可认为对译者的能力结构有了更深一步的认识。

20 世纪后半叶，哲学界涌现出新的思潮，如伽达默尔（Hans-George Gadamer）的视域融合、德里达（Jacques Derrida）的意义延异论等。新思潮使人们的思想更加得到解放，加上早期的翻译研究学派的学科意识、佐哈尔（Zohar）的多元系统论对传统翻译观念的挑战和对翻译定义的无限拓展，以及图里通过译语文本的描写研究发现译者在译语（文化）中的受约性，越来越多的学者在自己的学术背景下开始了对翻译问题的研究。其中以比较文学出身的学者最为活跃，逐渐成为翻译文化学派的主体。在他们的努力下，翻译研究不再局限于先前的译语文化系统。从 20 世纪 80 年代开始，赫曼斯（Theo Hermans）、勒菲弗尔（André Lefevere）、巴斯内特（Susan Bassnet）等在佐哈尔和图里研究的基础上，高扬翻译的"重写"和"调控"，采取文化批评的模式，将赞助人、意识形态、诗学、社会经济条件、政治制度、社会习俗等统统

---

❶ Holz-Manttari J. Translatorisches Handeln: Thearie und Methode [M]. Helsinki: Suomalainen Tiedeakatemia, 1984.

❷ Nord C. Text Analysis in Translation: Theory, Methodology and Didactic Application of a Model for Translation-oriented Text Analysis [M]. Amsterdam: Rodopi, 1991.

纳入翻译研究考察的范围，进一步拓宽了翻译研究的路径。在他们的研究中，译者的主体性发挥以及影响译者主体性发挥的因素成为核心内容。赫曼斯的《文学作品之调控——文学翻译研究》❶、勒菲弗尔的《文学名著之翻译、重写及其调控》❷、勒菲弗尔与巴斯内特合编的《文化建构——文学翻译论集》❸以及巴斯内特的《翻译研究》❹《比较文学导论》❺等翻译研究著作都直接论及了译者的主体性问题，研究重点主要集中在译者在翻译中的主体地位的确定以及译者主体性发挥与历史、社会、文化之间的关系。❻

翻译研究学派发展到其中后期即20世纪80年代后期时，受到了源于英国的文化研究思潮的强烈冲击。由于翻译研究学派本来就注重从社会文化角度来考察翻译，其主要成员霍姆斯、佐哈尔、图里、勒菲弗尔、巴斯内特等都具有很强的文化意识，于是翻译研究学派与这股文化研究的思潮开始了自然的合流，进一步加大了翻译研究中的文化比重。1990年，巴斯内特和勒菲弗尔在他们主编的《翻译、历史与文化》一书的序文中正式提出了翻译研究的"文化转向"的口号。在这种背景下，译者就被完全解放了出来，译者的主体性地位得到了认可。巴斯内特曾以"显现"这个关键词确认了译者在翻译中的主体地位。❼

翻译研究文化转向后，作为文化领域里热门研究的女性主义和后殖民主义顺理成章地进入了翻译学研究的视野，并逐渐成为该领域内新的学术研究方向。赫曼斯曾对此评述说，在20世纪80年代末和90年代，文化翻译理论中的新潮流，尤其是女性主义和后殖民主义翻译研究取代了描写翻译研究。❽在

❶ Hermans T. The Manipulation of Literature: Studies in Literature Translation [C]. London: Croom Helm, 1985.

❷ Lefevere A. Translation, Rewriting and the Manipulation of Literary Fame [M]. London and New York: Routledge, 1992.

❸ Bassnett S, Lefevere A. Translation, History and Culture [M]. London and New York: Printer, 1990.

❹ Bassnett S. Translation Studies (Third Edition) [M]. London and New York: Routledge, 2001.

❺ Bassnett S. Comparative Literature: A Critical Introduction [M]. Oxford: Blackwell, 1993.

❻ 段峰. 文化视野下文学翻译主体性研究 [M]. 成都: 四川大学出版社, 2008: 4-5.

❼ Bassnett S. The Meek or the Mighty: Reappraising the Role of the Translator [C] // Translation, Power, Subversion. Multilingual Matters Ltd, 1996: 10-24.

❽ Hermans T. Translation in Systems: Descriptive and System-oriented Approaches Explained [M]. Manchester: St. Jerome Publishing, 1999: 15.

这种大背景下，译者主体性被放置在一个更为宏大的女性主义和后殖民主义语境进行审视。女性主义和后殖民主义的翻译研究为译者主体性的凸显提供了强大的理论支持，译者被赋予了至高无上的权力，译者主体性得到了极度张扬。女性主义研究者从翻译中存在的性别歧视出发，不满意译者长期以来的弱势地位，主张重新界定译者的身份，强调译者在翻译中的积极介入，认为翻译与女性主义写作相通，都必须在意义的生产中突出女性的主体性，译者翻译时可以以增补、加注甚至劫持的方式凸显自己的主体性。这方面的理论著述有戈达尔德（Barbara Godard）的《女性主义话语、翻译的理论化》❶、巴斯内特的《非男性地带写作：性别与翻译问题》❷、谢莉·西蒙（Sherry Simon）的《翻译的性别：文化认同和传递政治》❸、弗洛图（Luise Flotow）的《翻译与性别：女性主义时代的翻译》❹等。后殖民主义理论则从民族间语言和文化的不平等现象出发，认为翻译始终是个政治问题，揭示了宗主国通过翻译在维护殖民统治，推动文化帝国主义方面所起到的共谋作用。因此，后殖民主义翻译理论主张为后殖民语境下的翻译重新定位，提倡译者采取阻抗式的异化翻译策略，以对抗文化帝国主义的入侵。在后殖民主义理论语境中，译者不但成为权力斗争的工具，也成了权力的化身，为了服务于自己的意识形态，可以对原文本进行随意的增删和修改。后殖民主义翻译研究的主要理论著述有韦努蒂（Lawrence Venuti）的《译者的隐身》❺《翻译之耻——通向存异伦理》❻、尼兰贾娜（Tejaswini Niranjana）的《为翻译定位：历史、后结构主义与殖民语境》❼、巴斯内特与特里维迪合编

---

❶ Godard B. Theorizing Feminist Discourse/Translation [C] // History and Culture, Translated by Susan Basnett eds. London: Frances Pinter, 1990.

❷ Bassnett S. Writing in No Man's Land: Questions of Gender and Translation [J]. Ilha Do Desterro, 1992（28）: 63-73.

❸ Simon S. Gender in Translation: Cultural Identity and the Politics of Transmission [M]. London and New York: Routledge, 1996.

❹ Flotow L V. Translation and Gender: Translating in the "Era of Feminism" [M]. Manchester: St. Jerome Publishing, 1997.

❺ Venuti L. The Translator's Invisibility: A History of Translation [M]. London and New York: Routledge, 1995.

❻ Venuti L. The Scandals of Translation—Towards an Ethics of Difference [M]. London and New York: Routledge, 1998.

❼ Niranjana T. Siting Translation: History, Post-structuralism, and the Colonial Context [M]. Berkely: University of California Press, 1992.

的《后殖民翻译：理论与实践》❶、鲁宾逊（Douglas Robinson）的《译者登场》❷《谁在翻译？超越理性的译者主体性》❸等。

从以上的梳理中我们可以看出，作为文化范式的先导，文化转向以来的翻译研究学派整体上摒弃了语言学范式规定性、以原语为中心的研究取向，采取描写性方法考查译语文化对翻译的影响，在发掘翻译文化属性的同时凸显了译者的重要作用。在文化研究思潮促动下，译者的角色及作用也因此获得了前所未有的关注。但同时我们也发现，这个阶段对于译者的研究尽管不少，但总体来看缺乏对其主体性进行细致、系统的分析性研究。胡庚申指出，在有关译者的著述里，甚至在有些书名中就有"译者"的著述里，对译者主体的定位都没有进行系统和充分的论述。❹例如，哈提姆与梅森的《语篇与译者》以及《译者即交际者》的书名都含有"译者"，但讲述的却是语篇结构或语篇分析问题，译者问题并没有作为全书的论述重点。即使是以突显译者地位和作用的"解构主义"译论，其主题思想与核心内容也缺乏对译者具体行为、地位和作用的专门论述。更为严重的是，翻译研究在一步步走向文化转向的过程中，开始从注重内部研究慢慢地转向外部研究，脱离语言和文本的倾向越来越明显，而到了女性主义和后殖民主义阶段，传统的翻译"忠实"概念就被彻底地颠覆和解构了，翻译研究中只剩下张扬的译者主体性。正如巴斯内特所言，承认翻译和译者中心的时代已经到来。❺在这样的时代背景下，我们很有必要从系统建构的角度来全面认识译者主体性这一重要理论范畴。

传统翻译研究未能将目的—需求论原则明确纳入理论体系，未能明确"信/忠实"的原则性质。在人类普遍行为中，需求决定目的，二者之间有着密切关系，有时很容易将其混为一谈，但实质上二者之间有其区别和特点。首先，在人际关系活动中，需求主体带有互动性特征，即一方需求应考虑另一方需求，这就是为什么在国际事务谈判中，双赢原则（principle of win-win）取得普遍共

---

❶ Bassnett S, Trivedi H. Post-Colonial Translation: Theory and Practice [C]. London and New York: Routledge, 1999.

❷ Robinson D. The Translator's Turn [M]. Baltimore: The John's Hopkins University Press, 1991.

❸ Robinson D. Who Translates? Translator's Subjectivity beyond Reason [M]. Albany: State University of New York Press, 2001.

❹ 胡庚申. 从"译者主体"到"译者中心"[J]. 中国翻译, 2004 (3): 12.

❺ Bassnett S. Translation [M]. London and New York: Routledge, 2014: 15.

识，而双赢原则就是基于都能满足双方需求的策略原则，同时对具体谈判的方式和内容都有相应的制约性和规约性。故在应用理论阐释中，我们区分翻译活动行为主体需求和受众主体需求。需求是社会性的，是人自身赖以生存或改变生活方式的精神或物质性内容；而目的则是为满足特定需求可预期达到的行为目标，它决定着行为准则及其道德内容。目的可以在满足不同层次需求的前提下转化为不同阶段性的行为目标。就对外宣传翻译而言，行为主体是指提供文本材料的政府或相关单位 / 部门（即"委托人"），其目的—需求性是通过译者主体体现的。当然，译者主体有其自身的目的—需求性，物质的或精神的，但在原则上应受其委托人的目的—需求性支配。❶ 如我国近阶段外宣翻译的需求转向强化塑造新型的国家形象，深化改革，强国、强政、强军需要建立一个强势而不霸道的大国形象，因而对具体的语言表达之目的则具有选择性，目的是突出一定的意图或意向（要求一定的语言策略相辅助），让国外受众通过明白或能理解这种目的或意向，而有效达到使其感受到我国政府的这种新时期下的政治诉求。所以，外宣翻译理论要求进行从上到下的范畴体系的建构，这种建构关涉译者主体性的认识问题，能从不同层次或不同方面对相关问题作出相辅相成的解释。

第三节　语境参数理论下之译者主体论

语境包括言外语境（也称情景语境）和言内语境，是传统译学研究中一个非常重要的概念，但其概念内涵一直比较抽象笼统。人们对语境的理解仅仅停留在抽象的宏观概念上，诸如"上下文""情景"等。美国文化人类学家爱德华·T. 霍尔（Edward T. Hall）《超越文化》一书中提出文化具有语境性，并将语境分为高语境（high context）与低语境（low context）。❷ 霍尔认为："任何事物均可被赋予高、中、低语境的特征。高语境事物具有预先编排信息的特色，编排的信息处于接收者手里及背景中，仅有微小部分存于传递的讯息中。低语

---

❶ 曾利沙. 论应用翻译学理论范畴体系整合与拓展的逻辑基础［J］. 上海翻译，2012（4）：1.

❷ Hall T E. Beyond Culture［M］. Garden City, N.Y: Anchor Press, 1976.

境事物恰好相反，大部分信息必须处在传递讯息中，以便补充语境中丢失的部分（内在语境及外在语境）。"也就是说："高语境（HC）传播或讯息即是绝大部分信息或存于物质语境中或内化在个人身上，而极少数则处在清晰、被传递的编码讯息中。低语境（LC）传播正好相反，即将大量的信息置于清晰的编码中。"我们认为，就文本自身而言，并没有语境高低之分，只有不同的语境才有这种高低差别。一般说来，文化语境总是高于情景语境，情景语境高于语言语境。霍尔的文化语境具有一定新意，但在翻译实践活动中笼统的高低语境的区分不具可描述性和可操作性，因语境论涉及译者的能力结构，故必须明晰化。

根据关联理论，意义并不像人们想象那样是个常量，而是取决于语境的变量。对同一句话，作者可以在他的潜在语境范畴内试图让读者作出不同的解释；同样，读者也可以在自己的潜在语境范畴内对同一句话作出不同的解释。由此可见，意义并不完全取决于作者的话语，而是部分的由该话语赖以理解的语境决定。

然而，语境也不是固定不变的常量，而只是部分客观地存在，部分由话语信息在理解者的头脑中激活的潜在信息构成。发话方或作者必须预设他的受话人或读者具备这部分潜在信息，否则他就需要将这些信息作为话语文本明示出来而不是作为语境来处理。所以，语境必须是读者已内化的信息，外部环境如果没有和话语产生关联，如果没有进入读者的意识，那么它的客观存在并不能构成语境。相反，话语环境中没有出现、读者本来没有想到的事情，却在文本信息的提示下被唤醒、激活，于是潜在的记忆信息进入读者的当前意识，也可以作为语境参与文本信息的理解。可见，语境可以作为客观存在的环境因素被读者或受话人感知，也可以作为潜在的知识被文本激活，但前提条件是语境必须作为读者的意识才可以发挥语境的作用。

从意识的角度观照语境，会赋予语境以极大的外延，以至于文本被沦为信息在进入意识之前的那一瞬间的存在。因为我们对作品的阅读不是囫囵地整体吞下的，而是（即使一目十行）一句句地摄入眼帘。对读者而言，尚未进入视野的文本等于不存在，而已经读过的字句却变成了内部信息，真正的文本只剩下眼前待读的这一行。因此，文本信息和语境信息总是不对称的，语境的优势远远高于文本。

为了明确语境的真正内涵，充分挖掘这一理论的实践解释力，使其具有微观层面的可操作性，曾利沙从翻译的操作"视域"角度将语境化为具体的参数，提出了语境参数论，认为翻译中文本意义的生成是一种主客互动的过程，其客观性就表现在这种文本意义的生成不但受到微观层面的言内参数因子，即各种可以在文本内被译者所直观到的与典型翻译操作单位有内在联系的语符（序列）的制约，而且受各种宏观的言外语境参数，诸如社会、文化、自然以及个人等的制约；其主观性体现在文本的语境是译者通过自身的努力发现有关参数建构而成的，不同的译者受自身知识结构和经验的影响，对相同的文本参数的发现具有一定的差异，其所建构的语境也就不同，即使找到几乎相同的参数，也会由于对有关参数的定性认识的不同而构建不同的语境。语境中发生嬗变或迁移的概念或命题语义一方面必然保留着自身原有的某些可识别的语义特征，另一方面又接受其参数的意义特征的映射，这种通过认知再构而生成的"语境化意义"必然是一种阐释主体的"暂构义"，是主体对客体（对象）的一种阐释、认识的结果。❶

必须注意的是，虽然文本内参数和文本外参数都是组成语境的基本因子，但它们在意义生成中的地位或作用是不同的。曾利沙提出，所谓的文本内参数，就是"任一可以在文本内被译者所直观到的语符（序列）及其内在联系并能对典型操作单位的固化意义的选择或意义生成直接产生制约或映射的潜在的'参数域（力点）'"❷。这表明，文本内参数在译者的语境重构中总是起主导作用，可以称为语境重构的主导性参数。相对于文本内参数而言，文本外参数在意义生成中只起到参照作用，所以可以称为语境重构中的参照性参数。文本外参数比较复杂，也比较难以认定。文本外参数实际上是文本语符空白或缺省的一种典型形式，它以诸种潜在的形式存在，涉及范围极广，其性质不稳定，具体表现形式也难以特征化。我们认为，虽然文本外参数的确定相对困难，但根据文本创作的一般情景，还是可以大致概括为诸如社会习俗、文化规范、历

---

❶ 曾利沙.论"操作视域"与"参数因子"——兼论翻译学理论范畴"文本特征论"的研究［J］.现代外语，2002（2）：160；曾利沙.翻译学理论系统整合性研究［M］.北京：外语教学与研究出版社，2014.

❷ 曾利沙.论"操作视域"与"参数因子"——兼论翻译学理论范畴"文本特征论"的研究［J］.现代外语，2002（2）：161.

史事件、社会意识形态、诗学观念、自然环境、经验常识等。这些参数就是作者创作文本时留下的语境痕迹，译者只要寻找相关参数，就可以重构其创作时的当下语境，从而就可以获知其赋予文本语符或语符序列并掩盖在相应的历史性概念语义下的个性化原创意义。

【例1】《2002年中国的国防》（白皮书）中有关"中国人民解放军积极参加海外军事活动"的文字陈述，其范畴概念"活动"就不宜简单地译为"activities"。在显性的文本内（上下文）的地域参数"海外"和性质参数"军事"以及隐性的（文本外）规模参数（指小规模的参与）和事实参数（指解放军参与海外活动的具体内容，如维和、反恐、救灾、扫雷、联合演习等）等制约下，译者应发挥主体性，创造性地将"活动"译为"mission"（使命），即 The PLA actively participated in overseas military missions. 在此语境中，"mission"的关联性语义义项被析取出来：a）particular task or duty undertaken by an individual or a group；b）such a task or duty performed by an individual or a unit of the armed forces. "mission"的内涵特征"task"（任务）和"duty"（职责或义务）使得白皮书的文字表述更能准确地介绍中国人民解放军有关军事活动的性质和特点，其海外军事活动实际上是特指受联合国排遣承担的军事任务等，而非泛化的海外军事活动。❶

很显然，在作者创作时，他赋予相关语符或语符序列的意义是非常具体和确定的。但是，现实的情况却是，不同的译者对同一文本语符或语符序列解读出来的意义却并不完全一致，同一文本会产生那么多不同的译本就说明了这一问题。这又是为什么呢？原来，在翻译语境重构中，译者对相关参数的寻找和认定是基于自身理解的先在性，所以，文本内外哪些因素能够进入译者的视域并成为重构语境的参数并不是自明的，而是处于一种潜在状态。不同的译者受自身知识结构和经验的影响，对影响同一翻译操作单位的文本内外的潜在意义参数多与少的感知与认定，对各参数之间的关联性的判断等都会存在一定认知上的差异，所以建构的语境也会有所不同。也就是说，译者在解读文本的意义时所重构的语境虽然在主观上是极力还原作者创作语境的结果，但这种建构总

---

❶ 曾利沙. 对《2002年中国的国防》（白皮书）英译文评析——兼论对外宣传翻译"经济简明"原则[J]. 广东外语外贸大学学报，2005（2）：6.

是译者根据自身的认知视域，即理解的先在性而构建的。因此，这种重构的语境与作者创作时的语境相比总是具有一定的差异性，也就导致作者赋予原文文本的语符或语符（序列）的具体而确定的个性化意义"在语境中完全个性化或语境化了，在译者的对象意向性活动中失去了它原有的固化意义"。这也就决定了译者解读文本所获得意义与作者的真实意义总是存在着一定的差距。根据阐释学有关原理，实际上，译者解读文本所获得所谓意义是译者在自己重构的语境下根据文本翻译操作单位（即特定的语符或语符序列）临时建构起来的意义，是译者的意向性对象活动生成的，它融入了译者在解读文本意义时的个性化特征，所以并不是完全意义上的作者赋予原文语符或语符序列的原创意义，而只是一种近似性意义。曾利沙根据胡塞尔的意向性理论把这种临时性意义形成的过程称为译者对文本翻译操作单位的意义给定行为，因为它一定程度上体现译者在意义生成中的主体性。

可以看出，在译者把握翻译客体动态意义的过程中，由于语境重构时对相关文本内外参数的认知在数量上和定性上的差异，典型地体现出了翻译操作单位意义生成中的主观性的一面。同时，相关的语境参数、翻译操作单位的基本语义特征以及相关语境参数对翻译操作单位的意义映射等的客观存在是不容置疑的，典型地表现出翻译操作单位意义生成过程的客观性方面。所以，曾利沙认为，文本意义的生成必然经历一种主客观互动的合力作用。这表明，在文学翻译译者主体性发挥之主客体互动的过程内在地蕴含了潜在的微观层面意义生成中的主客观的互动。在这种主客观互动中，译者重构的语境对特定的翻译操作单位产生了一定的张力，使之成为"弹性意义载体"。❶该"弹性意义载体"的命题语义一方面必然保留着自身原有的某些可识别的语义特征，另一方面又接受其参数意义特征的多重映射。因此，通过认知再构而生成的"语境化意义"必然是一种阐释主体的"暂构意义"。❷

---

❶ 所谓"弹性意义载体"，也就是由于在语境所产生的张力作用下而在特定语境中处于意义期待的语符（序列）。这种"弹性意义载体"的意义有待于译者的参与建构（曾利沙.关于翻译操作的"多度视域"研究——兼论译学系统理论研究的范畴化与概念化 [J].四川外语学院学报，2002（4）：100）。

❷ 曾利沙.论"操作视域"与"参数因子"——兼论翻译学理论范畴"文本特征论"的研究 [J].现代外语，2002（2）：156.

在翻译过程中，译者具有双重身份，从事双重工作。作为原文的读者，他必须尽力使自己满足原作者预设的读者条件，充分掌握原文要求的语言知识和文化知识，成为一个作者默认的、合格的甚至理想的读者，才能在阅读和理解中准确地把握作者的意图，取得理想的交际效果。不过，译者在阅读理解的过程中总要面临两大困难，一是原文文化知识背景的欠缺，因为译者毕竟不能同时生活在两个社会文化群体中。因此，译者的阅读和普通原文读者的阅读往往不能等量齐观，必须像对待稍有难度的作品那样，花费更多的气力和时间，才能做到透彻的理解。此外，译者与普通读者的不同之处还在于译者的下一步工作。译者若想重新表达出原作的思想，就不能满足于知其然的阅读，还需要知其所以然。不但要透彻理解作品的意义，还要洞察作品产生阅读效果的深层机制。不但要知道作者的意图，还要清楚作者的技巧方法。作者的意图是事实知识，技巧和方法是程序知识。具备了程序知识，才能让别人也获得事实知识。

译者在阅读理解阶段面临的第二项困难是他的母语和本土文化的知识。这是"超出"了普通原文读者的地方，似乎是一种优势。辩证地看，译者自己的母语和文化知识也可能成为理解中的某种"先结构"和成见。它在译者的无意识中会干扰译者的理解，将另一文化群体所特有的图式语境强加于原文的理解过程，产生"作者无心，读者有意"的误解。由于译者很难对自己的知识和信念追根溯源，就会陷入内外不分、以己度人的误区。因此，与普通读者的阅读不同，译者的阅读理解还需要一种自觉的先验批判意识，尽量清除母语语言和文化对原文理解的干扰。译者区分开自己身兼的原文读者和外文读者的双重身份，就等于区分开了原文读者和译文读者图式的不同，从而为翻译过程中分清两种隐文本而为显文本的生成创造条件。只有这样，译者的阅读才不至于混同于普通读者的阅读。普通的读者尽可以用自己的先见对文本进行任意的阐释，因为他阐释的结果只代表个人；而译者的阐释会进入译文的表达，译文代表的是作者。因此，译者在阅读理解过程中必须清楚自己的身份，既要消除因语言和文化差异可能带来的主观性，又要为这种差异导致的鸿沟架设理解的桥梁。

外宣翻译具有强目的—需求性，且其语义辨析过程具有强语境性，语词择义过程是言内语境参数和言外语境参数共同作用的结果。

【例2】（外交部发言人秦刚于2014年7月11日在针对日本政府有关中日

首脑会晤的言论时表示：当前中日关系面临严重困难，……）中方已多次表明了立场，中方的态度是明确的。"当下中国有一句流行的话：**非诚勿扰**。日方如不端正态度，不采取实际行动，中日关系的改善就无从谈起。"❶官方英文翻译为：We have made our position on holding the leaders' meeting between China and Japan very clear on many occasions. Our attitude, which is clear enough, can be described by a popular catchword in China "**don't even bother to approach me if you are not absolutely sincere**". If Japan refuses to correct its attitude and take concrete actions, there is no way for China and Japan to improve their relations.❷

"非诚勿扰"的本意为"没有诚意不要来打扰"，此词的流行跟葛优主演的两部题为《非诚勿扰》的电影及之后江苏卫视的一档名为《非诚勿扰》的相亲节目有关，其英文翻译分别为"If You are the One"和"You are the One"。此处秦刚借用这个短语，就是用大家熟悉的语言来表达中方坚决的态度。"非诚勿扰"在人物身份参数（外交部发言人秦刚）、主题参数（回应中日关系）、时间＋事件参数（日方参拜靖国神社之后）、处所参数（新闻发布会）、历史环境参数（中日关系改善频遭日方行为破坏）以及社会环境参数（中方在此事表明明确立场和强硬态度）"等的制约下，具有与电影名或节目名"非诚勿扰"完全不同的含义。译者选择了含义为"to ask someone for something, or ask them to do something, especially when you are asking them for the first time or when you are not sure if they will do it"的"approach"一词，应该来说是语境适切的；另外，译者（或作为译者的翻译机构，此处为外文局相关部门或人员）考虑到关联性语境参数，还用了 even 和 absolutely 来加强语气，表达中方强硬的态度，其表意意图凸显。

但是，bother to 的使用在此处是不恰当的。试看 bother 的语义：If you do not bother to do something or if you do not bother with it, you do not do it, consider it, or use it because **you think it is unnecessary or because you are too lazy**. 例句如

---

❶ 新华网，http：//news.xinhuanet.com/world/2014-07/11/c_1111578901.htm（登录日期：2015 年 6 月 20 日）。

❷ 新华网，http：//news.xinhuanet.com/english/bilingual/2014-07/29/c_133518108.htm（登录日期：2015 年 6 月 20 日）。

He didn't bother to answer the question; 在实际使用中，一方若对另一方说 don't bother to do sth…，通常含有礼貌或诙谐之意，用在此处，与秦刚想表达的中方态度强硬不符，因此，建议将 bother to 删除，译为：Don't even approach me if you are not absolutely sincere. 当然，若是考虑到这是中国流行语，外交部发言人想表达诙谐的语气，则建议将与其相冲突的 even 删除，改为：Don't bother to approach me if you are not absolutely sincere.

可以说，翻译的核心问题就是解决意义的问题，而文本的意义并不是静态的存在。从本质看，文本的意义是一种动态的关系存在，关系意味着联系和制约，意味着互参，或者说意义的理解和生成是语境参数作用下的结果。故翻译活动中的意义的确定性需要主体寻找有关语境参数，并在此基础上重构语境后才能把握。从这个意义上来说，对语境的把握和建构能力是译者主体能力结构中的一个十分重要的要素概念。

第四节　译者主体性能力实践论、认识论、方法论结构之统一

由于翻译活动是具有目的性和需求性的社会活动，而实践主体或理论主体必然将自身的目的性或需求性内容融于实践活动之中，从中得出的理论感性认识也就带有了一定的价值判断。作为自然存在物且具有意识、有目的的人，总是从自己出发，按照自己的能力、方式、需要和尺度去理解和改造客体及主体自身，即一方面创造客体，另一方面又不断超越和支配自身。[1] 毫不例外，翻译理论主体的实践性亦具有其内在目的和需求性的本质特征，体现为个体与群体或社会性之间的关系。人在以自觉目的性为基本特征的能动的物质性活动中，总是力求形成关于对象的本质和规律的稳定的一般认识，他"不仅要反映事物当下的、个别的状态，而且要超越具体认识情境，通过个别认识一般，透过现象认识本质，并以此为基础确定实践改造对象的目标和方案，追求事物对人而言的理想状态"。[2] 要认识复杂的翻译实践对象是一个永无止境的、发展

---

[1]　贺善侃.实践主体论［M］.上海：学林出版社，2001：4.
[2]　肖前，李秀林，汪永祥.辩证唯物主义原理［M］.北京：人民出版社，1981.

的、动态的认识过程，而对象并不是主动将自身的各个方面呈现给实践或理论主体，需要翻译实践或理论主体掌握众多有效的认识工具或分析手段才能接近或深刻揭示丰富而复杂的实践对象的属性特征及其运作规律，达到对客体的改造，实现"对人而言的理想状态"。故学术研究不仅需要研究者从学与术的角度对研究对象进行多维度的、深层次的理论感性和理论理性认识，还需要不断探讨客体自身的属性特征及其运作规律与方式。这就形成了不同层次、不同性质，但又相互联系、相互印证的理论范畴的研究。❶

马克思主义哲学是辩证唯物主义哲学，在实践活动中，作为实践和认识主体的人以观念的方式改造、把握和占有客体，使实在的对象转变为人的认识中的客观内容。而在实践和认识的过程中，主体必须掌握工具、语言、逻辑思维形式、思想资料等物质和精神手段。在马克思主义哲学中，人只有首先成为实践的主体，才能具备认识能力、成为认识的主体。在认识的过程中，必然涉及主体对客体认识和改造的方式方法。

认识论是关于人类认识的哲学理论。它把人类的认识活动及其发展规律作为思考的内容和研究的对象，考察认识的源泉、机制、过程和结果，研究认识的语言、逻辑、知识、情感、意志、价值和思维方式等方面的问题。❷马克思主义哲学把实践观点引入认识论，并在实践基础上把辩证法应用于反映论，在现实的主—客体关系及其历史发展中考察认识问题，创立了能动的反映论。人对客观世界的能动反映，就是主体以其特定的方式对来自客体的信息进行有组织的加工、改造和整合的过程，是主体在其大脑中建构出一个与客体具有同构异质关系的观念物或观念系统的过程。

认识论与方法论是统一的，认识论本身就包含着逻辑学和方法论，方法论在内容上属于认识论；认识论是揭示如何使认识符合辩证法的运动，如何达到真理性的认识，而方法论则进一步把这些认识成果作为方法去分析客观世界。方法论，是从认识论高度对于方法的总结、概括和探讨。人们在观念把握对象的过程中，会使用具体的方法，它是哲学方法论原则在认识过程中的具体运

❶ 曾利沙.论应用翻译学理论范畴体系整合与拓展的逻辑基础［J］.上海翻译，2012（4）：1.
❷ 中共中央马克思恩格斯列宁斯大林著作编译局.马克思恩格斯选集（第4卷）［M］.北京：人民出版社，2012.

用，包括观察、实验、类比、假设、分析、比较、调查等具体的方法，也包括从具体到抽象及归纳与演绎、分析与综合、历史与逻辑相统一等一般的方法。这些方法为人们把握事物提供由初级到高级、由简单到复杂的手段和方法论保证。认识的方法是认识论的重要组成部分，它帮助人们正确认识和把握主客观矛盾，探索和认识客观真理。

只有通过认识论研究范畴，我们才能过渡到价值论研究范畴。客体具有繁复多样性特点，具有不同的价值功能，从而对主体形成不同的价值需求或价值度，故文本意义翻译的凸显度或弱化度也应是不同的。价值理论范畴为翻译的意义转换选择提供了哲学理据。通过价值论研究范畴可进入到方法论研究范畴，方法论理论范畴在逻辑上是以本体论、认识论和价值论理论范畴为前提的。其逻辑推演是：翻译研究或认识的主要对象是文本（一切社会历史文化、意识形态等因素都沉淀在文本之中，构成文本的不同属性特征，具有自身的意义形态和价值特征），而文本意义形态具有本体论意义特征，且只有当我们通过认识论到达本体论而能识解文本的意义形态特征及其存在方式，并且能感知和把握其可转换的价值特征，我们才会进入到价值判断和选择方法论理论层次，这就形成了翻译理论体系中的"方法论"（或策略论）研究范畴。

本研究借助哲学实践论、认识论、方法论对译者主体性能力进行系统范畴化研究，指出理想译者主体性发挥应具备的构成要素即为译者主体性能力要素，包括对译者主体性发挥实践论的认识，即译者主体性的内在构成与表现特征等，也包括对译者主体性发挥方法论的认识，即译者主体性发挥在外宣翻译实践中的表现形态。具体到外宣翻译而言，则是译者如何认识客体的本质属性（外宣文本特征）以及从多维视角和主体间性中来认识对象客体。

外宣翻译是一种目的性很强，追求实效与时效的社会实践活动。对外宣传翻译目的总的说来就是获得"最佳社会效应"，用其指导翻译活动时便成为目的论原则，即"最佳效度原则"。不同社会领域的外宣目的各有侧重，而受众的需求也各不相同。委托人发起的外宣翻译目的毕竟要通过读者群体的有效接受才能实现，故目的—需求论原则必定受到特定读者群体的语言文化差异、认知思维、接受心理等诸多因素的制约。在翻译实践中，对于什么是易于被读者所接受的信息，或者什么是读者所需要的信息，译者主体会做出自己的选择，并且具有潜在的理据性。这种选择有何理据？这其中便涉及译者的价值判断问题。文本的某种属性被译者所认识到是为读者之需要，译者便认为其具有正价值，能产生积极的效度，便将其在译文中表现出来；如果译者认为某信息不具有正价值，反而产生负或弱价值，便通过调节和顺应策略进行信息加工。要最大效度实现特定目的还必须具有让受众乐于接受的策略原则，而要使策略原则具有可证性和可操作性，就必须将诸种外在制约因素与文本自身特征及其内在规定性结合起来，进而从实践出发，通过分析、归纳、概括、综合，形成若干基于公理和认知逻辑推论之上的准则。译者的本体论能力结构要素是翻译活动进行的基础，即能力作用于翻译活动，而"翻译行为是内在能力的体现"[1]，但其能力能否发挥或以何种形态、在何种程度和层面上发挥则受到目的—需求论和译者主体价值论的影响；在系统的译者主体性结构研究中，译者主体之各要素形成了相互联系、相互制约、相互印证的宏观、中观、微观不同层次，共同作用，产生主观性与客观性统一的译文。

【例3】在翻译《习近平谈治国理政》书名时，作为译者[2]的外文局本着"借此书集中展示了中央领导集体的治国理念和执政方略，达到最好宣传效果，让世界更多了解中国，了解习主席"之目的，考虑到书中收入了习近平总书记在2012年11月15日至2014年6月13日这段时间内的讲话、谈话、演讲、答问、批示、贺信等各种形式的内容79篇，并考虑到目的语的使用习惯等，将译文从"Xi Jinping on How to Govern China"修改为"Xi Jinping's talks on governance"，最后定稿为"Xi Jinping: The Governance of China"。[3]译者并没有简单地囿于原来的语句结构，而是将原文的"治国理政"简化为"governance"一个概念。这是因为governance在自身的概念语义特征中就包含了其语义结构：the activities of rulling or controlling or erxcising authority of a country。其中动词"治"和"理"被整合为"governance"；"国"和"政"被"China"整合；言语动词"谈"被删略。此译典型地反映了译者对概念语义信息特征与价值的

---

[1] Toury G. Descriptive Translation Studies and Beyond [M]. Amsterdam/ Philadelphia: John Benjamins Publishing Company, 1995: 243.

[2] 本研究中涉及的译者可能是作为译者的个人或群体、机构。

[3] 本案例为外文局副局长黄友义于2015年4月在上海召开的第六届全国应用翻译研讨会上提供。

关系特征（作为书名译名的传播价值、美学价值及受众接受度价值）的把握能力，其翻译过程实质上经历了一系列概念感知、内涵辨析、价值甄别、价值析取创造性思维过程，也是积极利用认知语境重构概念结构关系的思维能力的很好体现。

基于以上分析，本研究认为，从本体上而言，外宣翻译译者主体性是译者在翻译实践过程中作为翻译实践活动主体为满足受众—委托人双重目的需求所表现出来的主观能动性和创造性，是实践性、目的性、主—客体关系性、主观能动性及创造性的统一；从认识论而言，译者主体性可根据外宣典型语料做进一步的主体性范畴建构与划分，形成对译者主体性的多维、立体认知；从价值论而言，译者主体性的发挥本质特征是译者主体对原文文本价值属性特征的观念性把握并对其作出价值判断；从方法论而言，具体表现为译者将具有正价值的信息或重现或凸显或强化，将具有零价值或负价值的信息虚化、弱化甚至删略的行为。

外宣翻译的译者主体性能力是指理想译者发挥这种主观能动性和创造性需要具备的能力，是实践论能力（双语语言能力 + 超语言能力）、认识论能力（多维视角能力 + 主体间性能力）和方法论能力（宏观理论能力 + 微观技法能力）结构的统一。

综上所述，本书在对现有文献梳理的基础上，对外宣翻译中译者主体性能力范畴进行了系统整合，建构了外宣翻译译者主体性能力研究范畴体系（如图2-1所示）。

需要说明的是，第一，以上对各种翻译能力在翻译过程中的归属只是为了更好地认识译者主体性能力的本质，是一种理想划分，实际上这些不同的能力在翻译过程中的归属并不是截然可分的，不同的能力在各个阶段都有所需要，只是在某一个阶段，相比较于其他的能力，某一种或几种能力可能更为重要或更占主要地位，更应引起重视，因而在研究中被凸显。翻译实践过程中，译者主体性的发挥自始至终都需要不同的能力相互协调，共同发挥作用，只有具备了这些翻译能力才能保证理想的翻译效果。本研究中对译者主体性能力结构从实践论、认识论和方法论三个维度进行也只是为了叙述的方便和可操作性而进行的一种大致的划分。如果在翻译过程中过分强调突出这种划分和区别则无异

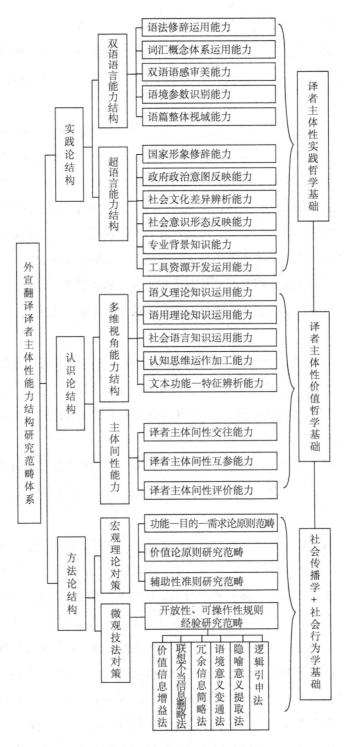

图 2-1 外宣翻译译者主体性能力结构研究范畴体系图

于画地为牢。因此，我们强调在翻译过程中对各种能力的综合应用和发挥。第二，本研究讨论的是结合当今社会历史条件对译者主体性能力结构的认识而建立的一个开放性的范畴体系，但认识是发展的，对译者主体性能力结构的认识同样会随着时间和条件的变化发生变化，各范畴内的能力结构可能会随着历史社会环境的变化而发生相应的变化，这也符合马克思历史唯物主义和辩证唯物主义的思想。

小　结

本章是研究的理论框架建构章节。第一节从实践—价值哲学探讨了译者的主体性、主客互动性，指出译者是翻译实践中的主体，主体根据客体的价值属性，对其进行必要的调节性操作，或弱化，或虚化，或淡化，或轻化，或简化等。这种调节性操作行为就是译者主体有理据的选择行为。这种主客互动的过程即是译者能力在实践中的体现过程。第二节从功能目的论探讨了译者主体性，指出翻译活动是有目的—需求的活动，而目的—需求性是通过译者主体体现的。第三节则引入了语境参数论，指出译者对意义的把握需要从动态的语境，进行创译性的活动；在此基础上，本研究认为外宣翻译的译者主体性是指在翻译实践过程中作为翻译实践活动主体的译者为满足受众—委托人双重目的需求所表现出来的主观能动性和创造性，是合实践性、目的—需求性、主—客体关系性、主观能动性及创造性的统一，其本质特征是译者主体对原文文本价值属性特征的观念性把握并对其作出价值判断，表现为将具有正价值的信息重现或凸显或强化，将具有零价值或负价值的信息虚化、弱化甚至删略的行为，在外宣翻译实践活动中主要体现为创译性行为。译者主体性能力结构是译者实践论结构（双语语言能力＋超语言能力）、认识论结构（多维视角能力＋主体间性能力）、方法论结构（宏观理论对策能力＋微观技法对策能力）的统一。

第三章　外宣翻译译者主体性能力实践论研究范畴

第一节　译者主体性能力结构之实践论

实践论指人类的实践活动具有能动性、客观性和社会历史性等特征，与主体论及历史观有着密切的联系。翻译哲学的实践论是从主体与客体的实践关系上来解决思维与存在、翻译理论与翻译活动的关系问题。❶实践是指人类特有的改造和改革客观现实的活动，实践主体性的本质及生成基础决定了要在与客体的辩证联系中研究主体性。从实践论认识译者主体性能帮助我们更好地认识翻译活动中译者主体性的发挥；同时，认识译者能力也需要在实践中考察译者主体性，两者相辅相成，互相联系。对外宣翻译译者主体性能力的"实践论"范畴主要研究的是从实践—价值哲学角度对作为翻译实践活动的主体——译者发挥其主体性所应具有的能力。

从实践论来看，我们首先需要对翻译实践活动中的主体——译者本体的能力结构做出描写和阐释。译者主体性能力结构是内在结构与外在结构的辩证统一，译者主体性能力的内部结构为译者的双语语言能力构成，而外部结构则更凸显为主体与其他因素间诸如社会意识形态、政府意图等的互动，本研究将其总结为包括国家形象修辞能力、政府政治意图反映能力、社会文化差异辨析能力、社会意识形态反映能力、必备背景知识能力、工具资源开发运用能力几大次范畴在内的"超语言能力构成"。在下文中，我们将结合外宣文本特征及案例分析，对实践论的译者主体性能力两大次范畴进行分析和说明，在论证过程中凸显主体性能力的可描写性、可阐释性、可印证性、可推论性。

---

❶　方梦之，等.译学词典［Z］.上海：上海外语教育出版社，2004：245.

第二节　双语语言能力构成

翻译涉及两种语言的转换，译者如果不具备运用双语语言能力，其翻译则很难达到成功交流之目的，外宣翻译的译者同样首先需要具有掌握双语语言的能力，它是译者需要具备的最基本的能力，也是保证翻译活动能顺利进行的最基本的条件。在本节中，我们将对译者的双语语言能力之下的几大次次范畴：语法修辞运用能力、词汇概念体系运用能力、双语语感审美能力、语境参数识别能力、语篇整体视域能力进行概念说明和案例论证。

1. 语法修辞运用能力

通常认为，具备语法修辞运用能力是译者的必备和先决条件。作为政府外宣翻译的实践主体——译者，无疑也不例外。目前，我国的政府外宣文本翻译工作主要由母语为汉语的译者完成，❶ 与母语使用者的"天生的"语言能力不同，外语学习者的语言能力需要"习得"，❷ 这种语言能力的习得自然包括了语法修辞运用能力，故从事外宣译出语翻译工作的译者需要注重语法修辞运用能力的培养。语法修辞运用能力不仅体现在汉语语言行文风格、审美习惯等方面，还体现在目的语语篇行文风格、结构搭配、美学特征等方面。

政府外宣文本是国家政策、立场、观点的重要对外渠道和平台，我们通常认为，只要是政府推出的有关文件英译文无疑都是符合目的语语法和句法修辞特点的。然而，译者的语法修辞能力是一种动态平衡，需要严谨细致的工作态度予以保证，需要译者不断地发现问题、解决问题、总结经验，通过知识积累，使外宣翻译的质量落实到每个词句概念，甚至标点符号的使用，信息结构的凸显与强化，虚化或弱化，都是译者语法修辞能力的体现。作为政府官方文件，政府白皮书译文也可能存在语法句法问题。例如，刊登于 2003 年 1 月 2 日和 1 月 9 日的《北京周报》上的《2002 年中国的国防》（白皮书）英译文中就存在这样的情况：

---

❶　一般认为，译入语翻译质量通常高于译出语翻译质量（Campbell，1998），但因汉语本身的特殊性及我国特有的国情，我们的政府外宣文本主要由汉语母语者翻译，再交由外文局的外语专家（母语英语者）进行修改和润色。但笔者从多次参与白皮书翻译的专家处得知，诸如国防白皮书这样的文件因具特殊的保密级别，其翻译工作则没有外国专家的参与。

❷　Selinker L . Second Language Acquisition［M］. Mahwah：Lawrence Erlbaum Associates，2001：92–111.

（1）一些地区因民族、领土、资源等问题引发的争端时起时伏。

译文：In certain regions, disputes caused **by ethnic, religious, territorial, resources or other issues** crop up from time to time.

其中 ethnic, religious, territorial 是形容词，不能和名词 resources or other issues 并列。

（2）2002 年中国国防支出的（总体）水平在世界上仍然相对较低，与美国、俄罗斯、英国、法国等国家相比，中国国防费占国内生产总值和国家财政收入的比重也是较低的。

译文：… Compared with the United States, Russia, Britain …, the percentage of China's defense in its GDP and … is also fairly low.

译文句子主语是 percentage，相比较的也应是美俄等国的军费支出百分比，句法逻辑应一致。

（3）中国国防科技工业是国家战略性产业，……

译文：China's **defense-related science, technology and industry is** the state's strategic **industry,** …❶

从语法看，系动词应该是 are 而非 is。从这些语法修辞问题看，由政府有关机构提供的外宣英译文出现的此类问题说明，政府外宣翻译英译本整体和局部质量问题与译者个体主体能力的局限性以及主体性是否能充分发挥之间存在相互关联性，而个体翻译能力的差异性有时需要其他译者或群体的协作性予以补充。

上述案例分析说明译者的语法修辞运用能力并非传统意义上认为的译者本身具备的呈静态性特征的能力（很显然，政府外宣译者应该具备最基本的语法知识，但在上述案例中却没能将其能力发挥出来），因其关涉译者主体性的发挥，译者主体性能力结构是一个动态的多维度、多层面、多视角、主客观互动的有机构成，只有充分发挥了主体性，将译文质量从各个不同方面进行审视，其能力结构才能得到最佳呈现。我们来看下面出于语体考虑的语法修辞能力运用的案例：

---

❶ 以上三个案例均来自：曾利沙. 对《2002 年中国的国防》（白皮书）英译文评析——兼论对外宣传翻译"经济简明"原则 [J]. 广东外语外贸大学学报, 2005（2）: 5-9.

【例4】……在推动解决**热点问题**和全球性问题上发挥建设性作用，履行应尽的国际责任和义务。(《2011年政府工作报告》)

译文：… playing a constructive role in helping resolve **hot issues** and global problems; and fulfilling our international responsibilities and duties.

武光军、赵文婧指出，hot issues 通常用于非正式场合，因其不适合用于政府工作报告这样庄重的政治问题中，因此建议改用多用于庄重文体的 contentious issues，其中便体现了译者对"语言形式的语体适用场合"的价值判断并对其进行价值选择（hot issues 为负价值），随即进行价值再创（使用 contentious issues 以符合政府工作报告正式语体的文体需求）的过程。❶

译者的语法修辞运用能力除了包括对语法正确判断能力及语体使用辨析能力外，还包括对句子间逻辑关系的识别能力。我们常说，汉语是意合型语言，而英语是形合型语言，所指重点之一即为双语在逻辑关系思维方面的差异。

【例5】国家对少数民族继续实施倾斜性政策，少数民族依法享有和行使各项权利。(《2013年中国人权事业的进展》，2014)

译文：China has continued to provide preferential policies for ethnic minorities, **and made sure** they can enjoy and exercise their rights according to law.

译者在翻译时，在两个分句之间添加了 make sure，以厘清前分句与后分句之间一种"方式—目的"之关系。该短语"确保"积极表达了政府对相关政策的贯彻执行效果的态度。这也体现了译者主体性在语篇行文句际语态关系判断中发挥了积极作用，是主观能动性发挥的表现。当然，我们还可以进一步将这种逻辑关系显化，试译为：

China **continues to** provide preferential policies for ethnic minorities **to better guarantee** their rights.（笔者译）

Continue: to not stop happening, existing, or doing something, 一般不使用完成时；改译后，"保护少数民族权利"的行为目的得以凸显，原文本意图"维护民族团结、保护人民人权"的价值得以实现。

对意合和形合的思考还体现在主语的使用方面。中文文件，特别是像白皮

---

❶ 武光军，赵文婧. 中文政治文献英译的读者接受调查研究——以2011年《政府工作报告》英译本为例 [J]. 外语研究，2013（2）：85.

书此类文件，存在大量的无主句型，但英语语法要求句子具有主语，故在译文中对主语的选择（包括用主动态还是被动态、用人主还是物主等）也是外宣翻译译者需要具备的能力。

【例6】在中国长期处于劳动力供大于求的**背景下，随着**经济结构的不断调整，从传统产业**分流了一大批下岗失业人员**。《中国的就业状况和政策》，2004）

译文：Against the background that the supply of labor in China has for a long time exceeded the demand and due to continued adjustment of the economic structure，**a large number of workers have been laid off** from traditional industries.（39 words）

原文是汉语中典型的无主句，译者在翻译中使用了原宾语"失业人员"作为被动句的主语，从形式来看，译文语法正确。当然，我们还可以进一步思考语句之间的内在逻辑联系，并将英语语言习惯考虑入内，如原译中用了 against 及 due to 两个长长的修饰句放在句子之首，以至于主句信息容易被读者忽略，因此我们可将句子进行整合，使之表意明确，重点信息突出，更符合目的语语言习惯，更易于受众接受。改译为：

Against the background of **long-existed labor oversupply** in China，a large number of workers **were laid off** from traditional industries **with the continuous adjustment** of economic structure.（27 words，笔者译）

基于上述讨论，本研究认为，语法修辞运用能力不是一种"自然而然"的静态能力，在翻译实践活动中，译者内在的语法修辞知识需要译者主体性的激活，这也是译者主体对于对象客体的认识及价值选择过程，故译者主体性实践论能力的内在结构部分应该涵盖在不同上下文内容语境下的语法修辞运用能力这一次范畴。

2. 词汇概念体系运用能力

词汇是语句基本成分，又是逻辑基本单位。[1] 因此，对词汇意义的把握应包括对词典意义的熟悉及对其背后逻辑概念承载的理解。在外宣翻译中，译者需要结合外宣文本特征与外宣文本功能特征，形成对词汇体系性的认识，也即

---

[1] 刘源甫，王熙，曹鑫. 论科技英语句词汇概念层级调适及翻译 [J]. 中国科技翻译，2014（3）：1-4.

译者需要具备词汇概念体系运用能力。

比如，外宣翻译中，译者尤其需要注意词语搭配问题。唐义均利用语料库找出 1990—2010 年 40 份白皮书中共出现了 41 次"摆脱贫困 / 贫穷"（包括脱贫、脱困）的搭配，而其英译搭配 lift out of（1 次），liberate from（1 次），shake off（24 次），get rid of（14 次），rid of（1 次）中，只有前两个搭配可以在目标语语料库中找到，也即是说，其余搭配可能改变源语的意思或使源语意思含糊不清。❶

唐先生指出，根据词语搭配原理而翻译，可帮助译者避免不必要的搭配错误甚至语义偏差，从而实现地道的译文。

现代词语搭配理论是由弗斯（Firth）❷ 提出的，到 1970 年，辛克莱尔（Sinclair）、琼斯（Jones）与戴利（Daley）利用计算机技术做实证研究证实并大力发展了这一理论，建立了 20 世纪末至今最为重要的语言学分支——语料库语言学。麦卡锡（McCarthy）和奥德尔（O'Dell）认为："搭配是一对或一组经常一起使用的词语。这些组合在本族语使用者听上去很自然，但往往很难掌握。"❸ 有些组合虽然看上去语义、语法并无大碍，但在英语母语使用者听来不是错误的，就是别扭的。例如，形容词 fast 可与 cars 或 food 搭配，但就是不能与 glance 或 meal 搭配。与这两个词搭配的是 quick，如 a quick glance/meal。

词汇概念体系运用能力还包括对多个词汇概念及其关系的综合考量。例如，笔者在自建的 1991—2020 年 135 部白皮书的语料库❹ 中，据不完全统计，"一系列"的使用频次近 400 次，其搭配主要为措施、（法律）法规、问题、政策、规定（规章）、制度、方针、条约、运动、活动、行动；另外也有与步骤、（重要）成就、成果、改革、产品、承诺、后果、主张、建议、研讨会的搭配；其英文版对应翻译为 series of（包括 a series of, a whole series of）×× 的搭配频

---

❶ 唐义均. 党政文献汉英翻译中搭配冲突的调查［J］. 中国翻译，2012（1）：87-91.

❷ Firth J R. Papers in linguistics, 1934—1951［M］. London: Oxford University Press, 1957.

❸ McCarthy M, O'Dell F. English Vocabulary in Use［M］. Beijing: Foreign Language Teaching and Research Press, 2001: 3.

❹ 笔者自建的白皮书语料库包括了从 1991 年第一部政府白皮书截至 2020 年 12 月的共计 135 部双语白皮书，约 390 万词。以下简称"笔者自建语料库"或"白皮书语料库"。

次约 350 次。

事实上，由于两种语言在搭配上存在诸多差异，译者不能根据源语搭配逐字译为目标语的搭配。汉语的"一系列"意为：①一连串的；②许多有关联的。第一个义项在汉语中主要用于"数量上不止一个"的习惯搭配；第二个义项则强调个体之间的关联性，尤其是其体系性。笔者发现白皮书中"一系列"搭配使用主要为第一类。若直译为 a series of ××，显得冗余累赘。例如在2010 年发表的《中国的反腐败和廉政建设》中，a series of 出现了 10 次，考虑到英文可使用复数形式表达"多个"的概念，另外，外宣语言需简洁明快，因此可视情况将 a series of 删除。这些都是译者基于信息价值进行判断，进而根据判断进行价值再创的过程。如：

【例 7】几年来，中方切实履行了备忘录规定的各项义务，并根据中国改革开放的进程，采取了**一系列**积极措施。(《关于中美贸易平衡问题》，1997)

译文：In the following years, China has made earnest efforts to fulfill the various obligations as stipulated in the memorandum, and has taken **a series of** active measures in line with its reforms and opening drive.

改译为：

Over the past years, China has been making earnest efforts to fulfill the obligations of the memorandum and **taking active measures** in line with the reform and opening-up.(笔者译)

"关于词的理解和翻译，除了注意词的一般意义外，还应注意词在具体语言环境的含义，这涉及词义的选择问题。"❶ 上述案例中，a series of measures 语法正确，在一般情况下可以使用，但考虑到白皮书本身篇幅较大的事实及国外受众期待以最经济的方式获得关键信息的需求，可考虑删略 a series of。

词汇概念体系运用能力还指将词汇纳入一个整体范围，对其词义内涵及其关系进行深入认识，如：

【例 8】我们**推动**开放**向深度拓展**。(《2013 年政府工作报告》)

译文：We **deepened** reform endeavors.

---

❶ 方开瑞. 字斟句酌 形义并重——第十三届"韩素音青年翻译奖"英译汉参赛译文评析 [J]. 中国翻译, 2001 (6)：68.

"拓展"即是"推动"的内容，而"向深度"则是拓展的更为具体的方向（相对于广度上的拓展），可以说，"推动……向深度拓展"的中文表述事实上包含了冗余信息，但在汉语中可以被接受，或者说是汉语的一大特征。然而，若直译为 promote reform to expand in depth，则会显得非常奇怪。因为，deepen 的含义为 to become stronger or greater, or to make something stronger or greater，该词的概念内涵语义特征已经表达此意，故将相关词汇概念进行综合系统考虑也是译者需要具备的能力。

【例9】居民收入和经济效益**持续提高**。……农村贫困人口减少 1650 万人，城乡居民收入差距**继续缩小**。（《2013 年政府工作报告》）

译文：Personal income **continued to rise**，and economic performance **continued to improve**. The number of rural people living in poverty was reduced by 16.5 million and the urban-rural income gap **continued to narrow**.

原译将"持续提高"的两个主语进行单列，而且连用三个 continue to…，句式冗余且单一，故笔者将原来两个分句进行动词共享；narrowing down 进行时的使用即可表持续的意思。改译为：

Personal income and economic performance **kept improving**. The number of rural people living in poverty was reduced by 16.5 million and the urban-rural income gap **is narrowing down**.（笔者译）

从这种意义上看，外宣文本翻译过程并非逐词逐句逐段的循序过程，有时必须综合考虑整个中文文本中某些字词句出现的频率，应充分考虑文本的特征及目标读者的认知特点，在翻译中作出相应的操作处理，或实化，或虚化，或删除，或凸显。故译者能力结构中还应包括这种"词汇概念体系运用能力"，即在译文表达过程中，译者不仅应具有对英语语言的语法特征、表达习惯、美学修辞特征等的高度把握和创造性运用的能力，还应具备对词汇内涵及多个词汇概念之间的关系进行价值判断并给予关联性协调的操作能力。这样的过程可视为译者的双语语言能力在翻译过程中主体性发挥的一种表现形式之一，这种微观层面的双语语言能力的体现与具体运用又受制于"经济简明"宏观翻译原则的统摄。

3. 双语语感审美能力

中英双语间存在语言差异，其语言组织结构也存在差异。邱文生认为，翻译可分为理解与表达两个阶段：理解阶段，译者凭借源语语言去正确理解与组构语言信息；表达阶段，译者在目的语中适切地构建译语的内容与形式。[1] 因双语语言组织结构差异客观存在，故翻译中语感起着至关重要的作用：源语中表现为解释性语感，译语中则为表达性语感。从结构上看，语感又可进一步释解为五种意识：语法意识、语义意识、文体意识、情景意识和连贯意识。笔者则认为，语感是一种十分微妙却又非常重要的心理能力，既可以作为体现译者翻译能力的一个重要标准，亦可以作为衡量译者能力强弱的参数。不过，语感还应包括一个重要的外延要素，即语言使用的逻辑意识。它关涉概念搭配逻辑、命题结构逻辑、事实逻辑、关系逻辑等内容。

【例 10】……**不断**扩大交流规模，**不断**拓宽交流领域，**不断**丰富交流内涵，通过学术交流、出访、接待来访等形式，加强与海外的交流联系。(《中国的政党制度》，2007)

汉语用三个"不断"形成排比，以突出"加强与海外交流联系"方式的广度和深度，这是汉语语言的习惯，也可以理解为其语言美感的手段（对原文美学价值的判断）；但若直译入英语，则不但不美，而且显得奇怪和多余（对译文美学价值的判断）。因此，官方译文进行了相应处理使译文既符合语言习惯（原文的无语句中的宾语转换为译语中的主语），又简洁清楚。

Meanwhile, **the scale, scope and content of exchanges** continue to expand, and international ties are being strengthened through various forms of exchanges, such as academic communications, and paying and hosting visits.

【例 11】中国政府为医药产业发展积极**创造**开放**公平的市场环境**，大力推动医药产业实现持续快速健康发展。(《中国的药品安全监管状况》，2008)

译文：The Chinese government is actively **creating an open and fair market environment** for the development of China's pharmaceutical industry.

"创造开放公平的市场环境"是常用短语，其对应的译文 creating an open

---

[1] 邱文生. 认知视野下的翻译研究［M］. 厦门：厦门大学出版社，2010：47.

and fair market environment 语法正确，但在外宣翻译中，译者不能满足于这种词句对应的翻译，因为在英文中，有 creating a level playing field：a situation that is fair, because no competitor or opponent in it has an advantage over another 这样的表述，不仅同原文表意相同，且比原译更为简洁和形象生动（playing field 本为用于比赛的足球场或网球场等），在英美国家政府文件中也常被使用。例如笔者从美国国务院网站上得到的 *U.S.–China Joint Fact Sheet Sixth Meeting of the Strategic and Economic Dialogue* 文件中就共计有 4 次相关表述，如 "And on economic issues, we are working to establish **a level, competitive playing field** for our firms"，另外，还找到了其动宾形式的用法：**Leveling the Playing Field**，故可考虑改译为：

The Chinese government is actively **creating a level playing field** for a healthy development in its pharmaceutical industry.（笔者译）

【例 12】70 年来，作为最具代表性和权威性的政府间国际组织，联合国依靠和平与安全、发展、人权三大支柱，为促进人类进步事业发挥着不可替代的作用，并取得了巨大成就。（《中国关于联合国成立 70 周年的立场文件》，2015）

译文：**In the past 70 years, as the most representative and authoritative intergovernmental organization in the world, the UN, with its three pillars of peace and security, development, and human rights,** has played an irreplaceable role and accomplished a great deal in promoting human progress.

这是写在《中国关于联合国成立 70 周年的立场文件》里的开头第二段内容，原文在主语"联合国"的前面和后面，分别有较长文字的补充修饰性表述，译文沿袭了原文的做法，将 the UN 置于两个介词短语之中，因结构严重失调而不符合英文习惯，读来有头重脚轻之感（译者对译文结构语言形式的价值判断及甄别）。故改译为：

The UN, as the most representative and authoritative intergovernmental organization in the world, has **played an irreplaceable role** and **accomplished tremendous achievements** in promoting human progress, with peace and security, development, human rights being three foci in the past 70 years.（笔者译）

因此，外宣翻译译者还需掌握在双语语言语法基础上，对语言之美有所认识，从而找到最理想的译文，笔者将译者的这种主体性能力概括为"选词择义的语境适切性"在具体实践中的体现。

4.语境参数识别能力

在外宣翻译中，译者必须考虑各种语境关系的制约性和可利用性，而"语境"这个概念需要给予新的认识。曾利沙认为，传统意义上的"语境"指的是文本内语符之间所结成的潜在联系，或言外各种潜在的相关知识，或信息对文本的制约关系等，鉴于这只是一种静态的抽象概括，没有将主体动态的思维感知形式与之相结合，因而不能科学地、本质地解释翻译活动，故在"语境"概念基础上构造提升并拓展出"操作视域"与"参数因子"两大概念范畴。❶ "域"实质上是指对象——文本内、外语境中主体的所视之"域"，即参照域（力点），或者说"语境"是由若干潜在的可能对操作单位在文本中的意义生成产生制约的"参数因子"，并存在于译者内视域与外视域中的一个无限充盈的整体对象。"视"是译者的一种精神或思维上的"观"，译者的感知、感受、想象、直观、本质直观、判断等意识行为都具有自己的所"视"之"域"。❷ 可见，"视域"是一个将主体动态性的"视"的思维形式与具体对象化了的客体静态的语境之"域"的描写相结合的概念，它更能说明客体作用于主体，而主体则能动地反映客体的互动性原理。在翻译操作中，译者的"视域"离不开"参数因子"，二者是紧密联系的两对概念。翻译活动中意义的确定性需要主体寻找有关语境参数，并在此基础上重构语境后才能把握，故对语境的把握和建构能力是译者主体性能力结构中的一个十分重要的要素概念。

【例13】……其他政府间国际组织，原则上台湾也无权参加。至于亚洲开发银行（ADB）、亚太经济合作组织（APEC）等地区性经济组织，台湾的加入系根据中国政府与有关方面达成的协议或谅解，明确规定中华人民共和国作为主权国家参加，台湾只作为中国的一个地区以"中国台北"（英文在亚行

❶ 曾利沙.论"操作视域"与"参数因子"——兼论翻译学理论范畴"文本特征论"的研究［J］.现代外语，2002（2）：154.

❷ 曾利沙.关于翻译操作的"多度视域"研究——兼论译学系统理论研究的范畴化与概念化［J］.四川外语学院学报，2002（4）：99-102.

为 TAIPEI，CHINA；在亚太经济合作组织为 CHINESE TAIPEI）的名称参加活动。这种做法属于**特殊安排**，不能构成其他政府间国际组织及国际活动效仿的"模式"。(《台湾问题与中国的统一》，1993）

此处的"特殊安排"在主题统摄参数"中国的统一"、行为主体参数"中国政府"、行为对象参数"台湾"、条件参数"台湾只作为中国的一个地区以'中国台北'的名称参加活动"、比对参数"其他政府间国际组织及国际活动效仿的'模式'"等的映射下，得到"不同于一般做法"的含义：

This is only **an ad hoc arrangement** and cannot constitute a "model" applicable to other inter-governmental organizations or international gatherings.

若译者缺乏语境参数识别能力，将其译为 special arrangement，因 special 的词典义第一项即为 not ordinary or usual，but different in some way and often better or more important，不仅不能准确表达，反而会造成与原文背道而驰的结果，这其中便体现了译者对词语内涵及其语用环境是否匹配的价值判断能力。

笔者在白皮书语料库中对"问题"进行词频搜索，得到结果为 1509 次，如：

【例 14】由于历史的原因和社会经济文化水平的制约，中国妇女在参与社会生活方面还存在一些不容忽视**的问题**（《中国妇女的状况》，1994）

译文：Owing to historical reasons and the constraints of the level of social, economic and cultural development, some **problems** continue to impede women's full participation in social life and must not be ignored.

【例 15】一些城市把旧城改造与调整城市布局相结合，解决老城区脏乱差**的问题**，改善居民生活环境。(《中国的环境保护（1996—2005）》，2006）

译文：Some cities have combined the transformation of old cities with the adjustment of city layout to change the dirtiness, disorderliness and insanitariness characteristic of old urban areas and improve the living environment of urban residents.

【例 16】中国高度重视消除**饥饿**和**贫困**问题。(《中国的粮食安全》，2019）

译文：The Chinese government has always attached great importance to eliminating **hunger and poverty**.

【例 17】"一国两制"是中国为解决**台湾问题**以及香港、澳门问题，实现国

家和平统一而提出的基本国策。(《西藏发展道路的历史选择》，2015)

译文："One country, two systems" is a basic state policy adopted by the central government of China to resolve the **issues of Taiwan**, Hong Kong and Macau, and to realize the peaceful reunification of our country.

如何识别各个不同的"问题"的语义并对其进行翻译呢？从上面案例中我们发现，译者并没有对所有"问题"按字面进行对译，故翻译中必然涉及译者的主体性发挥，我们认为，对"问题"一词的语境进行解读，识别其语境参数非常有助于翻译。笔者对1509个"问题"的使用进行查对，结合使用语境，将其大致分为以下三类：

（1）"问题"为实义名词，通常作为解决、存在、探讨等动词的对象内容，表示难点、矛盾等，如【例14】中的"问题"，在原因参数"历史的原因和社会经济文化水平的制约"、内容参数"中国妇女在参与社会生活方面"的映射下，"问题"得到了实化，译为problems。

（2）"问题"为范畴词，表示一类现象、情况等，如【例15】和【例16】中的"问题"，在"老城区脏乱差"和"饥饿和贫困"的具体映射下，"问题"成为一个概括的范畴词，翻译中，可在具体的相关行为方面表现"问题"而将"问题"删略，以符合英语语言习惯。

（3）"问题"与某个特定词搭配，表示特定事件，如台湾问题、西藏问题等，因本章第三节中对"台湾问题"进行了专门讨论，故此处不再赘述。

总之，译者的语境参数识别能力在帮助译者阐释词义并选择最符合目的—需求的译文方面有着重要的作用。译者主体性在多大程度上能得以发挥，与这种语境参数识别能力不无关系。笔者将这种译者主体性发挥的特点概括为语境参数制约下的"范畴概念的语境化含义充实与析取"的能力体现。

5. 语篇整体视域能力

译者主体性是译者能动地从事翻译活动的一种特性，有学者提出从语篇视角对译者主体性的研究是通过主位化、信息结构等语篇成分体现出的相对凸显性。❶译者主体性与语篇中的视角在翻译过程中的交互作用决定译者能否成功

---

❶ 莫爱屏. 译者主体性与语篇中视角的互动研究 [J]. 外语教学, 2008（5）: 86-90.

地将源语转换为目的语，是帮助译者实现目的语的语用语言等效和社交语用等效的最有效的途径之一。因此，译者的视角（或视域）也是影响主体性发挥的重要要素。朱健平从哲学阐释学和接受美学的角度对译者的视域进行解释：译者是翻译行为的直接执行者。由于译者的历史性，他不可避免地具有前见，这些前见就构成了译者的初始视域，即译者在接触源语文本之前所具备的各种知识、观点、认识和态度，它包括译者在进行翻译之前所储备的各种知识，对待源语文化、目的语文化、翻译标准和翻译策略所采取的态度，以及对目的语文本预期要达到的目的和预期的目的语读者对象的基本认识等各个方面的内容。❶ 他从视域的角度对翻译进行界定：翻译即解释，翻译的过程就是在跨文化的历史语境中，具有历史性的译者使自己的视域与源语文本的视域互相发生融合而形成新视域，并用浸润着目的语文化的语言符号将新视域重新固定下来形成新文本的过程。他所指的视域融合从实践层面来考虑，实际上便是译者的视域融合过程。

从实践论来看，译者在翻译中会形成对客体的认识，而且这种认识会随着翻译过程的进行而发生变化。译者从最初接触源语文本到译语文本的形成过程中，也会尽可能多地将源语和目的语中各要素纳入自己的视域中来，并有针对性地不断拓展自己的视域，使产生的译文尽量达到目的语的要求，这样就形成了译者视域，这个过程关涉译者对各因素的考虑，例如将哪些要素纳入自己的视域等，故这也是译者发挥主体能动性的过程。在外宣翻译中，译者尤其需要有整体视域观，尤其要有语篇整体视域的能力。

例如，李克强总理的政府工作报告就有着鲜明的特色和风格，以《2014年政府工作报告》为例，体现了以下几个特点：第一，用词非常简洁，行文浅白，政治语言不多，平民百姓一看就明白。第二，内涵丰富。第三，使用隐喻、排比等修辞手法，使报告具强可读性。因此，译者在翻译时，首先应该对李克强总理的工作报告整体风格进行把握，即新一届领导集体将"民之所望，施政所向"列为执政目标，采取较清新的表达风格、浅显易懂的流行文字，就是希望群众"看明白，能监督"，这样才能进行更为适切的翻译。

---

❶ 朱健平. 翻译的跨文化解释 [D]. 上海：华东师范大学, 2003.

我们来看李克强总理报告中的实例：

【例18】

——经济运行稳中向好。

——居民收入和经济效益持续提高。

——结构调整取得积极成效。

——社会事业蓬勃发展。

过去一年，困难比预料的多，结果比预想的好。(《2014年政府工作报告》)

译文：

—The economy **was stable and improved**.

—Personal income **continued to rise**, and economic performance **continued to improve**.

—Progress was **achieved in adjusting the economic structure**.

—Social programs **developed vigorously**.

In the last year, we **met more difficulties but delivered a better performance than expected**.

通过与过往工作报告译文比较发现，新报告的译文沿承了以往"严格对应"、亦步亦趋式翻译，"清新"的特点未能得以体现。基于对新时代领导人语言风格的把握并对其进行价值判断，可试译为：

—The economy **saw a steady improvement**.

—Resident income and economic efficiency **kept going up**.

—Structural adjustment **witnessed a positive effect**.

—Social undertakings were **flourishing**.（笔者译）

改译用see, witness将主语economy, structural adjustment拟人化，keep going up与flourish表现出一种动态，体现浅显易懂的特点，拉近了与读者距离。这也是理想的译者主体性所应具备的把握语篇语言形象生动的"整体风格表现之能力"。

我们再来看2012年胡锦涛主席在中非合作论坛第五届部长级会议开幕式上的讲话：

【例19】2000年10月，中非合作论坛应运而生。**这一创举符合时代要求，反映了新形势下中非人民求和平、谋发展、促合作的共同愿望。**

……国际形势的深刻变化，中非人民对中非关系发展的殷切期待，都要求我们以高度的责任感和使命感，适应新形势，提出新目标，推出新举措，解决新问题，努力**开创中非新型战略伙伴关系新局面。**

——**开创中非新型战略伙伴关系新局面，中非应该**增强政治互信。

——**开创中非新型战略伙伴关系新局面，中非应该**拓展务实合作。

——**开创中非新型战略伙伴关系新局面，中非应该**扩大人文交流。

——**开创中非新型战略伙伴关系新局面，中非应该**密切在国际事务中的协调和配合。

——**开创中非新型战略伙伴关系新局面，中非应该**加强合作论坛建设。

译文：

In October 2000, FOCAC **was set up in response to the call of the times. This** initiative demonstrates the shared desire of the Chinese and African people to seek peace, cooperation and development in a changing world.（37 words）

…

In a world of profound changes, **the Chinese and African peoples** have high hopes for the growth of China–Africa relations. **This** means that we should, with a keen sense of responsibility and mission, adapt to new developments, set new goals, take new measures, and solve new problems so as to **open up new prospects in building a new type of China–Africa strategic partnership.**

— **To open up new prospects for a new type of China–Africa strategic partnership, China and Africa should** strengthen political mutual trust.

— **To open up new prospects for a new type of China–Africa strategic partnership, China and Africa should** expand practical cooperation.

— **To open up new prospects for a new type of China–Africa strategic partnership, China and Africa should** increase cultural and people-to-people exchanges.

— **To open up new prospects for a new type of China–Africa strategic** partnership，**China and Africa should** increase coordination and cooperation in international affairs.

— **To open up new prospects for a new type of China−Africa strategic partnership，China and Africa should** make FOCAC stronger.

上文中的第一段，是胡锦涛问候受众后正文开始的首句内容。主要介绍中非合作论坛诞生的背景，强调论坛是符合时代的要求和双方人民的意愿，两小句之间是结果—原因的关系；另外，译者还应考虑到领导人的讲话注重呼吁和召唤功能（对译文功能的判断），故可将其改译为：

In October 2000，FOCAC was initiated to the call of the times and to the shared aspiration for peace，development，and cooperation by **African and Chinese** people.（27 words，笔者译）

改译后译文顺应英语"末端开放"的句型，逻辑关系明显，主句信息得以突出，且更为简短有力，适合领导人的讲话风格。

后面几段是对"开创中非新型战略伙伴关系新局面"的几点要求，我们认为，原译将原文中的 6 次"开创……"重复译出，不符合领导人讲话的特点。为了熟悉此类语篇的特点，我们参考了大量英美领导人的讲话，如奥巴马在 2009 年就全球气候变化问题的讲话：

We're making our government's largest ever investment in renewable energy—an investment aimed at doubling the generating capacity from wind and other renewable resources in three years. Across America, entrepreneurs are constructing wind turbines and solar panels and batteries for hybrid cars with the help of loan guarantees and tax credits—projects that are creating new jobs and new industries. **We're investing** billions to cut energy waste in our homes, buildings, and appliances—helping American families save money on energy bills in the process. **We've proposed** the very first national policy aimed at both increasing fuel economy and reducing greenhouse gas pollution for all new cars and trucks—a standard that will also save consumers money and our nation oil. **We're moving** forward with our nation's first offshore wind energy projects. **We're investing** billions to capture carbon pollution so that we can clean up our coal plants. Just this week，**we announced** that for the first time ever, we'll begin tracking how much greenhouse gas pollution is being emitted throughout the country. Later this week, I will work with my colleagues at the G20 to phase out fossil fuel subsidies so that we can better address our climate challenge. And already, we know that the recent drop in overall U.S. emissions is due in part to steps that promote greater efficiency and greater use of renewable energy. (Obama's Speech on Climate Change, 2009)

从语篇整体视域来考虑，领导人讲话注重召唤和感召功能，句式要求尽量简短有力，且目的鲜明，主题信息突出，因此，我们将［例19］第二段之后内容改译为：

The **ever-changing world situation** and people's sincere hopes to deepen our friendship shared by both sides **urge us** to build a new type of China-Africa strategic partnership with a keen sense of responsibility and mission. This partnership should be **defined by** adapting to new situation, proposing new goals, taking new actions, and addressing new problems.

To open up prospects for a new type of China-Africa strategic partnership, we should develop greater political mutual trust; expand practical cooperation, increase cultural and people-to-people exchanges, promote coordination and cooperation in international affairs, and make FOCAC stronger. （笔者译）

改译中用 urge sb. to 的句型来增强语气，以强化感召功能；this parternership 在中间作为主语使用，一方面将长句进行了切分，更符合演讲的场合（试比较：The ever-changing world situation and people's sincere hopes to deepen our friendship shared by both sides urge us, with a keen sense of responsibility and mission, to open up new prospects in building a new type of China-Africa strategic partnership which is defined by adapting to new situation, proposing new goals, taking new actions, and addressing new problems），适合朗读；另一方面也意在强调主题，与下文的几个点紧密结合；在几个方面的阐释中，使用了 for the new prospects 的简单形式，既有"强调"修辞的功能，又更为简洁有力。

上述两个案例的分析清晰表明，在翻译过程中，译者主体性的发挥不仅体现在对词句语言方面的考虑，更体现在从语篇整体视域来考虑以求最佳适切译文的过程中。这种主体性能力是一种翻译操作能力拓展中的"全局性视域能动意识"的体现。

第三节　超语言能力构成

任何一种语言的背后都有着潜在的受民族文化制约的附加意义，也就是超语言信息。❶翻译是涉及跨语言、跨文化的转换活动，对"译者应该具备除语言能力以外的能力"，学者们几乎达成了共识，但关于"语言能力以外"的能力到底包括哪些方面，学者们却有不同的意见，讨论较多的有交际能力、文化能力、策略能力、转换能力等概念。总体来看，学界对语言能力以外能力的讨论以及对译者主观能动性的深层考虑还有待深入。

外宣翻译与其他翻译既有相同之处，需要遵循基本的翻译标准，也存在很大差别，具有自己的独特性，其中主要表现为理论性、政策性和综合性强，表达内容常为党和政府立场，涉及国家大政方针，具有鲜明的时代特色、实践特色和民族特色，故外宣翻译译者还需要具备结合外宣文本上述特征而进行主观能动性创译的能力，本研究将其概括为"超语言能力"。与过往"语言外能力"等不同，本研究中的超语言能力重点考察译者主体性发挥与外部因素的关系，包括国家形象修辞能力、政府政治意图反映能力、社会文化差异辨析能力、社会意识形态反映能力、专业背景知识能力、工具资源开发运用能力等次范畴。在翻译过程中，正是出于对外部因素的考虑，译者主体性得以在更深更广层面发挥，在客观上则促进了对译者主体性能力结构的研究。

1. 国家形象修辞能力

国家形象修辞是一个国家为了维护或者改变自己的形象所采取的符号性活动，是整个国家的官方形象、大众传媒形象、文化与经济产品形象、公众形象等修辞活动的集合。外宣翻译中的国家形象修辞，可能"帮助或者阻碍中国与世界的沟通"，也可能"构建或削弱国人乃至全球华人对中国的归属感"，已然

---

❶ 吴国华.语言与文化研究的回顾与前瞻［J］.解放军外国语学院学报，1997（5）：2.

"成为一个不但事关外部认同，也事关内部认同，从而影响整个中国的和平发展和世界和谐的一个巨大的问题"。❶通过外宣翻译工作向更多的国家和地区传播中国文化，宣传我国改革开放在各个领域中取得的各项成果，促进友好交往，增进外部世界对我国的了解和交往，扩大中国的国际影响力，在国际上树立和维护中国的良好形象，加强我国的软实力建设，为改革开放和现代化建设创造良好的国际舆论环境，是时代赋予我国翻译工作者的光荣使命。

对外传播之于国家形象塑造和传播的重要性亦凸显了外宣翻译的重要性。外宣翻译的文本内容、翻译策略、译文质量、传播效果等都会直接或间接影响着我国在国际传媒中的国家形象。❷展示中国良好的国家形象，努力营造客观友善的国际舆论环境是历史和时代赋予我国外宣工作的重任。

尽管我国的外宣翻译事业取得了可喜成绩，为促进我国的对外传播和改革开放事业提供了必要条件，但目前外宣翻译工作的现状及整体实力与社会和时代发展的要求还有一定差距。外宣翻译工作对于推动社会进步，改善国家形象的重要作用和影响应得到有关外宣部门以及全社会的重视和关注。如国家主席习近平在国内外公共事件中树立了独特的大国领导人形象，展示了元首外交的独特魅力，极其成功地向全世界显示了崛起后的中国国家领袖在外交场合的个人风格、清新面貌以及强大的个人亲和力，对习主席个人的一些生动形象和活泼清新的语言的英译就应从国家形象修辞高度进行提炼。作为译者，不仅应具备此种国家形象建构意识，也应具备这种国家形象修辞的能力。

【例 20】"你们过得好我们就高兴"。（习近平语）

习近平主席 2012 年 12 月在深圳访问基层民众时，情真意切地说，"你们过得好我们就高兴"，若简单地按照英语句法结构译为 "If you live happy lives, we will be happy"，虽译文符合英语句法逻辑关系，也能表达出原文的意思，但是在独特政治语境下原文领导人视民生福祉为己任的亲和风格却荡然无存，也就是说失去了原文领导人独特的形象修辞效度。改译为：

Our happiness is **upon** your happiness.（笔者译）

❶ 胡范铸，薛笙. 作为修辞问题的国家形象传播［J］. 华东师范大学学报（哲学社会科学版），2010，42（6）：35-40.

❷ 卢小军. 略论我国外宣翻译的误译类型及其成因［J］. 江苏外语教学研究，2011（2）：75.

此译旨在再现习近平主席独特亲民有时还带有诙谐幽默的语言风格特征，因其在平时讲话中经常使用这种语言风格，如："党的根基在人民、血脉在人民、力量在人民""照镜子、正衣冠、洗洗澡、治治病""亲望亲好，邻望邻好""邻居好，无价宝""与邻为善、以邻为伴，坚持睦邻、安邻、富邻，践行亲、诚、惠、容理念"。在外宣文本中关涉此类风格的话语翻译时，译者应该在翻译过程中进行把握并在译文中予以体现。如何再现其语言风格形象和亲和力突出的领导人形象，是检验译者能力的一个重要标准。

再如，政府白皮书作为官方权威发布资料，代表了中国国家和政府形象，因此翻译时，译者更应该在这方面多加注意。

【例21】世界上规模最大的社会保障体系初步形成，城乡居民特别是困难群体的基本生活更有保障，**生活更有尊严**。(《2013年中国人权事业的进展》，2014)

译文：The world's largest social security system has taken shape, and both urban and rural residents, especially people in straitened circumstances, **can live in dignity**, with their basic living conditions better ensured.

"尊严"是指"人和具有人性特征的事物，拥有应有的权利，并且这些权利被其他人和具有人性特征的事物所尊重。简而言之，尊严就是权利和人格被尊重"。此处，在对象参数"城乡居民特别是困难群体"、内容参数"基本生活"、方式参数"有保障"的映射下，此处"尊严"的"权利尊重"被析出，"人格尊重"被淡化，得到"(困难群体)衣食住行等基本生活条件得以满足"的含义充实。"dignity"的词义为 the fact of being respected or deserving respect；can live in dignity 的预设为目前人们还未能 live in dignity。若如此翻译，恐怕会引发国外读者对困难群体不受尊重的不当联想，不利于我们国家形象传播。因此，考虑到外宣文本的目的为"塑造积极国家形象"，此处应修改为词义更为适切的 decent (of a good enough standard or quality)，并且沿用原文的比较级格，避免产生不当预设。改译为：

The largest social security system of the world has taken shape in China, which will better guarantee the basic living conditions of residents, especially those underprivileged so they can **live in a more decent way**. (笔者译)

从上述分析我们可以得出，因外宣翻译文本存在特殊性，相比其他译者，外宣翻译译者更需要具备诸如能严谨甄别概念内涵差异、把握领导人语言风格特征等以使其措辞用句方面有助于建构国家积极形象的修辞能力。

2. 政府政治意图反映能力

一般认为，政治是上层建筑领域中各种权力主体维护自身利益的特定行为以及由此结成的特定关系。政治作为权力主体维护自身利益的方式，主要表现为以国家权力为依托的各种支配行为和以对国家的制约权力为依托的各种反支配行为，如统治、管理、参与、斗争、领导等。❶

阿瓦雷兹（Alvarez）和维达尔（Vidal）认为，世界上任何一种语言都不是"中立的"，它被附加了一整套涵盖社会、历史、政治、经济、文化、民族、心理等各个层面的价值和意义。❷

作为一种在具体历史情景下产生的政治策略和文化选择，翻译的政治性体现了译者与文本在当下正在发生的历史中展现出来的复杂关系：是谁、在何种历史情境下、以什么样的方式对文本进行翻译，他的预期读者是哪些人，他想通过翻译达到什么样的现实目的，又想通过怎样的文化想象来激发他的读者，从而改变历史发展的进程。❸ 也就是说，翻译的政治性决定了译者的选择。

外宣文本是一种特殊领域的话语形式，最重要的特点是政策性强，政治色彩浓厚，往往关涉国家利益和对外关系。"政治等效"是外交语言翻译应遵循的一个重要原则和标准。要实现"政治等效"，翻译的"信"或"忠"必须是动态性的，译者应与时俱进，时刻贴近原文说话者和译文受众的政治语境。❹ 只有这样，才能在翻译工作中保护国家利益，实现国家的政治目标。

【例22】美利坚合众国**承认**中华人民共和国政府是中国的唯一合法政府。（《中美建交公报》，1978）

在公报翻译中，美方最初的措辞是 "The United States of America **recognizes that** the Government of the People's Republic of China is the sole legal Government

---

❶ 张久全. 翻译的政治性特征初探［J］. 重庆科技学院学报（社会科学版），2009（3）：164.

❷ Alvarez R M, Vidal M C. Translation, Power, Subversion［M］. Beijing: Foreign Languages Teaching and Research Press，2007.

❸ 张羽佳. 翻译的政治性——马克思文本研究中的一个议题［J］. 现代哲学，2007（2）：33.

❹ 杨明星. 论外交语言翻译的"政治等效"——以邓小平外交理念"韬光养晦"的译法为例［J］. 解放军外国语学院学报，2008（5）：90.

of China"。译者认识到英语表达形式"recognize something as…"是"承认为……"，而"recognize that…"则是"认识到……"（to see clearly, to be prepared to agree（*Longman Active Study Dictionary of English*）），并非直截了当地承认，在"承认"问题上中方政府不能让步，因此提出美方必须更换措辞。最后，在中国政府坚持下，美方接受了中方译者的措辞"The United States of America **recognizes** the Government of the People's Republic of China **as** the sole legal Government of China"。❶

可见，外宣翻译需要各项综合能力强、政治敏感度高的译者。译者需要对语言概念的内涵与外延及其各种衍生的语言形式与意义的差异关系作出敏锐的价值判断，能及时发现其中隐含的官方态度，能在选择表达式时充分利用概念形式和句法形式表达的语用含意，更好地传达外宣中的政治意图。措辞用语的正确性涉及译者主体在相关概念内涵辨析过程中对政府政治意图的考虑，是译者主体政治责任心的体现。

3. 社会文化差异辨析能力

文化是一个很宽泛的概念，美国人种学学者古迪纳夫（Goodenough）认为，文化是人类记在脑海里事物的形式，也是人类用于感知、叙述或用于阐释事物的模式。❷

语言与文化的密切关系表明：译者的翻译行为绝不是在真空中进行的，从一开始翻译文本的选定，到翻译过程中翻译策略的选择，再到译本的接受都会受到内部和外部各种各样文化规范的操纵和制约。翻译学家奈达（Nida）认为，语言在文化中的作用以及文化对词义、习语含义的影响带有普遍性，以至于在不仔细考虑语言文化背景的情况下，任何文本都无法被恰当理解。❸巴斯奈特（Bassnett）在论及语言与文化的关系时，将语言比作"文化体内的心脏"。❹语言是文化的载体，因此翻译不仅是两种不同语言的转换，更是两种

---

❶ 施燕华. 浅谈中美建交公报的翻译［J］. 中国翻译, 2004（1）: 60.

❷ Goodenough W H. Cultural Anthropology and Linguistics［C］//Hymes D（eds.）. Language in Culture and Society: A Reader in Linguistics and Anthropology. NewYork: Harper & Row, 1964: 36.

❸ Nida E A. Language, Culture and Translating［M］. Shanghai: Shanghai Foreign Language Education Press, 1993.

❹ Bassnett S. Translation Studies（Third Edition）［M］. London and New York: Routledge, 2001.

不同文化的交流。它涉及不同语言、不同文化、不同风俗习惯以及不同思维方式等一系列问题，"毫无疑问，翻译实际上已经成为一种文化传播和文化阐释" ❶，或者说，"翻译的本质是跨文化交际" ❷。外宣翻译的译者需要了解两种文化，深入理解和把握语言深层所蕴含的文化内涵，具有识别两种语言间社会文化差异、把握译入语与目的语文化价值差别并能进行相应的翻译操作的能力，这便是译者的社会文化差异辨析能力。

【例 23】这一年里，中国共产党和中国政府坚持从本国国情和实际出发，以促进社会公平正义、增进人民福祉**为出发点和落脚点**，……（《2014 年中国人权事业的进展》，2015）

译文：In that year, the Communist Party of China（CPC）and the Chinese government, based on China's prevailing conditions and reality, and **aiming at** promoting social fairness, justice and the people's well-being…

"出发点"和"落脚点"指的是旅途开始的出发地和到达地，此处并非指中国共产党和中国政府开始新的旅行，而是喻指其行为动机及行为目的／目标，若译为 taking promoting social fairness, justice and the people's well-being as the starting point and foothold，会让受众感到奇怪，因为 starting point and foothold 一般是实体概念，故译者主体性能力要求译者深入了解两种语言间的社会文化差异，对原文中信息价值进行甄别、辨析，提取本体与喻体间的相似"动机性和目标性"，舍弃不能在两种语言间产生相同认知的喻体，将相似性析出，译为"aiming at…"。

中英语言文化的差异还体现在两种文化中概念所蕴含信息存在差别。

【例 24】妇女享有与男子平等的婚姻家庭权利。……在离婚问题上妇女**受到特殊保护**。（《中国妇女的状况》，1994）

译文：Women enjoy equal rights with men in marriage and the family. …Women **are subject to special protection** with regard to divorce.

在我国，若夫妻双方离婚，一般而言，女方所受伤害较男方更大，故法律规定，可以视情况对离婚案件中的女方给予包括财产分割、子女抚养等问题的

---

❶ 王宁. 翻译的文化建构和文化研究的翻译学转向［J］. 中国翻译，2005（6）：8.

❷ 贺显斌. 欧盟的翻译对传统翻译观念的挑战［J］. 广东外语外贸大学学报，2007（2）：30.

优先考虑，此即"特殊保护"的内容。而英文 be subject to 的语义为：

a）if someone or something is subject to something, **especially something bad**, it is possible or likely that they will be affected by it；b）if you are subject to a rule, law, penalty etc, you **must obey the rule or pay an amount of money**。这显然有违"使妇女受惠的特殊保护"的原意，故不应采用。改译为：

Women enjoy equal rights with men in marriage and the family.⋯**Special protection is provided for women** with regard to divorce.（笔者译）

上述案例充分说明，外宣翻译的译者，需要具备认真细致的、敏锐的社会文化差异甄别能力，能对两种文化中语义相近的概念从语义的内涵和外延结构上作出比较辨析，甄别其语义色彩，还需要根据不同文化的差异在目的语中选择最佳翻译，选用的语词概念语义特征应适合语境所关涉的话题或讨论的对象的群体特点、社会阶层、身份、关系等。

4. 社会意识形态反映能力

马克思主义哲学的意识形态是指系统地、自觉地、直接地反映社会经济形态和政治制度的思想体系，意识形态反映着人们的经济地位和经济利益以及人们的社会价值取向和历史选择。❶ 它包括政治法律思想、道德观念、宗教观念、艺术思想、哲学观念和经济主张等。意识形态的各种形式起源于以生产劳动为基础的社会物质生活，并随着经济基础的变化而变化，政治思想、法律思想、道德、艺术、宗教、哲学和某些社会科学等，各以特殊的方式，从不同侧面反映现实的社会生活，它们相互联系、相互制约，构成意识形态的有机整体。

对于意识形态在翻译中的影响，不少学者都有所研究。翻译操纵派学者安德列·勒菲弗尔（André Lefevere）将意识形态视为"一种观念网络，它由某个社会群体在某一历史时期所接受的看法和见解构成，而且这些看法和见解影响着读者和译者对文本的处理"。❷ 纽马克（Newmark）则认为，意识形态是某一阶级、政党、职业内的人（通常是知识分子）对世界和社会有系统的看法和见解，它是指某一国家或集体里流行的信念，潜藏在其政治行为或思想风格

---

❶ 李淮春. 马克思主义哲学全书［M］. 北京：中国人民大学出版社，1996：790.

❷ Lefevere A. Translation, Rewriting and the Manipulation of Literary Fame［M］. London and New York：Routledge, 1992.

中；哲学、政治、艺术、审美、宗教、伦理道德等是它的具体表现。同时，一个人在一定时期内的一整套或有系统的社会文化信念和价值观也属于意识形态范畴。❶

西班牙著名学者维达尔（Vidal）在翻译概念艺术的作品时曾对意识形态与翻译之间的关系有过这样的描述："后现代主义哲学和后结构主义的出现，导致了层级削减，这使得翻译和译者的地位总算趋于合理。与此同时，也再次证明了翻译既不是纯洁的也不是无辜的。译者的意识形态、赞助人的意识形态和译作待出版的出版中介的意识形态，都是非常重要的因素，它们足以改变产品的最后形态。"❷ 语言中不可避免地包含了译者的意识形态话语，而这种意识形态话语又是与赞助人（维达尔所谓的"机构"和"社会组织"）及其权力关系紧密相联的。也就是说，语言和语言的使用从一开始就是反中性的；相反，它是权力的工具和载体，也可以说权力通过语言发生作用，而语言则为权力关系及其支配下的意识形态代言。由此推之，借助语言以实现语际转换的翻译行为自然与意识形态脱离不了干系。

如果说翻译是一个决策过程，那么无论是有意的还是无意的决策，都往往受制于意识形态。因此，"客观译者"或者说"译者隐身"从理论上来说并不存在。无论是理论上还是现实中，我们都可以看到译者在翻译过程中往往总会表现出与意识形态的配合和共谋，从而对文本做出符合个人及赞助人的意识形态要求的"改写"，甚至在此基础上与意识形态二度合谋，从而在译入语文化体系中为翻译文本谋建经典身份。❸

外宣翻译由于其文本特殊的政治性，更需要译者具有对社会意识形态的反映能力，这就不仅需要了解和适应我国的意识形态，而且还需要了解和适应目标语文化占统治地位的意识形态，才能使译文服务于我国的对外宣传，使国外受众乐于接受，达到维护国家利益、塑造国家形象的目的。国内学者徐英通过

❶　Newmark P. About Translation［M］. Clevedon: Multi-lingual Mutters Ltd., 1991.

❷　Vidal M.（Mis）Translating Degree Zero: Ideology and Conceptual Art［C］//Perez M C（eds.）. Apropos of Ideology: Translation studies on Ideology—Ideologies in Translation studies . Manchester: St. Jerome Publishing, 2003.

❸　胡安江，周晓琳 . 语言与翻译的政治——意识形态与译者的主体身份建构［J］. 四川外国语学报，2008（5）：103.

研究 24 篇《参考消息》中南海问题报道中的名物化结构发现，涉及中国的负面行为时，译文趋向于维持原文模糊责任者、时态、情态和语气的结构；涉及美国或其他国家的负面行为时，译文倾向于显化责任者、时态、动作；涉及中国的正面行为时，译文则倾向于将名物化结构具体化、明确化、动态化为过程。❶ 研究结果显示符合凡·戴克（Van Dijk）提出的"正面我者"与"负面他者"的扬内抑外的意识形态场。根据凡·戴克用以进行意识形态交际的四步话语构建策略正是：①有 / 强调正面我者的信息；②有 / 强调负面他者的信息；③隐去 / 弱化正面他者的信息；④隐去 / 弱化负面我者的信息。整个过程便是译者对社会意识形态的思考和反映过程。❷ "意识形态"这一概念构筑了译者主体身份建构的理论基础。

【例 25】"台湾问题"涉及我们国家的主权问题，因此，在翻译"台湾问题"时，译者首先应该认识到"问题"中包含的意识形态。"问题"在汉语中具多义性、模糊性，其词典释义有：①要求解答或解释的题目；②须要研究讨论并加以解决的矛盾、疑难；③关键，重要之点；④事故或麻烦。事实上，台湾问题的出现 ❸ 是由于历史的原因，其实质上是一个中国的内政问题，是需要"加以研究讨论并找到解决方法"的问题，而非"事故或麻烦"之问题，故译者在翻译的选词择义过程中，也可先对"问题"对应的几个英语语词 dispute，problem，issue，question 的内涵和外延进行深刻理解，以选择最符合国家立场、最符合国家利益的表达。下面列出了这几个词作为名词的字典释义：

dispute：① （about sth）**an argument or a disagreement** between two people, groups or countries；② discussion about a subject where there is **disagreement**；(《牛津高阶英语词典》)

problem：① a thing that is **difficult to deal with or to understand**；…

issue：① [C] an important topic that people are discussing or **arguing about**：

---

❶ 徐英 . 新闻编译中的名物化改动与意识形态转换 [J] . 中国翻译，2015 (3)：90.

❷ Van Dijk T A. Ideology: A multidiscplinary Introduction [M] . London：Sage, 1998.

❸ 国务院台湾事务办公室和新闻办公室发表的白皮书《一个中国的原则与台湾问题》开头写道："一九四九年十月一日，中国人民取得了新民主主义革命的伟大胜利，建立了中华人民共和国。国民党统治集团退踞中国的台湾省，在外国势力的支持下，与中央政府对峙，由此产生了台湾问题。"

problem / worry；…

question：…② ［**C**］~（of sth）**a matter or topic that needs to be discussed or dealt with**.

从上述词典释义，我们可以得出 dispute 和 issue 都有 "argument, disagreement" 的语义，这两个词含有台湾问题是 "可质疑、可争议、可持否定意见" 的预设义。很显然，台湾的主权问题不容论辩，因此，dispute 和 issue 两词不能很好地呈现中国在台湾问题上拥有毋庸置疑的主权的事实，故不宜使用；problem 的语义为 "difficult to deal with or to **understand**"，而 understand 的字典释义有 "to believe that something is true because you have heard or read it somewhere"（*Macmillan Dictionary*）之意，若选用此词，其语义可能推理为台湾问题很难让人理解、认同和信服，因此不宜选用；question 则表达了需要讨论和有待解决的问题之意，其概念内涵既符合客观实情，也符合我国的政治立场。因此，台湾问题宜翻译为 "Taiwan question"。

上述对 "台湾问题" 涉及的几个概念内涵语义特征识别和选词择义辨析过程便是译者主体对社会意识形态的反映过程。我们还可以同理推论 "解决钓鱼岛问题"。以前在日本实际控制下，中国渔民往往受制于日方挤压，中方发出 "解决钓鱼岛问题" 的抗议声明，常用的是 dispute/issue 的概念，这种译法等于承认了钓鱼岛的归属是可争议的。之后，在日方的买岛闹剧后，我国政府变被动为主动，公布了海基线，正式宣布钓鱼岛为中国固有领土，既然是固有的领土，是不可辩驳的历史事实，逻辑上就意味着不可置疑、不可争辩、不容谈判，继而就有了派海监船巡视的理据。如中国外交部于 2012 年 9 月 11 日发表的有关钓鱼岛主权问题的声明中就明确指出："钓鱼岛从来就不是什么'无主地'，中国是钓鱼岛等岛屿无可争辩的主人。" 故 "钓鱼岛问题" 的外宣英译（如外交部的严正声明）过程中应该考虑中国官方现行的政治意图，而策略性地使用不同的灵活的方式，或虚化，或弱化，以传达中方的意图，不宜突出 dispute/issue 的概念，因此可将 "钓鱼岛问题" 直接译为 "the **jurisdiction** of Diaoyu Dao"（钓鱼岛管辖权），以避免产生外宣中主动承认钓鱼岛问题的可争议性的语言逻辑或语用失误。在以习近平同志为核心的党中央坚强领导下，我国在处理对日美外交及与日本、菲律宾、越南、印度等国的领土、领海争端时，展现出新气象新作为，外宣传翻译也应适应这种新的态势，在有关纠纷的声明文件或新闻报道中，在选词择义过程中应做到概念内涵明确，突出中方的严正态度，避免产生不当逻辑或不当语用问题。

从翻译的社会实践属性考察，翻译无疑要受到意识形态的影响与制约。"意识形态因素对于翻译的影响，不仅表现在文本的选择方面，也体现于译者采用的翻译策略。"[1] 从某种意义上讲，翻译是意识形态的产物。首先，翻译的生产要受到意识形态的制约或支配；其次，翻译活动本身又同时在生产着意识形态。[2] 因此，我们可以这样说，意识形态与翻译这一社会实践活动之间存在着一种互动的关系，译者的翻译过程也是在意识形态的驱动下作出选择的过程，这便是译者社会意识形态反映能力之表现。

5. 专业背景知识能力

人们在认识每一种事物时都要在某种程度上动用已有的知识，这种已有的知识即背景知识。译者的背景知识是指译者具有的与翻译相关的知识，包括专业、文化、情景等各个方面。一般而言，背景专业知识越丰富，译者对原文的理解可能越深入，表达的文字会越贴切。背景专业知识还可以通过学习和实践活动而获得。外宣翻译的译者需要具备了解国家政策、观点、方针、策略的能力。比如白皮书中常见含义丰富的缩略词"三农"（agriculture, rural areas and farmers）；两岸直接双向"三通"（direct and bilateral exchanges of mail, transport and trade）等，若译者不具备相关的背景知识，翻译则很难顺利进行。

【例 26】胡锦涛在出席第五届亚太经合组织人力资源开发部长级会议开幕式时发表了题为《深化交流合作　实现包容性增长》的致辞。[3] 对于"包容性增长"一词，媒体使用的译文为"tolerant growth"。但这种译法是有问题的，tolerant 的词典义为 allowing people to do, say, or believe what they want without criticizing or punishing them，与 growth 不能搭配。那么，何谓"包容性增长"呢？这个概念，是 2007 年由亚行首先提出来的。数据显示，2002—2007 年，中国年均经济增速高达 11.65%，但是经济增长过程却出现了一些问题，如收

[1] 方开瑞. 意识形态与小说翻译中人物形象的变形［J］. 外语与外语教学，2005（3）：52.
[2] 刘雅峰. 译者的适应与选择——外宣翻译过程研究［M］. 北京：人民出版社，2010.
[3] 新华网，http://news.xinhuanet.com/politics/2010-09/17/c_12580834.htm.

入分配不公等。此外，资源、环境的压力会增大，由增长本身不均衡导致的矛盾也会增多。在此背景下，2005 年由亚行赞助支持，亚行经济研究局和驻中国代表处联合开展了"以共享式增长促进社会和谐"研究课题，同时邀请林毅夫、樊纲等国内七八位知名学者一起参与研究。由林毅夫主编，庄巨忠、汤敏、林暾等学者编写的《以共享式增长促进社会和谐》一书于 2008 年正式出版。这本书出了英文版，翻译成中文的时候用了"共享式增长"这个词，也有人翻译成"包容性增长"。胡锦涛使用这个概念跟"科学发展观""和谐社会"是一脉相承的，也是在贯彻"科学发展观""和谐社会"这个理念。因此，本处的"包容性增长"是承前而来的 exclusive growth，非 tolerant growth。作为外宣翻译的译者，需要了解相关的背景知识，才能更好地发挥其主体性，从整体上把握译文，提高译文质量。

【例 27】在国内外环境错综复杂、宏观调控抉择两难的情况下，我们深处着力，把改革开放作为发展的根本之策，**放开市场这只"看不见的手"，用好政府这只"看得见的手"**，促进经济稳定增长。（《2013 年政府工作报告》）

译文：In the face of complex international and domestic developments and difficult choices in macro-control, we endeavored to resolve deep-seated problems and difficulties, took reform and opening up as the fundamental way to advance development, and **gave full rein to both the invisible hand of the market and the visible hand of the government** to promote steady economic growth.

"看不见的手"是一个隐喻，是经济学之父亚当·斯密（Adam Smith）于 1776 年在《国富论》中提出的命题。最初的意思是，个人在经济生活中只考虑自己利益，受"看不见的手"驱使，即通过分工和市场的作用，可以达到国家富裕的目的。后来，"看不见的手"便成为表示资本主义完全竞争模式的形象用语。这种模式的主要特征是私有制，人人为自己，都有获得市场信息的自由，自由竞争，无须政府干预经济活动。此处，总理引用了"看不见的手"来指市场对经济的调节，又用了"看得见的手"指政府对经济的宏观调控，因此，译者需要具有相关的背景知识，才能对原文中说话人引用经典的价值作出正确判断并将其价值在译文中予以体现。

6. 工具资源开发运用能力

马会娟建构汉译英翻译能力的模式时，将译者在翻译转换过程中所需的对各种资源和媒介的相关知识和技能，包括如何运用各种文献资料、信息与通信技术等认为是译者文化能力范畴下的一大次范畴——百科知识的一个重要方面。❶ 事实上，随着科技的发展，译者的工具和资源开发能力越显重要，其形式也越来越多样化。

传统翻译研究对翻译能力的讨论主要涉及语言能力及语言外能力，但新时代网络技术的兴起拓宽了译者能力范围。网络信息资源为翻译提供了极大的帮助，译者可借助网络信息资源解决在翻译过程中遇到的问题，比如找到对应的译文做参考，或检验译文是否地道等，这大大提高翻译的效率和准确性。❷ 从这个意义上来说，网络技术辅助下的"翻译能力"的内涵得到了很大程度上的拓展。欧盟翻译委员会在选拔译员时，首先要看译员是否已取得 TRADOS（桌面级计算机辅助翻译软件）证书，从这一点上来看，工具资料开发和运用能力也是译者必备的能力之一。

随着计算机技术的发展，国内翻译也越来越注重译者／译员们在工具开发运用方面能力的培养。例如，近几年，由中国翻译协会、全国翻译专业学位研究生教育指导委员会、教育部高等学校翻译专业教学协作组每年联合举办翻译与本地化技术培训班，开设包括翻译与本地化行业与市场状况、翻译技术教学概论、翻译技术概论、实用计算机辅助翻译工具介绍与演示、本地化项目质量管理等课程，其授课对象为全国高校承担翻译教学的教师们，为培养专业译者／译员的工具资源开发运用能力打好基础。学员们接受培训后，深感培训及时、深受启发，获益良多。❸ 学员还举例说明了培训内容及感受，例如如何翻译图片或图片中的文字，如何翻译纸质的书，如何直接统计 PPT 字数并翻译图文并茂的 PPT，如何利用 Trados 进行任务分析、字数统计，如何使用专业的字数统计工具，如何对比译文之间的差别，如何对比译文审校差别，如何快速

---

❶ 马会娟. 汉译英翻译能力研究［M］. 北京：北京师范大学出版社，2013.

❷ 葛建平，范祥涛. 网络技术辅助下的翻译能力［J］. 上海翻译，2008（1）：62-65.

❸ 陈文安. 厘清认识，接轨产业——参加 2012 年 MTI 专业师资翻译与本地化技术培训有感［J］. 中国翻译，2012（3）：66-68.

清除无用字符，如何在翻译过程中快速处理乱码，如何在本地硬盘快速找到并打开一个（翻译）文档，如何在一分钟内搜索美国某大学翻译技术 PDF 文件，如何在一个大型翻译项目中统一术语，让学员真切认识到传统翻译工作中遇到的许多难题均可以在计算机技术的帮助下轻松解决，从而使翻译工作变得更加高效、便捷，避免翻译中的 dirty work（费力不讨好的工作）。这样，在有限的工作时间内，译员和审校人员就可以将精力集中于提升译文质量和效率，而翻译项目管理人员就可以将精力集中于提升翻译项目质量和效率……无论是本地化技术，还是 CAT 技术、翻译项目管理技术，都推动了传统翻译产业的变革，为翻译由行业向产业转变的进程插上了腾飞的翅膀。❶

因此可以说，在现代科技高度发达的今天，译者的主体性能力还应包括在新时代背景下的这种工具资源开发运用能力，这种能力能帮助译者以更高效的方式认识原文价值并在译文中找到具有相应价值的表达形式。

综上所述，本研究所指的从实践论看译者主体性能力结构的超语言能力是指在外宣翻译实践活动中，理想译者所需具有的包括国家形象修辞能力、政府政治意图反映能力、社会文化差异辨析能力、社会意识形态反映能力、专业背景知识能力、工具资源开发运用能力在内的能力，译者有了这些超语言能力，才能更好地根据目的—需求原则，对原文文化价值信息进行选择，在译文中进行相应的反映、调节、处理等，实现两种文化的最佳交流效果。

小　结

本章是从实践论对译者主体性能力要素进行描写，认为外宣翻译译者主体性能力结构是指在外宣翻译实践活动中，理想译者发挥其主体性需具备的双语语言能力和超语言能力，其中外宣翻译译者的双语语言能力是作为翻译实践活动的主体译者应该具有的对母语及目的语两种语言的语言知识，包括语法修辞运用能力、词汇概念体系运用能力、双语语感审美能力、语境参数识别能力、

---

❶ 赵忠会. 技术为翻译产业插上腾飞的翅膀——参加 2013 年"翻译与本地化技术、项目管理"培训有感［J］. 中国翻译, 2013（4）: 96.

语篇整体视域能力等；外宣翻译译者主体的超语言能力是指在外宣翻译实践活动中，理想译者所需具备的包括国家形象修辞能力、政府政治意图反映能力、社会文化差异辨析能力、社会意识形态反映能力、专业背景知识能力、工具资源开发运用能力等在内的能力。译者根据目的—需求原则，对文本信息和文本价值作出判断和选择的过程，便是译者能力在实践中的主体性发挥过程。

第四章　外宣翻译译者主体性能力认识论研究范畴

第一节　译者主体性能力结构之认识论

翻译作为一种实践活动，遵循唯物辩证法的普遍原则。翻译实践的复杂性与所涉知识的广博性以及语言交际的社会性，要求译者从不同角度、不同层面对其进行深刻和多维度的认识，逐步形成一个不断积累的认识过程。

探讨外宣翻译译者主体性能力结构，还可以从认识论入手，研究译者应具有的认识工具和分析手段：译者不仅应具有比较深厚扎实的语言文化知识，还应掌握哲学、艺术哲学、美学、逻辑学、接受美学、诠释或阐释学、修辞学、语义学、语用学、认知语义学、社会语言学、语篇语言学等众多相邻相关学科理论知识与分析方法，只有从多维度去审视、去描写文本的意义形态及其翻译过程中的运作方式与规律，才能更好地、更全面地认识和把握研究客体——文本意义存在的或静态或动态特征。

本研究从认识论层面进行的译者主体性能力研究将根据外宣典型语料作主体性范畴建构与划分，形成对译者主体性的多维、立体认知，将其概括为两大次范畴：多维视角能力及主体间性能力。特别需要强调的是，译者的多维视角能力中应该包含译者的文本特征的辨析能力，因翻译中需要理论范畴——文本特征论去解释语境意义的生成机制与建构原理，文本特征论涉及多义性、歧义性、模糊性、不定性、语义嬗变、结构缺省的识别、判断、析取等语境制约性因素。❶ 这些因素在很大程度上影响译者主体性发挥，故译者多维能力中应包含此项重要内容。

❶ 曾利沙 . 翻译学理论多维视角探索［M］. 上海：上海外语教育出版社，2012.

第二节　多维视角能力构成

谭载喜曾论述了翻译学研究的途径、对象、角度、基本理论等方面所包括的内容：翻译学研究途径包括文艺学、语言学、交际学、社会符号学、翻译学等途径；翻译学研究对象包括翻译的实质、原则与标准、方法与技巧、操作过程和程序、过程中的各种矛盾（目的与手段、内容与形式、作者与译者与译文读者之间的矛盾等）等；翻译学研究角度包括对比语义学、对比句法学、对比修辞学、对比社会符号学、对比文化学、对比民族语言学、对比心理学等；翻译学基本理论包括翻译的语言学理论、翻译的文艺学理论、翻译的交际学理论、翻译的社会符号学理论、翻译的心理学理论、机器翻译的理论和集各种理论于一身的综合性翻译理论等。❶毫无疑问，上述论述有助于我们解释和说明相应的翻译现象，反映翻译活动主体的主观能动性发挥的主客观理据，也能加深对翻译过程中文本特征或客体属性价值特征的了解，同时也从侧面说明了作为主体——译者进行翻译活动之不易。作为政府外宣文本翻译的主体——外宣翻译的译者，因其更为特殊的政治使命，更应该重视这种多维视角能力。

1.语义理论知识运用能力

一般来说，宏观理论能帮助我们形成原理性或规则性认识，但这种一般性的原理或规则并不能指导具体实践的操作，具体实践中的概念指称、命题逻辑、冗余性问题不仅需要译者从经验感性层面去解决，而且需要借助语义学、语用学、认知语言学、信息语用学、语篇修辞学、逻辑学等相邻相关学科中的理论概念加以认识，才能进入具可阐释性和可印证性的操作理据层面。乔治·斯坦纳认为，在语际翻译的时候，对原文进行详细的词汇和句法分析仍然不能解决主要困难，问题的关键在于重要词语所包含的全部语义价值、伦理价值以及社会历史文化的隐含意义，在于语气口吻所体现的整体效果……熟悉有关语言的历史文化背景，意识到遣词造句乃是社会存在的反映，这是绝对必要的，要透彻地理解一段话语，就是要尽可能恢复原来说话时它所具有的价值和用意，掌握与其有关的时间和地点，掌握哪怕是最古怪的表达方式和当时一般语

---

❶　谭载喜.翻译学［M］.武汉：湖北教育出版社，2000.

言之间的关系。❶ 事实上，语义学是涉及语言学、逻辑学、计算机科学、自然语言处理、认知科学、心理学等诸多领域的一个术语。语义学的研究对象是语言的意义，可以是词、短语（词组）、句子、篇章等不同级别的语言单位。理想的译者需要具备找出语义表达的规律性、内在解释、不同语言在语义表达方面的个性以及共性的能力。例如，语篇中的语义逻辑关系一般需要依赖读者与原作者共有的或相似的认知环境和认知能力。不同语言由于文化的不同，思维方式的差异，其谋篇布局的方式必然会有所不同，表现在语篇层面就是语义逻辑连贯的模式或表达方式是不同的。因此，翻译过程不仅是一种语言符号的转换过程，也是逻辑关系的转化过程，是综合语义理论知识运用的转化过程。

【例 28】新开工保障性安居工程 660 万套，基本建成 540 万套，上千万住房困难群众乔迁新居。（《2014 年政府工作报告》）

译文：Construction of 6.6 million government-subsidized housing units was started, and 5.4 million such housing units were basically completed. **As a result**, over ten million people with housing difficulties moved into new homes.

作为机构译者代表，中央编译局译审童孝华将其翻译的思维过程进行了描述：原文所陈列的表面上好像是互不关联的独立事件，而实际上，前两项和后者形成因果关系。因此，译文没有将二者并列起来，而是跳出原文结构，加入"as a result"将前后进行更好的语义连接，如此不仅能让语言更具层次感，还能更正确反映原意，让国外受众更好地了解中国政府在保障民生方面取得的成绩，有助于塑造积极的中国形象。❷ 在这段描述中，我们可以清晰地感受到作为外宣翻译的译者在语义逻辑方面的考虑。译者需要有较高的逻辑辨析能力，能够感知到各语句之间的内在逻辑关联，并能选择合适的上下文之间语义衔接手段，凸显句际间的逻辑关系。

【例 29】2013 年，中国经济运行稳中向好，**发展成果**更多地**惠及**全体人民。（《2013 年中国人权事业的进展》，2014）

译文：China's economy was stable and improved in 2013, **better benefiting** the Chinese people.

---

❶ 转引自廖七一. 当代西方翻译理论探索 [M]. 南京：译林出版社，2000：137–138.

❷ 参见童孝华. 翻译的主体意识——2014 年政府工作报告翻译心得 [J]. 中国翻译，2014（4）：92.

"成果"指"工作或事业上的收获，一般指长期辛勤工作的收获"，"收获"是"成果"的近义词，但两者不同的是，成果一般是指向好的、有用的收获，强调做了某件事并达成了预期目标，而收获则是经历一件事，一个过程，自己对这件事所产生的感想，但不一定都指向好的、主体愿意的结果；因此，成果中蕴含了"有益性"，"**使（某个主体）受益**"，故"发展成果"与"惠及"之间存在一种"因—果"的必然关系，英语中，benefit 的语义 an advantage，improvement，or help that you get from something 与其匹配，而若译为"the development achievements better benefit …"不符合英语受众的认知需求。

上述案例体现的便是译者对词义内涵、词义关系、受众认知等的认识，是译者对逻辑连贯与重构的考虑，若要产出理想译文，译者需要具备对此种语义知识的掌握能力。明确语义特征及其结构特征有助于我们认识外宣翻译中信息处理的思维过程：不同民族的人通过对词语或概念语义特征的掌握，对共同熟悉的事物都有相应的认知图式，能在由概念构成的认知结构中自动进行认知补缺，使之整体连贯，这是一种对相关信息进行组合、充实、完形的心理过程。这些相关语义理论知识在实践中的运用便是译者发挥主体性能力的体现。

2.语用理论知识运用能力

语用分析也是译者必须掌握的语言能力之一。语用分析，是指借用语用学理论和方法，对翻译中涉及的语言使用问题作交际意义上的综合分析。界定特定语境中语言成分的多种意义要素，进而确定该成分意义的交际价值，对翻译具有特殊的重要性。根据语用学理论，语用意义视语境的变化及语符使用者、接受者与语符的关系而定。语用分析要揭示的是语言成分在实际运用与特别语境中的意义。语用分析有助于揭示言外意义、蕴涵意义以及交际意义的附加价值。翻译作为跨文化的交际手段，随着语言、文化、读者、时间、空间等语境因素的变化，必然涉及语用问题。译者的服务对象是对原语社会文化不了解或不甚了解的译语读者，译者有责任通过语用分析，把属于原语语言文化的产物，用符合译语语用习惯的译文，介绍给译语读者。❶

莫爱屏从语用翻译的角度探讨译者主体性与语篇中视角之间的互动关

---

❶ 方梦之，等.译学词典［Z］.上海：上海外语教育出版社，2004：328.

系。❶文章认为主体性和视角都是相对的、动态的概念，两者相互联系、相互影响；译者主体性是译者能动地从事翻译活动的一种特性，语篇中的视角则是语篇通过主位化、信息结构等语篇成分体现出的相对凸显性。译者主体性与语篇中的视角在翻译过程中的交互作用决定译者能否成功地将原语转换为目的语，是帮助译者实现目的语的语用语言等效和社交语用等效的最有效的途径之一。

【例 30】一九九八年一月，为寻求和扩大两岸关系的政治基础，中国政府向台湾方面**明确提出**，……坚持一个中国原则……（《一个中国的原则与台湾问题》，2000）

译文：In January 1998, to seek and expand the political basis for relations between the two sides, the Chinese government **explicitly proposed** to the Taiwan side that …the One-China Principle should be upheld…

李长栓评析道："提出"的如果是建议，可以译为 propose；既然是建议，对方可以接受，也可以不接受。而这里是向台湾当局表明我们的坚定立场：你们必须坚持一个中国的原则，否则一切免谈！因此，本处不能用 propose 而要改用 state。❷

作者的分析不无道理，作为译者，首先应该明确"提出"一词在中文的意思为：揭示；请考虑、讨论、接受或采纳，其搭配可以为"意见"或"要求"或"观点"等。在英文中，propose 的含义为 offer or put forward（sth）for consideration；suggest；have（sth）as one's plan or intention；intend（*Longman Dictionary*）。state 的词典释义为 express（sth）in spoken or written words, esp. carefully, fully and clearly。译者从声明内容中可以获知此处中国政府对台湾当局提出是要求台湾当局接受"一个中国"的原则，而非建议，故在选词中，译者结合语用理论知识（特殊的政治语用环境），选择了 state 一词，这便是译者的语用理论知识能力协助主体性发挥的过程。

【例 31】2013 年，在实现中华民族伟大复兴中国梦的征程上，**中国人权事业又取得了新进展。**（《2013 年中国人权事业的进展》，2014）

---

❶ 莫爱屏 . 译者主体性与语篇中视角的互动研究 [J] . 外语教学, 2008（5）: 86-90.
❷ 李长栓 . 《一个中国的原则与台湾问题白皮书》英语译文值得推敲 [J] . 中国翻译, 2001（5）: 63.

译文: In 2013 **China made progress** in its human rights undertaking **while advancing** on the course of the Chinese Dream, a great rejuvenation of the Chinese nation.

改译为:

The year 2013 **witnessed** China's **progress in human rights undertaking and advancement** in realizing the Chinese Dream of a great rejuvenation.(笔者译)

改译中用 witness 一词引出了英语中常用的无灵主语,更体现了语言的形象性、生动性,同时,改译后的句子语意紧凑,也符合英语尾端开放的句型特点,更具可读性,此种顺应英语民族的表述便是译者对顺应策略语用理论知识的掌握。

3. 社会语言知识运用能力

陈原指出,社会语言交际活动不但要求在最经济的条件下传递最大信息量,而且讲求这个消息能引起最佳社会效能,为取得最佳效能,必须符合社会准则、思维习惯、语言习惯、心理状态等社会因素。❶ 有时要排除冗余信息,减少次要信息;有时却要根据特定的社会环境,有意识地增加冗余信息,如对主要信息的重复,加大音量或印成黑体字,将容易引起歧义的部分重复一次或多次,将主要信息的同义词或补足的多余信息加上去,适当地辅助以次要信息等;有时为了达到最佳社会效能还需加上感情因素,特别是在处理潜信息的场合。

【例 32】The Economist 于 2013 年 11 月 16 日刊登了一篇题为 Reform in China: Every move you make 的文章,文章以连续两个问句开头:Do you understand "the three represents" or "the six tightly revolve-arounds?" Have you fully embraced "ecological development civilization" or "socialist modernization construction?" No, neither have we.(你懂"三个代表"或"六个紧紧围绕"吗?你全盘接受"生态文明建设"或"社会主义现代化建设"吗?不,我们哪个都不接受)作者接着对这些概念进行了评价:opaque and dense(艰涩难懂),难以传达出英语母语使用者所能理解的概念。据此我们可知,这几个概念的翻译并未能达到预期的目的和效果,在翻译实践活动中,需要译者具有社会准则、

---

❶ 陈原.一个社会语言学者的札记[C]//中国语言学会第二届学术年会论文集.1983.

思维习惯、语言习惯、心理状态等社会语言知识的运用能力，才能帮助译者更好地发挥主体性，以达到最佳社会效能。

【例 33】这一年里，中国共产党和中国政府……**全面深化**改革。(《2013 年中国人权事业的进展》，2014)

译文：In that year, the Communist Party of China (CPC) and the Chinese government … **comprehensively deepened** the reform.

笔者查询了 comprehensively deepen 的搭配，British National Corpus 数据库中结果为 0，enTenTen12 数据库中有 13 个结果，其中 3 个源自 CN，4 个是 HK，另外的是非英美网的诸如法国之类的论坛类网站；而雅虎网站的搜索结果也显示，此搭配基本与中国的改革相关。"深化"蕴含了广度和深度，意即"全面"，根据习总书记提出的"短、实、新"改文风的要求，应采用"经济简明原则"，故将 comprehensively 删除。

因此可以说，译者的社会语言知识运用能力在外宣翻译实践中译者主体性的发挥产出理想译文的过程得以充分体现。

4. 认知思维运作加工能力

思维是人类共有的一种精神活动，思维产生于社会实践，指在表象、概念的基础上进行分析、综合、判断、推理等认识活动的过程，一般以概念、判断、推理为基本形式，对感性材料进行加工整理，通过从抽象上升到具体的辩证运动过程，逐渐深刻地反映客观对象本质属性和运动规律的高级意识活动。人类的思维能力是在长期的实践活动中培养和练就的。实践作为思维的基础决定着思维的发生和发展；思维则借助逻辑的形式表达和形成人类思想的成果指导着实践。❶ 可以说，思维的人类性是翻译得以实现的基础，一方面，共同的思维能力和思维规律使不同民族的人民对同一事物可能取得共同认识；另一方面，思维反映现实，和语言不可分割地联系着。不论从思维的产生、发展的历史过程来看，还是从认识的逻辑过程来看，不仅思维依靠语言表达，而且就其形成来说一般也得借助于语言。语言是思维的物质外壳，思维是语言的思想内容。

---

❶ 李淮春. 马克思主义哲学全书［M］. 北京：中国人民大学出版社，1996：648.

语言是人们进行思维的工具，思维是人们认识客观世界和反映客观事物的必由过程，思维离不开语言，语言表达要依赖于思维，二者互为条件，达到表达思想、互相交流的目的。翻译过程中的思维活动，其功能与创作思维一样，也应是为创造译文话语而选择恰当的语言单位的动力。翻译思维越合乎逻辑，越易领会话语的语义，从而为正确传达源语信息选择更为贴切的语言表达形式。所以，翻译首先是运用语言进行逻辑思维的过程，而且不同于源语创作，它是同时运用两种语言思维的过程，它既包括抽象思维，也包括形象思维。有的学者还认为应包含反映"创作天赋"的"灵感思维"。

在双语转换过程中，翻译客体（原作及其作者）和翻译主体（译者）之间的沟通靠的是共同的思维规律，必须取得共识的是思维内容。所以，思维活动在翻译过程的心理机制中占有中心的、主导的位置——思维活动的规律及其内容制约着翻译活动的全过程。❶人们进行翻译的思维过程又是极其复杂的。从接收信息到分析、翻译、语言符号转移、组织、调整，以至于最后信息以另一种语言的形式输出，要经过一系列繁复的程序。人的认知过程包括接受信息、揭示信息、储存信息、运用信息等。语言使用是人的认识过程的一个特例，其认知性表现为语言使用者如何知觉、解释、理解、推理、记忆、评价、表达话语。❷语言和言语活动的认知思维理据，体现在语言形式上，语言形式映照认知思维的真实性。❸认知思维的理据可以通过语言进行实际观察，从而观察到语言形式内含的认知思维，即认知心理的活动过程和由之而形成的认知框架，进而揭示其内含的认知思维的规律。

外宣翻译实践活动中，理想译者应能对概念、判断、推理、假说、理论等辩证思维形式进行把握，借助思维对双语语言内在规律进行认识和掌握，体现为概念思维、认知思维、形象思维、情感思维、逻辑思维、关系思维、文化思维、语境思维等，并且运用思维形式并根据它们的内在联系进行思考，在译文中将其进行呈现。

---

❶ 方梦之，等.译学词典［Z］.上海：上海外语教育出版社，2004：256.

❷ 田运.思维辞典［Z］.杭州：浙江教育出版社，1996.

❸ 张炼强.语言和言语活动的认知思维理据——兼论认知思维与逻辑思维的关系［J］.首都师范大学学报（社会科学版），2007（2）：99.

【例34】我们**巩固和扩大了**应对国际金融危机冲击成果，实现了"十二五"时期良好开局。(《2012年政府工作报告》)

译文：We **consolidated and built upon** our achievements in responding to the global financial crisis, and got the Twelfth Five-Year Plan period off to a good start.

改译为：

By building upon our achievements in responding to the global financial crisis, China **kicked off** the Twelfth Five-Year Plan period.（笔者译）

"consolidate"的字典义为：If you consolidate something that you have, for example power or success, you strengthen it so that it becomes more effective or secure.（*Collins*）"build on/upon"的字典义为：If you build on the success of something, you take advantage of this success in order to make further progress.（*Collins*）中文"扩大"蕴含着"巩固"，同样英文"build upon"的含义也蕴含了 consolidate，属于概念语义蕴含式冗余信息，因此改译对冗余信息进行了简化，删略了 consolidate。"kick off"为"开始"之义，在英文中使用广泛，比原文的"got …off to a good start"更为简洁，更具形象性，也能很好地反映总理作政府工作报告的风格。同时，译者认识到两小句的逻辑关系为"手段—目的"的关系，采取了显化逻辑关系的策略，更符合英文行文习惯。这些便是译者在辨清原文概念意义的基础上，运用判断、推断等手段，厘清各概念之间逻辑纽带和关系的分析过程，即透过各种语言现象，揭示出原文中词与词、词组与词组、句子与句子，乃至段落与段落之间的内在的、本质的联系，也是译者主体性能力结构中认知思维的体现。

【例35】对投资在200万元以上的**新建**、扩建或装修改造工程，实行招标采购。(《2002年中国的国防》)

译文：Projects **newly built**, expanded, or revamped each involving an investment of over RMB 2 million yuan are undertaken through public bidding.

newly built 是指新近建好的工程，但从逻辑认知来看，已经建好了的工程不需要招标，因此，此处的"新建工程"应为"新近需要修建工程"，宜将其改译为 Projects **to be built**，此例说明，译者应具有敏锐的预设思维能力，对原文的表述方式所陈述的事实应作出认真细致的分析，然后再针对译文中所使用语言形式或概念单位作出感知判断，是否产生"不当性语用预设"。这种从汉语向英语迁移性的概念对应式翻译，常常产生类似的"不当性语用预设"，如"年轻的莫老""孟子小时候"，都不能简单机械地采用概念对应式英译："the young General Mo""When Mencius was young"。所产生的不当预设是：莫老年轻时就已经是将军了；孟子小时候就已经是学问家了。能否识别这种现象，也是衡量译者主体性的一个重要方面。

【例36】人民生活水平稳步提高，城乡居民衣食住行条件不断改善，基本公共服务均等化进一步推进，**人民的生存权和发展权得到更好的保障**。(《2013年中国人权事业的进展》, 2014)

译文：**The people's living standards have risen steadily**，**as** China continuously improves the urban and rural residents'clothing, food, accommodation, and transportation conditions, further equalizes basic public services, and better protects the people's rights to subsistence and development.

原文为四个平行的分句，但实际上这四个分句之间存在逻辑联系，原译将"人民生活水平稳步提高"作为主句内容，用as将其与后面分句联系起来。但仔细研读可以发现，原文的四个分句中，最后一个分句"人民的生存权和发展权得到更好的保障"才是重点，因其是结果，前三个分句为其具体表现的方面和内容，故在翻译时，应充分考虑到这种分句间的逻辑关系，可改译为：

People's rights to subsistence and development were better guaranteed with the improvement of people's living standards, the better satisfaction of **people's basic needs**, and the advance in equalizing basic public services. (笔者译)

外宣翻译译者主体能力的认知思维范畴主要研究译者应具备何种认知思维能力，如对语词概念的内涵与外延结构关系的分析能力，具备在不同的政治语境下对不同概念内涵特征潜在的语用含意的宣传效度预知的认知能力，在研究工具上会引入语义逻辑与认知语言学的概念框架，如概念、定义、前提、预设、蕴涵、含意、外延、内涵、种属、命题、范畴、属性、推论等。

需要指出的是，译者的认知思维能力并非与生俱来的，而是在实践中不断形成和发展，逐步走向复杂的过程。在翻译教学和实践中，培养译者思维能力是可行且必须的。

5. 文本功能—特征辨析能力

一门学科理论应具有一系列自主的且相互联系、相互印证、互为推演的理论范畴和概念系统，研究者在确立整个系统理论构架的基础上，从低级到高级，从微观到宏观，从片面到全面，从范畴到系统，逐渐形成一个不断自我修正、不断扩展的学科理论系统。翻译学理论的一个重要理论职能就是对翻译实践的抽象概括和系统描写。曾利沙提出翻译学系统模式的核心理论范畴，其中"文本特征论"是包括本体论与认识论在内的理论范畴，其任务主要是解释翻译学理论所研究的文本"意义生成"及其"真值"问题，探讨语际转换过程中文本意义的给定行为以及研究文本自身的相关特征等。❶就应用翻译研究而言，无论是理论研究或实践研究，都离不开对具体文本类型自身的属性特征的经验感性认识。若将目的与文本类型及其功能特征割裂开来，将文本类型一般的、稳定的特征与发起人的目的割裂开来，我们就难以对特定文本类型的目的论范畴作出理论充实。特定文本类型必须具有相对稳定的、明确的目的性内容，才能与翻译实践之间形成理论与实践的关系，才能更好地考察其规律性特征。例如中国政府（发起人）推出的白皮书有其特定的目的性——扩大对外宣传效果 / 度，树立良好形象（适合于描述任何阶段的一般目的性）。而其中人权白皮书的目的则在于"介绍我国人权状况及新进展、破除中国人权糟糕之谬论"。文本特征还包括不同时期或阶段政府部门在语言或文件语篇风格上的各种特征及其表现形式，如李克强总理在近两年的人大会议上作的政府工作报告，专门制定了几条政府工作报告的语言表述风格的原则要求，体现出行文流畅、用词简易、清新形象，具有生动性、可读性、易记性、凝练性的特点，深受港澳台媒体以及全体参会代表的好评。如一段一个要点，每段都有一个导语句，且段落倾向于简洁短小，力求围绕导语展开说明和深入阐发，大量的风趣形象的比喻性表达形式。这些都是外宣翻译译者必须掌握的内容。

在对外宣传翻译中，文本特征本身就需要译者主体去认真分析和把握，如语言概念的不自足性、概念语义嬗变性、背景信息缺省性、结构空白、文化语境的不相容性等，然后考察这些特征在英语中可能的有效表达形式，形成问

---

❶ 曾利沙 . 翻译学理论多维视角探索［M］. 上海：上海外语教育出版社，2012；曾利沙 . 翻译学理论系统整合性研究［M］. 北京：外语教学与研究出版社，2014.

题—解决方法的对策性的理论认识。只有明确了这些具体类型文本的功能特征及其目的—需求特征，我们才可能对相应的翻译策略、辅助性准则等理论范畴作出理论充实。而不同类型文本的功能特征与目的—需求特征等理论范畴之间的关系明确性有助于我们认识它们之间可共享的理论表征以及其差异性与特殊性，进而形成系统性的、涵盖面比较广的理论表征，以下我们将以外宣翻译几个文本特征与功能❶为例加以说明。

（1）外宣翻译的政治性。

程镇球认为，翻译可以大致分为文学性、政治性、科技性三大类。❷外宣翻译毫无疑问属于政治性文本，政治性强的特点也从另一方面反映了外宣翻译的严谨性。翻译政治词语时若不够谨慎，或过于粗糙，则不仅会使译文难被理解和接受，还可能会引起歧义，"甚至导致政治事故"，❸这就"要求译者必须注意掌握用词的政治含义和政治分寸"，否则有可能导致国际争端与政治纠纷的发生。❹

改革开放以来，特别是进入 21 世纪后，随着经济社会的快速发展和国际地位的不断提高，我国日益走向世界舞台的中央，在此背景下，需要更好地了解世界，世界也需要更好地了解中国，可以说，讲述好中国故事，传播好中国声音，阐释好中国特色的发展道路、价值追求和在国际舞台上扮演的角色，已经成为国际国内的共同期待。让国际社会读懂中国，是我们党对外信息传播工程的主要任务。❺此外，争取国际话语权，也是外宣翻译尤其需要注重政治性的主要原因。

关于外宣翻译的政治性的讨论，我们并不陌生。杨明星在奈达的等效原则基础上提出了外交翻译的"政治等效"原则，其内涵是：外交翻译必须一方面准确、忠实反映源语和说话者的政治思想和政治语境；另一方面，要用接受方

❶ 在本小节中主要讨论了外宣文本的特征，未就文本功能进行深入讨论，但文本特征在某种程度上来说也反映文本的功能，例如下文中外宣翻译的政治性特征其功能即是帮助国家／政府表达在政治方面的立场、传播政治方面的主张或思想等。

❷ 程镇球．翻译问题探索——毛选英译研究［M］．北京：商务印书馆，1980.

❸ 张健．英语新闻业务研究［M］．上海：上海外语教育出版社，2010：108.

❹ 过家鼎．注意外交用词的政治含义［J］．中国翻译，2002（6）：62.

❺ 闫建琪．重视当代中央文献的编辑和翻译出版工作，增强国际话语权［J］．马克思主义与现实，2014（4）：9.

所能理解的译入语来表达，使双方的政治含义信息等值，使译文能起到与原文相同的作用和交际功能。"政治等效"适用于外交语言翻译这一特殊领域的具体标准，更加强调政治内涵上的对等。❶ 朱义华也认为与一般意义上的翻译相比，外宣翻译更具政治性，也更加注重对外宣传效果的落实、国家形象的建构与国家利益的维护。具体而言，外宣翻译工作中的政治意识包含以下几个政治性维度：第一，维护国家利益是外宣翻译政治意识的最高层次与最终目标。第二，意识形态的传播是外宣翻译政治意识得以体现的惯用手段与常见形式。第三，政治准确性是决定外宣翻译工作能否取得实际效果的关键性因素，也是外宣翻译政治意识落实的重要一环。第四，政治敏感性是政治意识在外宣翻译中得以充分落实的前提条件与有力保障。❷

从上述论述中我们可以看出，外宣翻译的重要特征之一便是其政治性，而对这种文本功能或特征的认识是译者主体性得以有效发挥的重要基础。

【例 37】中国人民有决心也完全有能力早日解决台湾问题，完成祖国**统一**大业。(《2000 年政府工作报告》)

译文：The Chinese people are determined and absolutely able to bring the Taiwan question to an early settlement and realize the great course of **reunification** of the motherland.

中央编译局的资深译员徐梅江阐释了 reunification 英译的理据："统一"主要是指解决香港、澳门和台湾问题。香港和澳门本来就是中国的领土，后来被帝国主义侵占。现在香港和澳门已经回归祖国，实行"一国两制"。台湾自古以来就是中国的领土，是中国的一个省，台湾问题是中国内战遗留下来的问题。因此，我们国家是实现祖国重新统一，而不是第一次统一。❸ 基于这样的认识，"祖国统一"此处译为 reunification of the motherland 而非 unification。从译者的翻译过程思维描述中我们可以看出，对外宣文本政治性的认识是译者发挥主体性的重要根源，若译者不具备这种文本功能 / 特征辨析能力，则就算知

❶ 杨明星. 论外交语言翻译的"政治等效"——以邓小平外交理念"韬光养晦"的译法为例 [J]. 解放军外国语学院学报，2008（5）：90-94；杨明星，闫达."政治等效"理论框架下外交语言的翻译策略——以"不折腾"的译法为例 [J]. 解放军外国语学院学报，2012（3）：73-77.
❷ 朱义华. 从"争议岛屿"来看外宣翻译工作中的政治意识 [J]. 中国翻译，2012（6）：96-98.
❸ 徐梅江. 汉译英的双向理解和完美表达 [J]. 中国翻译，2000（6）：11-14.

道 reunification 这个词，也不会发挥主体性在此处使用。

【例 38】钓鱼岛及其附属岛屿是中国领土不可分割的一部分。无论从历史、地理还是从法理的角度来看，钓鱼岛都是中国的固有领土，**中国对其拥有无可争辩的主权**。（《钓鱼岛是中国的固有领土》，2012）

译文：Diaoyu Dao and its affiliated islands are an inseparable part of the Chinese territory. Diaoyu Dao is China's inherent territory in all historical, geographical and legal terms, and **China enjoys indisputable sovereignty over Diaoyu Dao**.

enjoy 的义项为：1）to get pleasure from sth；2）（written）to have sth good that is an advantage to you；3）（spoken）used to say that you hope sb gets pleasure from sth that you are giving them or recommending to them（牛津高阶词典）。这是我国政府就钓鱼岛主权问题发布的白皮书，是政府立场的严正声明，因此译者在选词择句时，一定要考虑到文本语言的庄重性和其文本功能的政治性，enjoy 虽可用于书面语，但不能体现政府严肃和庄重的立场。建议使用 grant 一词：~（sb）sth to agree to give sb what they ask for, especially formal or **legal permission** to do sth，以呈现中国政府对钓鱼岛及其附属岛屿拥有合法主权的客观事实，从而更好地维护和争取国家利益。

改译为：

They are China's inherent territory from historical, geographical and legal aspects, which **granted** China indisputable sovereignty over them.（笔者译）

【例 39】人均能源资源拥有量**较低**。中国人口众多，人均能源资源拥有量在世界上处于较低水平。（《中国的能源状况与政策》，2007）

译文：China's per-capita average of energy resources is **very low**. China has a large population, resulting in a low per-capita average of energy resources in the world.

译文对原文中"较低"的程度进行了强化，用 very low 来表示，这是出于保护国家利益、争取国家权益的目的。因美国等发达国家总是觊觎发展中国家和不发达国家的资源，试图通过各种方式对别国资源进行开发利用。中国政府需要表明，尽管我国的能源资源总量较大，但人均拥有量低，与发达国家相比还有明显差距，译文用 very low 而非 relatively low，旨在传递人均拥有量少的事实，意在打消发达国家打中国资源主意的念头。

外宣翻译具有极强的政治性，这就需要译者对文本所体现的政府意图、国家目的—需求有很好的把握，才能产出理想译文。政治文本翻译的选词用语的准确性还需要译者主体具有相应的政治知识储备，才能更好地表达政府政治意图，获得最佳的社会宣传效果。

（2）外宣文本的冗余性。

"冗余性"是外宣文本的典型特征之一。冗余（redundancy）是从 20 世纪 40 年代末诞生的信息论中借用的一个概念，指某一语言从其语言结构的已知知识中生出的可预知成分或可预知度。"中式英语的标志便是冗词赘语。"❶ 汉语中某些习惯表达含有适度的冗余成分，若逐词对译成英语，会使译文冗余过多，违反英文简练的风格。汉英翻译中最容易出现此类错误，啰唆累赘让人读来苦不堪言。译者应以批判的眼光审视原文，防止出现这种不伦不类的译文。❷

外宣翻译旨在让受众接受目的文本，从而达到传播的目的，因此，在翻译时，我们需要考虑中英思维差异，使用便于受众接受的语言和方式，采取"经济简明"原则。对此，曾在中国工作过的美国专家平卡姆（Pinkham）根据自己 8 年来为中国政府文件外译文修订润色的经历，总结出一系列经验规则，分门别类地指出如何从经济简明的角度对外宣翻译中的英译文进行修订，并给予有理据的说明。❸ 从平卡姆修订的案例中可以发现，掌握了外语的基本语法和词汇系统，能译出符合语法的译文，也能表达出原文的基本意思的译者并不一定具备了在目的语中发挥各种译者主体性的能力，这种反映译者能动性和创造性的译者行为取决于译者是否具有对外宣文本冗余性特征的认识及能否根据目的语受众的语言文化、审美倾向和思维特征等对译文进行相应改动。

"经济简明"是指以尽可能少的文字准确传达相应的信息值，让受众以尽可能低的成本（指信息处理时间和精力）获取最明快流畅（相对于冗长累赘）的信息值。"经济简明"体现了一种清新明快的美感和张力，一种给予受众认

❶ Pinkham J. The Translator's Guide to Chinglish［M］. Beijing: Foreign Language Teaching and Research Press, 2000: 2.

❷ 王金波，王燕. 从信息论的角度看汉英翻译的冗余现象［J］. 中国科技翻译, 2002（4）: 4

❸ Pinkham J. The Translator's Guide to Chinglish［M］. Beijing: Foreign Language Teaching and Research Press, 2000.

知能力发挥的空间。它以人类共同的认知思维特征为理论依据，不仅有其内在的规定性（语词与概念间的认知语义关系），也有其外在规定性，即不同语言文化的民族对行文具有相同的审美需求。不同民族读者接受书面文字信息的心理有其共性，即都不喜欢冗长繁复累赘的文字表达，故"经济简明"具有基于公理推论之上的规约性。❶

中式思维导致的中式英语在官方发行的权威性外宣翻译文本中较为常见，而这种中式英语的表现形态则以各种形态的"信息冗余"体现出来。曾利沙总结了"信息冗余"的多个类别，包括孪生式功能词冗余、概念语意不言自明式冗余、语法形态表意范畴式冗余、概念语义蕴含式冗余、前提概念式冗余、强化概念式冗余、全能搭配式冗余（短语结构搭配式冗余）、概念语义重叠式冗余、镜像反映式冗余、语法特征式冗余、前照应式冗余、语句命题重复式冗余、迂回式语句冗余，等等。❷

【例40】过去的一年，面对复杂多变的国际政治经济环境和**艰巨繁重**的国内改革发展任务，全国各族人民在中国共产党领导下，**同心同德，团结奋进**，改革开放和社会主义现代化建设取得**新的重大成就**。（《2012年政府工作报告》）

译文：Last year, China faced a complex and volatile political and economic environment abroad and **arduous and challenging** reform and development tasks at home. Working hard with **one heart and one mind** under the leadership of the Communist Party of China (CPC), **the Chinese people of all ethnic groups made significant achievements** in reform, opening up, and socialist modernization.（《2012年政府工作报告官方英文版》）

改译为：

❶ 周锰珍，曾利沙. 论关联性信息与价值［J］.中国科技翻译，2006（2）：24.
❷ 曾利沙. 从认知角度看对外宣传英译的中式思维特征——兼论应用翻译技术理论范畴化表征与客观理据性［J］.广西民族大学学报（哲学社会科学版），2009（6）：175.

<table>
<tr><td>使用常用于正式场合的被动语态，既将原译中两句有机联合为一句，也将其变为一种行为主体所面临的条件，利于突出重点信息。</td><td>篇内语境已赋予读者这是"中国"的全国各族人民的知识，因此，我们根据"经济简明"的原则，在此将冗余信息 Chinese 删除，用逗号分开，突出行为主体——全国各族人民，符合英文中突出话题中心的行文习惯。</td></tr>
</table>

Last year, **faced with** a complex and volatile political and economic environment abroad and arduous reform and development tasks at home, **people of all ethnic groups**, under the leadership of the Communist Party of China（CPC）, have been **working together** and made significant achievements in reform, opening up, and socialist modernization.（笔者译）

外宣文本具有"文字冗长繁复、文化信息超载；有的语言过于渲染，甚至夸张"❶的特点，政府工作报告中同样存在此种现象。中文的"艰巨繁重"试图用意义相同或相近的词叠加以示强调，两词的信息价值为"评价性信息"。根据 *Macmillan* 英语词典，arduous 释义为：extremely difficult and involving a lot of effort；challenging 释义为：difficult to deal with or achieve。arduous 与 challenging 的词义重复，这便是外宣文本的"同义重复式冗余"的文本特征。若译文按原文的形式照搬，第一，不符合英文行文习惯，第二，两词中间用 and 连接读起来给人拖沓冗余的感觉，从而削弱了原本想要表达的意义。

同样，"同心同德"指"为同一目的而努力。指思想统一，信念一致"；"团结"为"通常指在同一目标下，人们互相支持、帮助，保持思想和行动上的一致性"，其内涵为同义。原文目的是形容全国各族人民拥有共同的理想、信念，团结向着共同的目标努力，而查询 Word Sketch Engine 语料库时译者发现，英文中并没有 with one heart and mind 的用法，单用"one heart"或"one mind"时通常都与宗教、神（God）有关，故将此同义概念冗余信息轻化，译为"working together"。

对"新的重大的成就"在原文中的理解和在译语中的表达过程也是译者发挥主观能动性对概念内涵冗余信息的认识过程和对"经济简明"方法的践行过

❶　周领顺. 试论企业外宣文字中壮辞的英译原则［J］. 上海科技翻译，2003（3）：59–60.

程。中文中"重大的成就"的内涵为"前所未有的、新的成就",其语义蕴含了"新"的概念,英语的"significant"词典释义为 large or important enough to have an effect or to be noticed;同样蕴含了"new"的"different from the previous one"之意,因此原译者在意识到此种"概念语意不言自明式"冗余信息时,便将其在译文中进行了删除,简化成"significant achievements"。

以上分析展示了在外宣翻译中,译者需要具有认识外宣文本的冗余性特征的文本特征辨析能力,当然这种辨析能力也以其他能力(诸如上述案例中译者对熟悉英语词语的内涵语义特征和结构蕴含的认知思维能力)为保障的。有了对外宣文本"冗余性"的认识,则可避免在翻译中造成不必要的重言式(tautology),使行文不累赘繁复,同时也避免西方读者对官方文件翻译水平质量的负面评价,达到产出理想译文的效果。

(3)外宣文本的概念隐喻性。

认知语言学的奠基人莱可夫(George Lakoff)和约翰逊(Mark Johnson)在《我们赖以生存的隐喻》一书中正式提出了"概念隐喻",他们认为隐喻在语言和思维中是无处不在的,并占据重要地位,是一种思维方式。隐喻的本质是用一种事物理解和体验另一种事物。隐喻具有两个基本特征:概念性和系统性。其中,隐喻的概念性特征——概念隐喻是认知语言学的一个重要概念。❶

认知理论还认为,隐喻从本质上讲也是一种认知活动,可以说隐喻是人类认知理解客观世界的重要工具和分析方法。人类思维过程隐喻化会使人们参照他们熟悉的、有形的具体概念来认识、对待或经历那些不熟悉的、无形的、难以定义的概念,形成一个不同概念之间相互关联的认知方式。如果我们把翻译看作一种认知活动,而不仅仅是语言的转换过程,那么在源语中所表达的那些在译语看来不熟悉的、难以接受的、难以表达的东西,如特有的文化、美学内涵等,就可借助隐喻这个认知工具来处理和解释。由于英、汉民族思维方式和文化背景不同,尽管英、汉对应词的指称意义是相同的,但同一喻体承载的喻义可能是不同的。这时,译语需要用不同手段加以表达。❷

外宣翻译本质上具有"宣传"之特征,为了更形象、更深刻地说明事理,

❶ Lakoff G, Johnson M. Metaphors We Live By[M]. Chicago: The University of Chicago Press, 1980.

❷ 方梦之,等. 译学词典[Z]. 上海:上海外语教育出版社, 2004.

增强语言的表现力和感染力，经常使用隐喻语言。我们发现，概念隐喻性也是其典型特征之一，因此，隐喻识解与表达能力也是译者主体性能力结构中值得研究的内容。例如，习近平主席在 2014 年回答关于中国改革的问题时说：

【例 41】中国已经进入**改革的深水区**，需要解决的都是**难啃的硬骨头**，这个时候需要**"明知山有虎，偏向虎山行"**的勇气，不断把改革推向前进。

译文：China's reform has **entered a deep water zone**, where **problems cring to be resolved are all difficult ones**. … **get ready to go into the mountains, being fully aware that there may be tigers to encounter**.

此处，习主席连用了几处隐喻，描述了中国改革目前面临的难度，也表达了中国政府在改革方面的决心和勇气，译者在翻译中，需要认识到文本的隐喻性特征，需要熟悉源语和目的语中文化的异同，对原文隐喻信息的价值进行析取，并在译文中采用或提取，或保留，或删除的方式进行表达。例如，"难啃的硬骨头"若翻译为"a tough bone to be grawed"，不仅不能表示改革之难，反而会引发译文读者的误解，故将隐喻信息进行提取，译为"problems cring to be resolved"，这便是译者主体性发挥的过程。

【例 42】从 1979 年至今，中国人民的体质又有了明显的提高，**彻底甩掉了旧中国"东亚病夫"的帽子**。（《中国的人权状况》，1991）

译文：Since 1979, the health of the Chinese people has improved further. **The label on old China, "sick man of East Asia",** has long been consigned to the dustbin of history.

在中文文化语境中，"东亚病夫"是一顶戴在头上的帽子是可以理解的，但在英语中，其隐喻形象"sick man of East Asia"是戴在人民头上的一顶帽子的说法是很奇怪的，故 throw off … the cap of 的隐喻形象难以在英语语言文化中得到有效接受。故译者主体性能力要求译者深入了解英语中类似的形象表达形式，找到一种既能表达原文隐喻的语言形式，又能再现一种等效的形象功能。如上述译文选择了英语使用者常用的具有消极意义色彩的隐喻概念"label"，其意为"a word or phrase which is used to describe a person, group, or thing, but which is unfair or not correct"，即给人起侮辱性的绰号或贴上标签。该词的内涵语义特征较好地表达原文的意思，等效再现其隐喻功能，但译文

label has been consigned to the dustbin 又可能将译文读者引向 label 的实义义项的理解，部分消解了其隐喻的功能，试译为：

Since 1979, Chinese people have greatly improved their health, thus completely **getting rid of the insulting label** "**sick man of East Asia**" imposed on them in old China.（笔者译）

隐喻性是外宣文本的典型特征。外宣翻译的译者需要具备对外宣文本的重要特征——概念隐喻性的辨析能力，在翻译实践活动中才能更好地发挥其主体性。

（4）外宣文本的语境性。

语境是指影响言语交际者交际的各种主客观因素。伦敦经济学院人类学教授马林诺夫斯基（Malinowski）最早提出了语境理论，将其分为三类，即话语语境（context of utterance）、情景语境（context of situation）和文化语境（context of culture）。❶ 简单地说，话语语境是指字、词、句、段等的前后可帮助确定其意义的上下文。情景语境是指语篇产生的环境。文化语境是指某种语言赖以植根的民族里，人们思想和行为准则的总和。伦敦学派的核心人物弗斯接受并发展了马林诺夫斯基的情景语境理论，他指出：情景语境不仅包括说出来的话，而且还包括说话人的面部表情、手势、身体姿势，所有参与交谈的人以及这些人所处的那一部分环境。❷ 弗斯的学生韩礼德（Halliday）把语境划分为两类，即语言语境和非语言语境。前者包括篇内语境（intratextual context，主要指语篇内部结构之间在语义上的连贯性和黏合性）和篇际语境（intertextual context，主要指上语篇与下语篇之间在语义上的连贯性和黏合性）。后者包括情景语境和文化语境。❸ 篇内语境即微观语境，篇际语境即宏观语境。微观语境指词、短语、句子、语段或篇章之前后关系，是语言内部诸要素相互结合、相互制约而形成的语境。宏观语境是指使用某个语言项目时的广阔的社会背景，即与语言交际有关的语言外部诸要素相互结合、相互制约而形成的语境。❹

❶ Malinowski B. Coral Gardens and Their Magic（Vol.2）[M]. London: Routledge, 1935.

❷ Firth J R. Papers in linguistics, 1934—1951 [M]. London: Oxford University Press, 1957.

❸ Halliday A K. Language, Context and Text [M]. Victoria: Deakin University Press, 1985.

❹ 方梦之，等.译学词典 [Z].上海：上海外语教育出版社，2004.

　　外宣文本因其自身政治性、准确性要求高的特点，英译不仅应考虑其概念自身的内涵特征，还应考虑其出现的场合、说话者身份、语用含意、文体特征、上下文语境、受众语言文化背景及其接受期待心理等关联因素。由于中英两种语言文化的差异，如何得到词的语境意义变成了翻译的难点。外宣翻译由于准确性要求高，更需要译者结合社会、文化、历史等各个因素，对文本的语境意义进行识解与辨析，在目的语中找到最合适的译文。

　　【例43】要把改革的力度、发展的速度和社会可承受的程度**统一**起来。（《"三个代表"重要思想学习纲要》，2003）

　　译文：We must **combine** the intensity of the reform, the speed of development and the affordability of the society and properly handle the interactive relations among the reform, development and stability.

　　【例44】唐朝打败西突厥后，**统一**了西域各地……（《新疆的历史与发展》，2013）

　　译文：After defeating the Western Turks, the Tang Dynasty **unified** all parts of the Western Regions…

　　【例43】和【例44】中两个"统一"在不同的语境下，具有不同的含义。如【例43】中的"统一"不能译为"integration"或"unification"，因为从概念内涵看，这两个概念的内涵是指将分开的或分散的事物连接在一起或整合或综合在一起，但上述语境中的几个抽象的事物——力度、速度和程度在认知思维上并非可整合或连接一起的东西。其本质上是：概念语义发生语境化嬗变而获得认知语义，即认知语义上是指三者之间的"平衡"，力度和速度不宜过快，要考虑社会群众的心理承受力，力度、速度与程度之间是一种制约关系。译者主体只有具备这种语境化的认知关系思维辨析能力才能译出符合原文意图的可接受的译文，改译为：

We have to **balance** the momentum of reform and the speed of development against the resilience of the general public.❶

　　翻译并非简单借助词典逐词逐句对译的过程，对有些概念的翻译表达还需

---

❶　王弄笙 . 十六大报告汉英翻译的几点思考［J］. 中国翻译，2004（1）：58.

辨析其深层结构中的逻辑关系语义，需要经历概念内涵语义特征的感知、语境关系的适切性辨析和重构的过程，外宣翻译尤为如此。在外宣翻译中，译者应具备在语境中识别关联性语境参数及其制约性特点的能力，并能考察概念语义是如何受制于语境参数而发生语义嬗变或迁移的认知机制，从而作出相应的分析、判断、概括、抽象等认知加工，力求做到语境关联下的概念准确，表达清晰。

第三节　主体间性能力构成

现代哲学对主体的研究，越来越从"主—客"走向"主—客—主"框架，从而越来越把主体交往论作为一个重要内容。主体性的确立前提在于交往活动中形成的"主—主"关系，发挥主体性功能的机制则在于"主—客"与"主—主"关系的交融。主体性的发展、完善有赖于主体交往活动水平的提高。

"主体间性"真正作为一个重要的哲学范畴是在当代分析哲学和科学哲学之中出现的。卡尔纳普从认识论和语言哲学方面为"寻求统一科学的基础"最先提出了这一问题。摩尔（Moore）、奥斯汀（Austin）等人的日常语言学派也强调在日常语言交往的具体情境中界定、考察语句的意义，涉及了主体间交往。以后，库恩在《科学革命的结构》一书中所提出的"范式""科学共同体"等范畴同样有"主体间性"的含义。但从更普遍意义上讨论"主体间性"问题的则是胡塞尔（Husserl）和伽达默尔（Gadamer）。胡塞尔的现象学提出主体间性理论有其深刻的理论背景和逻辑上的原因。伽达默尔的解释学则指出，这一世界是我们通过语言和交往合作而成的构架，我们生存于这一构架中，因而人们的活动是一种"参与和分享"，是一种和他人相关联并依据活动共同决定共同利益的过程，是一种主体间的活动。

在西方哲学中，"主体间性"主要涉及主体间交流表达、接受理解及解释评价何以可能的问题，也就是认识的普遍有效性问题。这对发展哲学主体性理论有一定意义，也是对主体性问题的深层次研究。可以说，现代西方哲学中的"主体间性""互主体性"概念及其理论，主要研究一个主体怎样与另一个主体相互作用的问题，这就从主体间关系的侧面揭示出一种特殊的主体性——主体与特殊客体（即作为"互主体"的人）在交往活动中所体现出来的特性。这种主体间关系的规定性同主体与一般客体在改造与被改造、认识与被认识关系中所表现出的规定性相融合，人类主体性才能得以完整体现。因此，现代西方哲学的主体间性是主体性的一个重要方面，哲学主体性理论的发展离不开对主体间性问题的研究。主体间性实质上是主体性在主体间的延伸，体现的应该是主体与主体之间的相互承认、相互沟通、相互影响。主体间性还意味着多重主体间关系，包括个体与主体、个体与群体以及群体与群体之间的关系。在此相互观照中，同时确认了"自我"与"他者"的相辅存在。❶可见，研究主体间性绝对不可以无视主体间的制约性、差异性、通约性。

蔡新乐认为，将"主体间性"这一概念引入翻译理论，是大有必要的。❷如果首先对翻译的基本结构进行揭示或说明，而不是先行说明翻译背后的创造者，那是无论如何也不能达到目的的。主体不仅在翻译之中出现，而且先行存在于翻译之前以及翻译之上。因而，主体的"间"能够显现出翻译的指向，也就能够勾画出翻译的基本运动：翻译就在人与人之间，也就在人本身之间，而且是人的这种"间"促成了翻译的可能性以及可行性或可操作性。

从实践哲学看，译者是翻译实践中真正意义上的主体。曾利沙认为，"译者主体间性论"范畴主要是指历时性与共时性应用翻译理论、社会效应、经验总结等在主体间性（如理论研究者、实践研究者、专业翻译者、培训者、受训者、专业管理者等）中所起的作用、互动、共识、差异、程度、方式、效度等。❸

外宣翻译，尤其是党政文献的翻译，因其特殊的政治性而具有特殊的重要性。也正因如此，外宣翻译的译者主体 / 群体更应该注重主体间的交往。本研究认为，外宣翻译实践活动中，理想的译者主体（包括群体和个体）应该具有主体间性交往能力、互参能力及评价能力，包括主体间就翻译实践、翻译理论、社会效应等的交流、学习、总结、评价能力等。

❶ 胡牧 . 主体性、主体间性抑或总体性——对现阶段翻译主体性研究的思考［J］. 外国语（上海外国语大学学报），2006（6）：67.
❷ 蔡新乐 . 翻译的本体论研究——翻译研究的第三条道路、主体间性与人的元翻译构成［M］. 上海：上海译文出版社，2005.
❸ 曾利沙 . 论应用翻译学理论范畴体系整合与拓展的逻辑基础［J］. 上海翻译，2012（4）：2.

1. 译者主体间性交往能力

对外宣翻译的重视我们也可从政府相关部门的设置略窥一斑。早在 1949 年，国家就成立了中华人民共和国中央人民政府新闻总署国际新闻局，即中国外文出版发行事业局（简称外文局）前身。1991 年 12 月，经中央批准，外文局全建制从文化部划出，成为独立的事业单位（副部级），由中央对外宣传小组归口管理。1995 年 12 月 1 日，外文局作为中共中央所属事业单位，由中共中央对外宣传办公室代管。外文局是中国历史最悠久、规模最大的专业对外传播机构，承担着党和国家书、刊、网络对外宣传任务。❶

与外文局分工合作的中央编译局成立于 1953 年。中央编译局是中共中央直属机构。主要任务是编译和研究马克思主义经典著作，翻译党和国家重要文献和领导人著作；❷围绕中国特色社会主义的理论和实践，研究马克思主义基本理论及其在当代的发展，研究世界社会主义运动的历史和现状、理论和实践，研究世界发展战略；收集和整理马克思主义和社会主义研究领域的文献信息资料。❸

作为党和国家重要文献和领导人著作对外宣传的主要机构，外文局和中央编译局拥有一大批翻译、研究、信息和编辑人才，并聘有各语种外国专家协助工作，与国内外许多相关组织和机构进行广泛的合作和交流。可以说，外宣翻译，尤其是政府文件翻译，通常是由翻译群体完成的，既有一个群体与一个群体之间的交流，也有群体中单个译者之间的交流。这便是外宣翻译译者主体的特色。例如，外文局黄友义指出，在为"国家互联网信息办公室"定英译名时，翻译的同事们经过多次讨论。最初拟译为 Cyberspace Affairs Office of China，但很快便有同事发现了不妥之处，因此类部门经常需要对外发布信息，而在英文新闻报道中，通常用首字母缩写来代替这个部门，那么"CAOC"便是最可能的缩写。考虑到此缩写的发音在汉语中可能引发不当联想，因此，建议不用此译名。经外文局相关人员讨论发现，不管是用 state

---

❶ 参见中国外文出版发行事业局网：http://www.cipg.org.cn.

❷ 中央编译局还内设专门机构中央文献翻译部，其基本职能是"将党和国家的重要文献译成多种外文。这些重要文献主要包括：中国共产党和国家领导人的著作；中国共产党全国代表大会的主要文件；全国人民代表大会和全国政治协商会议的主要文件；党和国家其他重要政策文件"（参见 http://www.cctb.net/zzjg/wxb/jj）。

❸ 参见中央编译局网：http://www.cctb.net/introduce.

（如 State Cyberspace Affairs Office，SCAO）还是 China，只要使用 Cyberspace Affairs Office，则仍然存在这个问题。最后，外文局弃用了 Affairs Office，改用 Administration，定稿为 Cyberspace Administration of China（CAC）。此例和在前文中提到的《习近平谈治国理政》翻译都是外宣翻译译者主体间性之体现。

译者主体间性还体现在译者之间就某个问题进行理论和实践经验的交流。例如，在 2008 年 12 月 18 日召开的改革开放 30 周年纪念大会上，中共中央总书记胡锦涛提出"只要我们不动摇、不懈怠、不折腾，坚定不移地推进改革开放，坚定不移地走中国特色社会主义道路，就一定能够胜利实现这一宏伟蓝图和奋斗目标"，其中的一句方言"不折腾"的译法迅速成为全国讨论的热点，随即带动了一场热烈的讨论。在 12 月 30 日国务院新闻办发布会上，现场译员直接用汉语拼音念出"buzheteng"。China Daily 则将其翻译为"get side tracked"；新华社的版本为"Don't sway back and forth"；热心的网友们也有了自己的版本："don't flip flop，don't make trouble，no dithering，no major changes，no self-inflicted…"。随后学术界也引发了广泛的讨论。2009 年初，《中国翻译》杂志特邀外交部、中联部、新华社、中国日报社、中国国际广播电台等中央机关从事党和国家重要文件翻译定稿工作以及中央涉外新闻媒体、高等院校的专家学者，一起讨论了"不折腾"的英文译法，其主要讨论内容发表于 2009 年第 2 期的《"不折腾"英译大家谈》的文章中。❶

施燕华认为，我们要避免的是类似"文化大革命"之类的"折腾"，要避免放下中心任务经济建设不管，去搞全国范围的大斗争、大辩论之类的政治运动。因此主张译为"don't get sidetracked"。

杜艳认为"折腾"一词不仅微妙贴切，而且很通俗，含义至少包括五个方面，并提出在实际翻译时根据场合和上下文适当使用不同的译法，她还提出要注意原文的口语感，否则难以传达出原文的韵味。

王平兴则指出"折腾"一般为口语用词。除了其词语本身含义，还要考虑其特定的政治含义。并且指出"不动摇、不懈怠、不折腾"简洁明快，有号召力，译文也应言简意赅。

❶ "不折腾"英译大家谈［J］. 中国翻译，2009，30（2）：58–61.

朱渊建议这个口语化的翻译需要从历史层面以及当前形势来解释，才能表达出其政治含义。

谢桥在比较了各种译法后，提出"avoid self inflicted setbacks"最为接近原文的深层含义，并提供了一种涉及"不折腾"特定政治含义的译法供参考："The self should supersede politics"，或"Don't let politics supersede the self"。作者最后还提到这样能更符合西方人的思维方式。

居祖纯认为真正要懂得原文隐藏得很深的内涵，还得看译文读者是否熟悉中国的这段历史以及中国文人的苦衷，故建议不如译作"fuss"或者"political fuss""ideological fuss"，再加点注释，理据为"fuss"是口语常用词，能或多或少地把英美人引到内容深处。

李长栓提出网上投票认可度高的"avoid self-inflicted setbacks"存在逻辑错误，建议英译名不仅要反映"折腾"的内涵（无意义、无效果、令人痛苦），还要用来描述它的外延（具体的事件），同时还可以作更广义的解释，将来无论中央怎样界定"折腾"，都不会跑出译文的范围。

从上述译者对"不折腾"英译讨论来看，施燕华强调了意识形态在翻译中的影响；杜艳则考虑了词义内涵和语体问题；同样考虑语体问题的还有王平兴、朱渊、居祖纯；王平兴还考虑了外宣翻译的特征；朱渊、谢桥、居祖纯都强调了词语特定的政治内涵和历史背景；谢桥还思考了译文接受问题；李长栓则从逻辑方面考察了词义内涵。可以说，译者间的互动、达成的共识、阐述的差异，都是对客体进行方方面面的思考和认识，也正是在这种交往中，译者主体的语言能力、跨文化交际能力、思维能力、意识形态得以体现。

2. 译者主体间性互参能力

外宣翻译中，交往与评价的结果有时相互融合，这就成了译者主体之间的互参。例如，"一带一路"是2013年9月和10月由中国国家主席习近平分别提出的"新丝绸之路经济带"和"21世纪海上丝绸之路"的合作倡议，这样一个国际化的倡议，其规范英译的提出却是在2年后。2015年9月23日，在参考了各种资料及相关翻译后，国家发改委同外交部、商务部等部门对"一带一路"英文译法进行了规范 **❶**，指出：

（1）在对外公文中，统一将"丝绸之路经济带和 21 世纪海上丝绸之路"的英文全称译为"the Silk Road Economic Belt and the 21st-Century Maritime Silk Road"，"一带一路"简称译为"the Belt and Road"，英文缩写用"B&R"。

（2）"倡议"一词译为"initiative"，且使用单数。不使用"strategy""project""program""agenda"等措辞。

（3）考虑到"一带一路"倡议一词出现频率较高，在非正式场合，除首次出现时使用英文全称译文外，其简称译法可视情况灵活处理，除可使用"the Belt and Road Initiative"外，也可视情况使用"the land and maritime Silk Road initiative"。其他译法不建议使用。

从上述规范的几点我们可以看出，外宣文本，特别是新词的翻译，其内涵的确定通常是一个逐渐充实和深化的过程，也是一个动态变化的过程，在变化和充实过程中，译者主体也在借鉴和吸收并对信息加以选择、利用或摒弃、澄清，这种主体性的发挥当中便有互参能力的参与。

【例 45】中国依法惩治犯罪，保障公民的生命财产安全和其他各项人权不受侵犯。

这段话出现在 1998 年、2000 年、2004 年的中国人权事业进展白皮书中，但其英译却有了变化：

China cracks down on criminal offenses in accordance with law, **and guarantees the safety of the livelihood and property of its citizens, as well as various other aspects of human rights**.（*Progress in China's Human Rights Conditions in* 1998）

China punishes criminal offenses in accordance with the law, **and protects the safety of citizens' lives and property and other human rights from infringement**.（*Progress in China's Human Rights Cause in* 2000）

China has cracked down on **various** criminal offenses in accordance with the law **to protect citizens' life and property and their other human rights**.（*China's Progress in Human Rights in* 2004）

---

❶　来源：http://www.sdpc.gov.cn/gzdt/201509/t20150921_751695.html.

从上述案例中我们可以看到译者的翻译同时也是互参的过程，当然，这种参考也是动态的变化过程，因为随着对词义内涵的深入了解，如 protect 的语义 to keep someone or something safe from harm, damage, or illness 已蕴含了 from infringement，以及对国外受众认知的进一步了解，如受众要求文字经济简明等，译者会对翻译作出相应的变动，这是译者主体的互参能力在主观能动性发挥中的体现。

3.译者主体间性评价能力

毫无疑问，译者需要有批判性思维。欧阳利锋指出，批判性思维的内涵是指在翻译过程中译者有意识地对文本做出质疑、反思、判断、推理和调整的个性品质，以及对文本的真实性、准确性、性质与价值进行个人判断，从而对文本的取舍作出合理决策的过程。批判性思维主要表现在几个方面：不迷信翻译权威，不盲从文本，敢于质疑，有甄别能力，善于进行逻辑推理发现和纠正文本中的错误。同时，译者批判性思维不仅指对原文（包括有效的和有缺陷的）和他者的译文（权威的和非权威的）进行质疑和反思，而且包括对自己的译文进行审查和批判，其目的不在于推翻已有，而在于不断完善。❶

外宣翻译中译者也需要有批判思维能力。在翻译主体互动中则主要体现为评价能力。译者主体间的评价能推动翻译实践更趋完美。例如，唐义均的研究指出，active measures 常特指苏联情报部门惯用的、见不得人的手段。鉴于这一原因，任何政府、机构或组织都不可能宣称自己要采取 active measures。因此，建议使用 take the initiative（LDOCE）或 take initiative /aggressive measures（BOE）来表达这一概念，以避免政治性错误；此外，"支柱产业"译为 pillar industry /~ies，违反了目标语的搭配限制，因 pillar 一般不用来修饰其他名词。❷

随后，新华社对外部专家王平兴就唐义均的质疑进行了回应，他从联合国前秘书长安南就联合国内部反腐败问题与记者的对话及二十国集团首脑在墨西哥洛斯卡沃斯开会时的宣言作为理据，认为用 active measures 译"积极措施"并不构成词语搭配错误，更不是政治错误，当然，根据实际情况，还选用词典上其他 active 的同义词来译"积极措施"，不必只用 active measures。他还

❶ 欧阳利锋.论译者的批判性思维［J］.外语与外语教学，2009（8）：50-51.
❷ 唐义均.党政文献汉英翻译中搭配冲突的调查［J］.中国翻译，2012（1）：87-91.

指出，"支柱产业"译为 the pillar industry/–ies，的确是不当的搭配。他还就此进行了总结：中国译者从事汉英翻译，必须注意使译文的词语搭配符合英语习惯，不能处处让汉语习惯牵着自己的鼻子走。党政文献在英语中缺少可以参照的类似文本，其英译的词语搭配就更是个难题。无论是实际翻译这类文件还是研究这一翻译工作都必须有极为认真的态度。❶

以上两位学者的讨论便是译者主体间性评价能力的最好体现，在这种评价与被评价、质疑与回应之间，译者的主体性又一次得到发挥，随着这种交流，译者的能力也得以进一步提高。

【例46】国家对少数民族继续实施倾斜性政策，少数民族依法享有和行使各项权利。(《西藏的发展与进步》，2013)

译文: **China has continued to** provide preferential policies for ethnic minorities, and made sure **they** can enjoy and exercise their rights according to law.(23 words)

改译:

We continue to provide preferable policies for **our ethnic minorities** to better ensure their rights.(15 words，笔者译)❷

改译的译文出于以下几方面的考虑:

(1) continue to 表示一种持续行为，一般不用完成时态。

(2) 两个分句之间是"方式—目的"的关系，在英语中显化更符合目的语语言习惯。

(3) right 的词义为 Something that is due to a person or governmental body by **law, tradition, or nature**，在方式参数 policies 的映射下，rights 的被**法律**赋予的权利得以凸显，故 according to the law 可以删除。

(4) 参照英美官方文件的做法，将中国白皮书译文中使用的 China 换成 we。德西莉亚(De Cillia)等认为，we 是语言的说服工具，可以建立对一个群体的认同感和一致感，同时意味着疏离和边缘化另外的群体。❸ 王加林、贺

❶ 王平兴. 关于党政文献汉译英的词语搭配和语义韵问题 [J]. 中国翻译，2013 (3): 71–77.

❷ 本案例在第三章第二节中已经出现过，但在前一次改译的基础上，笔者又进行改译，并对理由进行了说明。

❸ De Cillia R, Reisigl M, Wodak R. The Discursive Construction of National Identities [J]. Discourse & Society, 1999, 10 (2): 149–173.

显斌从回归前后香港施政报告中 we 的使用验证了上述观点。[1] 此例中原译将 China 与 ethnic minorities（they）相对照，将两者对立起来，这样不利于民族之间的团结。尽管我国形势总体太平，但仍有不稳定因素存在，也仍需要进一步加强民族间团结和稳定。改译后的 Our ethnic minorities 将少数民族与国家政府融为一体，更有利于国家形象，不给国外别有用心的媒体或政府找茬的机会，也更利于增强中国人民（尤其是少数民族）的归属感，让他们更好地感受到政府和人民始终是同呼吸共命运的。基于上述分析，笔者建议中国政府白皮书、工作报告中，都尽量使用 we, our 的指称以替代 China, Chinese，由此加强政府与人民之间的连接。

（5）改后译文符合习近平总书记"只要你们开心我就开心"的亲民形象，也符合当今时代总书记提出的"短、实、新"的文风要求，文字简练，主题突出，有利于建构国家积极形象。

上述案例分析表明，在这种质疑与回应、评价与被评价、评价与阐释之间，译者的主体性得到发挥，随着这种交流，译者的能力也得以进一步提高。理想外宣翻译的译者，需要培养这种主体间性评价能力。

小　结

本章是从认识论对译者主体性能力结构进行的思考，外宣翻译译者不仅应具有比较深厚扎实的语言文化知识，还应掌握哲学、艺术哲学、美学、逻辑学、接受美学、诠释或阐释学、修辞学、语义学、语用学、认知语义学、社会语言学、语篇语言学等众多相邻相关学科理论知识与分析方法，只有从多维度去审视、去描写文本的意义形态及其翻译过程中的运作方式与规律，才能对外宣翻译译者主体性能力结构有更深入的认识；译者主体性能力还体现在其主体间性能力方面，包括主体间性交往能力、互参能力、评价能力等，译者主体性发挥是各种综合能力的统一。

---

[1] 王加林，贺显斌. 回归前后香港施政报告中 WE 的使用与香港人身份的建构［J］. 解放军外国语学院学报，2012（4）：12-15，106.

第五章　外宣翻译译者主体性能力方法论研究范畴

第一节　主体性能力之方法论

方法论是关于认识世界和改造世界的方法的理论。通常分为哲学方法论、一般科学方法论和具体科学方法论三个基本层次。三者之间具有互相依存、互相影响和互相补充的对立统一关系。哲学方法论在最抽象的层次研究思维与存在如何统一的方法，因而是适用于一切具体科学的具有普遍意义的方法论。❶科学系统观强调整体与部分、层次、结构以及环境之间的相互联系与相互作用，注重对系统内部各子系统之间、各层次间、各组成部分的参数、变量与系统特定功能间关联性的综合考察，揭示系统内部各子系统之间存在多种因素的有机联系。

翻译中的方法论主要研究采用何种策略性系统思想方法再现或表现原作中具有特定价值特征的文本意义。文本翻译是一个多题材、多体裁、多风格、多文化、多差异、多读者性的语际转换活动，其理论范畴不是单一的线性范畴，还应在特定理论范畴之下根据翻译现象或事实衍生出若干子范畴，这样就形成翻译学理论范畴的系统性特征。比如，我们在方法论或策略论范畴之下针对不同的对象还可衍生出若干次范畴。策略论范畴之下还可辅以"可操作性准则"次范畴，准则次范畴之下又可衍生出相对应的针对微观翻译实践的"应用技术理论"研究次范畴。任何系统都必须是动态可控的、可调节性的、开放的，一个封闭的系统必然是静止的、没有生命力的，故翻译理论与实践研究范畴体系也是开放的，可以自我扬弃而达到动态发展的状态，最终形成翻译学的科学理论研究范式。翻译学科理论范畴的成型必须具有可推衍的内在逻辑性。翻译学

---

❶ 李淮春 . 马克思主义哲学全书［M］. 北京：中国人民大学出版社，1996：245.

理论体系的形成必须从散论性研究过渡到理论范畴化研究与范畴体系的建构。由于翻译理论与实践研究的最终目的在于构建翻译学的理论范畴体系，这种理论体系的建构需要众多研究者长期的共同努力，尤其是以专题的方式进行探索研究，只有通过专题性研究，才能拓宽视野、深化认识、形成观点、建立学派、创建体系，只有不同学派和体系的形成，翻译学科理论才能得以不断丰富其理论内涵，获得强大的生命力。

作为实践和认识主体——译者，在翻译实践中，以观念的方式改造、把握和占有客体（包括原作者、原文、译文作者、译文等），从多种层面、多个角度认识与研究客体，使实在的对象转变为人的认识中的客观内容。认识的过程也是价值选择的过程。同时，在实践和认识的过程中，译者还必须掌握工具、语言、逻辑思维形式、思想资料等物质和精神手段，随着认识不断深化，译者的方法运用也会愈加广泛，各种方法以其各自的方式与特征实现对翻译现象的多方位考察。曾利沙指出，应用翻译学系统研究应以问题导向为发生论，以意义和信息形态关系研究为本体论，以"类、故、理"的逻辑范畴体系为认识论，以可分析性、可阐释性、可推论性、可描述性、可印证性、可操作性为方法论，以价值论为中介，以揭示应用翻译的区间性规律为目的论。翻译的实践活动是译者的认识论、价值论、方法论的统一。❶

在本书第一章对外宣翻译进行综述时我们发现，仅有少数研究就外宣文本某个方面特征进行了讨论，总体而言，对外宣文本特征的讨论缺乏系统性、可证性、科学性的描述，且不少研究并非"问题导向"性，例如讨论外宣翻译中的拼写、印刷错误等，此类研究因缺乏系统性和规律性，对外宣翻译教学的指导性较为有限，亦不利于对外宣翻译本质的探讨。

所谓"问题"，是人们在社会实践过程中提出来的，客观实际的矛盾反映到人的头脑中，就形成了认识活动和理论研究中的问题。如既然是翻译"问题"，必然涉及翻译实践，首先就要对问题进行定性，要对问题的实践价值问题进行甄别，是否对翻译活动结果产生的社会性产生影响，并且需将问题的本质特征揭示出来，再解释问题造成何种结果及其影响，继而对其进行归纳概

---

❶ 曾利沙. 功能—目的论视角下校训英译的主—客观理据论——以"明德尚行 学贯中西"英译剖析为例［J］. 广东外语外贸大学学报, 2013（5）: 62.

括，置于某"类"问题内提出相应的对策研究或解决方法，尤其是应注意对问题—解决模式的科学认识。科学认识中的问题是基于一定科学知识的提出、积累（理论上或经验上的已知事实），为解决某种未知而提出的任务。问题是以事实为根据而被设立的，发现和提出问题是一个认识过程。调查研究是发现问题、提出问题的前提、基础和途径。从提出问题到解决问题是科学探索的过程。这一过程可分为发生、展开和解决三个阶段。问题是科学研究的起点，是推动科学发展的契机。具有重大意义的科学问题的提出，常常伴随着新的思想、新的思路，推动着科学的进步。

问题导向是以问题的发现为出发点，以问题的研究为着力点，以问题的积极回应为归宿点的建设导向方式。❶ 理论结合实际，就是要发现和解决实际中的问题。问题导向是理论与实际相结合的具体化和载体。

翻译中以问题为导向的研究有助于厘清宏观理论与微观操作理据之间的内在逻辑联系与外在制约关系。本研究坚持问题导向，以外宣翻译的典型问题为研究起点，探讨译者主体在翻译实践过程中对外宣文本特征的认识以及对解决问题方法的应用。

外宣翻译要深化理论和实践研究，可从建构技术理论范畴的方式入手，拓展开放式经验模块和理论模块，形成认识结构、实践结构和方法论结构的统一。经验模块主要采用归纳性研究，"从若干个别和特殊的事实中，概括出共同本质或一般性原理来，找出经验定律和经验公式，提出科学假说和猜想，为实验的合理安排提供正确的逻辑基础"❷。研究者需要从某类文本翻译中找出异同与联系、特殊与一般、质与量的关系，归纳出相应的经验规则，给予理据性说明。理论模块需要结合演绎研究，在经验模块基础上给予事实论证，才能把理论整理成逻辑严密的体系，使其能产生科学预见并得到检验和发展。

现有的翻译理论与实践研究大多遵循"实践—现象—问题—性质—特点—归纳—概括"式研究路向，即基于对有限翻译实践问题的经验总结，提出对策性原则，形成概念或命题化表征，其不足之处在于抽象孤立的概念或命题难以对具体复杂的应用翻译实践给予有理据的阐释，尤其是对翻译教学缺乏可描写

❶ 李辉. 论马克思主义理论学科建设的"问题导向"[J]. 高校理论战线，2012（12）：64.

❷ 肖前，李秀林，汪永祥. 辩证唯物主义原理 [M]. 北京：人民出版社，1981：199.

和可证性的方法论指导。有学者提出关于系统建设翻译研究的方法论问题，深刻指出"作为人文学科之一的翻译学在长期的发展过程中已逐渐形成了科学的研究方法与理论思想"，但是"在方法论上还缺乏人文科学各种有效的科学研究类型，至今未形成完整的方法论体系"。❶

翻译实践的内在逻辑推衍要求实践活动的主体——译者能够在明确宏观层次的目的—需求理论特征以及价值原则特征的前提下建立起相应的策略论原则、辅助性准则、可操作性规则，各范畴之间具有互为补充、相互关联、互为印证的统一性，此即外宣翻译活动中理想译者的方法论结构。下文中我们将主要对其目的—需求论原则及策略论原则、可操作性规则作一概述。

第二节　译者主体的宏观理论对策能力

1. 功能—目的—需求论原则范畴

应用翻译学强调的是宏—微观相统一的系统性研究，而范畴体系的理论特征就是"系统整体观＋概念化表征"，各个理论范畴之间相互联系、相互制约、相互印证，突出范畴化、信息化、定性化、概括化、价值化和科学性、可证性、可阐释性、可描写性、可操作性，在系统理论范畴内部辅以相应的概念表征。从学科建设出发探讨应用翻译理论就必须建构理论范畴及相应的概念体系。学者们可根据不同类型文本功能的翻译实践研究对这些抽象的开放式理论范畴给予内容充实和明晰的理论表征。应用翻译研究中理论模块需要结合演绎研究，在经验模块基础上给予事实论证。❷

不同类型的文本烙有不同民族的传统语言文化特征，而带有不同语言文化特征的文本对翻译活动必然产生一定影响。对外宣传翻译是一种目的—需求性很强的社会活动❸，因而翻译理论研究既要考虑不同类型的文本特征，也要考

❶ 姜秋霞，杨平.翻译研究实证方法评析［J］.中国翻译，2005（1）：23.
❷ 曾利沙.翻译学理论系统整合性研究［M］.北京：外语教学与研究出版社，2014.
❸ 曾利沙.从对外宣传翻译原则范畴化看应用翻译系统理论建构［J］.外语与外语教学，2007b（3）：44.

虑其特定的目的—需求性特征，明确二者之间的相互联系。

在人类普遍行为中，需求决定目的，二者之间有着密切关系。传统的"忠实"论不考虑文本类型，不注重预期效果，不考虑目的语文化的读者能否接受，单纯要求译文忠实于原文和原作者，显现出极端性和非普适性的局限，功能目的论则在这方面作了很好的补充。功能目的论根据不同的文本类型，考虑译文读者接受情况，从不同层面实现"忠实"，具有更强的科学性和可操作性，其语言功能和文本类型理论为长期以来占据翻译界重要地位的"忠实"论作了合理的补充，同时也为现实生活中某些看似违反翻译标准却有较好实际效果的翻译尝试和翻译方法（如删减法、改译法）等提供了理论依据。

遗憾的是，传统的翻译研究并未能将目的—需求论原则明确纳入理论体系，也未能明确"信／忠实"的原则性质，如"信／忠实"是目的—需求论原则或是价值论原则，更没能对二者之间的制约关系、理论职能及如何使其具有可操作性和可阐释性等进行阐释说明。

曾利沙从马斯洛的需求层次论和社会行为学理论出发，拓展出"行为→动机→策略→目的→价值→需求"理论模式，用于解释翻译行为的内在与外在因果链，将目的—需求论原则纳入了翻译学理论范畴。他指出：从理论发生学的方法论看，德国功能—目的论学派的相关理论概说的方法论特点是基于经验和现象归纳基础上的演绎，试图从若干个别和特殊的事实中，概括出共同本质或一般性原理，并找出经验性规则，进而概括为演绎性理论表述，希冀能为类似的翻译实践和验证提供逻辑基础。❶ 但是德国功能—目的论学派的理论是基于有限的事实和实践研究，尽管有些理论概说具有一定的合理性，我们还可以通过把握归纳法和演绎法的理论模式"归纳—演绎—归纳"的特点，深化和拓展应用翻译实践，发现新的事实，进行新的归纳和演绎。在学科理论基础逻辑范畴建构上，曾利沙从对外宣传和旅游文本翻译研究入手构建了应用翻译学核心理论范畴：目的—需求论原则→价值论原则→策略论原则→辅助性准则→可操

---

❶ 曾利沙．对《2002 年中国的国防》（白皮书）英译文评析——兼论对外宣传翻译"经济简明"原则〔J〕．广东外语外贸大学学报，2005（2）：5-9，16．

作性规则→翻译技法论。❶ 研究者可根据不同种类文本功能的翻译实践研究对这些抽象的理论范畴给予内容充实和明晰的理论表征。他结合国内近年来拓展的理论范畴，整合出一个"开放式应用翻译学理论范畴体系"。❷

在应用理论阐释中，我们区分翻译活动行为主体需求和受众主体需求。需求是社会性的，是人自身赖以生存或改变生活方式的精神或物质性内容；而目的则是为满足特定需求可预期达到的行为目标，它决定着行为准则及其道德内容。目的可以在满足不同层次需求的前提下转化为不同阶段性的行为目标。对外宣传是目的—需求性很强的活动，就白皮书而言，行为主体是提供文本材料的政府或国家相关单位部门（或"委托人"——商业化术语），其目的—需求性是通过译者主体体现的。当然，译者主体有其自身的目的—需求性，物质的或精神的，但在原则上应受其委托人的目的—需求性支配。受众群体也有自身的目的—需求性，二者之间互为因果，如我们可以白皮书为例，对其文本翻译的需求—目的论特征作如下概述。

委托人或行为主体目的：介绍政策主张、原则立场、某个领域进展，证实事实，传播观点，增进国际社会对中国的了解和认识，以期达到扩大中国影响力、塑造积极正面的国家形象、维护／争取国家利益的目的。

行为主体需求：加强沟通，增进了解，获取信任，实现友好往来。

受众主体目的：了解对象国社会、政治、经济、科教、文化、生活等相关信息。

受众主体需求：旨在获得对象国各行业／地区发展状况，以满足自身或利益团体的潜在兴趣和需要。

2. 价值论原则研究范畴

在外宣翻译过程中，译者主体具有特定目的和需求，追求某种社会效应，作为针对客体而言的主体必然对客体的属性具有价值判断，即客体的某个属性在翻译过程中的表现是否能产生预期的正效应的效果，从而产生积极性的选择行为；若客体某属性表现在目的语文化中产生负效应，这种属性就形成负价值

---

❶ 曾利沙．从对外宣传翻译原则范畴化看应用翻译系统理论建构［J］．外语与外语教学，2007b（3）：44.

❷ 曾利沙．论应用翻译学理论范畴体系整合与拓展的逻辑基础［J］．上海翻译，2012（4）：1-5.

的客体属性，以致使译者主体对其进行必要的调节性操作，或弱化，或虚化，或淡化，或轻化，或简化等。这种调节性操作行为就是译者主体有理据的选择行为。这就构成了译者主体结构中的"主观能动性/创造性"这一结构性要素的辅助性结构要素，并继而推演出辅助性的"主—客观理据性"主体性结构要素，属于客体价值判断的理论范畴。

在价值原则下，译者所作的具体动态调节（译者主体性的发挥）还必须有侧重性的策略原则对其作出相应的理论支持，因为特定目的—需求的实现是通过价值判断而建立在相应的明确有效的策略原则之上的，而策略原则又必然对实现特定目的—需求的具体翻译行为有着内在的价值规约性和调节性，其调节机制是以原文文字信息性质的价值度和受众主体接受心理与需求特征为转移的。故在理论充实上，价值原则有关动态调控的规约性只是抽象而概括性的原则内容，还需要针对特定文本类型的特征抽象概括出相应的策略原则。策略原则具有宏观方法论特点，说明译者主体的动态调控或顺应选择等，带有原则规约性的手段是如何被理论主体所认识，以何种概念化表征在相应的理论范畴中得到充实。策略原则的充实是为了在理论上更好地说明满足委托人和受众的目的与价值需求之间的相互制约的关系。策略原则是高度抽象化的理论概念，不是自足的概念，还需要有相应的辅助性准则和可操作性规则才能使其具有可证性和可操作性，才能在理论与实践之间架起沟通的桥梁，从而建立起可描写性、可阐释性的理论体系。

【例 47】……**依法惩治**渎职行为，维护司法廉洁和公正。(《中国的司法改革》，2012)。

译文：… in order to **punish** dereliction of duty, to curb judicial corruption and safeguard justice.

"punish" 的词典义为 to make someone suffer because they have done something wrong or **broken the law**，而且，根据朗文词典，if a crime is punished in a particular way, anyone who is guilty of it is made to suffer in that way，由此可见，punish 的语义蕴含了"依法"的概念，译者由此判断"依法"——in accordance with the law 为冗余信息，具有负价值，应当予以删除。此即译者主体在价值论原则的基础上作出"顺应英文表达习惯"即"顺应选择"策略原

则的选择过程。外交部施燕华女士回忆中国翻译逐步与国际接轨的经历："当时的翻译完全按照中国的国内政治思路来，比如'最最最强烈抗议'，英文中本没有相应的说法，外交部的翻译室就给创造出了完全中国特色的译法：'strongest strongest strongest against…'后来中国与国际慢慢接轨后，外交部的翻译开始强调以别人听得懂的方式来翻译。"❶其实也是译者"顺应选择"的结果。

再如，我国政府白皮书一般都篇幅很长，动辄上万字，甚至长达三万多字。❷对于篇幅大的白皮书的英译，若要国外英语受众乐于接受，首先在整体上要求译文做到"经济简明"❸，在准确传达原文信息的前提下，尽量避免译文的累赘、冗长，给读者以简洁美。"经济简明"策略原则（Strategic Principle of Economical Conciseness）在对外宣传文本翻译中具有双重意义：一是译者应以尽可能少的文字准确传达原作相应的信息值；二是让受众以尽可能低的成本（指信息处理时间和精力）获取最明快流畅（相对于冗长累赘）的信息量。"经济简明"原则体现了文本的一种清新明快的美感和张力，一种给予读者认知能力发挥的空间。它以人类共同的认知思维特征为理论依据，不仅有其内在的文本规定性，即语言符号与概念之间的认知逻辑语义关系，也有其外在规定性，即不同民族语言文化交际之间的差异性。不同民族的读者在接受书面文字信息的认知思维方式上有其共性，即都不喜欢冗长繁复累赘的文字表达，故"经济简明"具有基于公理推论之上的规约性。❹

针对委托人追求对外宣传的效应或效度的目的性，以及意图通过对外宣传塑造自己的良好形象，译者在具体翻译过程中可采用"形象塑造"的策略原则。针对委托人需要达到澄清事实、阐释说明政策、表达立场、信息准确的要求，我们可演绎出"语境适切"的策略原则，如"制止分裂"中的"分裂"属于政治意识或行为，故用 division 比较适切。division 意为 cause to split，侧

---

❶ 中国翻译协会网站：http://tac-online.org.cn/ch/tran/2009-12/07/content_3281765.htm.

❷ 中国政府的第一部白皮书——《中国的人权状况（1991）》中文版字数约为38000，是迄今篇幅最长的一部。国家的人权白皮书通常篇幅较长，中文版平均篇幅超过 20000 字。

❸ 曾利沙. 对《2002年中国的国防》(白皮书）英译文评析——兼论对外宣传翻译"经济简明"原则[J]. 广东外语外贸大学学报，2005（2）：5.

❹ 曾利沙. 对《2002 年中国的国防》(白皮书）英译文评析——兼论对外宣传翻译"经济简明"原则[J]. 广东外语外贸大学学报，2005（2）：5-9，16.

重于将一个原本整体的东西拆分，而 separation 侧重于空间地域上的分开或分离。"语境适切"原则可作"最佳宣传效度"目的论原则之下的辅助性翻译准则的内容加以充实。

应用翻译学系统理论研究中，针对某类型文本的翻译研究同样可以衍生出一个相对明晰的理论范畴体系。范畴体系的理论特征就是"系统整体观＋概念化表征"，各个理论范畴之间相互联系、相互制约、相互印证，突出范畴化、信息化、定性化、概括化、价值化和科学性、可证性、可阐释性、可描写性、可操作性，在系统理论范畴内部辅以相应的概念表征。翻译理论的深入和拓展性研究必然会发现许多新的翻译事实或问题，如要对这些新的事实或问题进行说明，就必然要求产生相应的新概念。当这些新的事实或问题成为不同层次的理论问题时，就必然要产生相应的理论范畴体系，这就是科学系统观的体现。在应用翻译学系统理论研究中，研究者首先应从整体上去揭示和研究对象，系统整体在先，要素在后，任何构成要素的特性都体现在一定的系统整体中，离开整体功能、行为方式和目标就不能准确揭示出构成要素的性质。❶ 因此，我们需要在应用翻译原则范畴之下推衍出"辅助性准则"和"可操作性规则"。"辅助性准则"范畴的职能在于更好地说明策略原则，作为策略原则具体实施的不同层面的规约性内容，对译者的实践操作具有方向性的指导作用。下文我们将从经验层面的案例分析中来探讨"辅助性准则"和"可操作性规则"方法论中译者主体性的发挥。

第三节　译者主体的微观技法对策能力

经验模块建构的实质是基于大量语料对大量丰富的典型实例进行可阐释性、可描写性、可推论性和论证性的理论范畴化表征，揭示翻译实践的区间规律性。开放式经验模块针对特定范畴的对象，随着众多翻译实践研究者不断深化认识而共同建立，并可上升为理论模块，纳入翻译学范畴体系中的"技术理

❶ 曾利沙. 从对外宣传翻译原则范畴化看应用翻译系统理论建构［J］. 外语与外语教学, 2007（3）: 44.

论范畴"内予以拓展,这也是应用翻译学理论体系拓展的路向。❶

1.冗余信息简略法

前文我们讨论了冗余性是外宣文本一大重要特征,我们可采用从下至上的归纳性方式,对不同的冗余信息的本质特征或关系特征作出概括,进行归纳、概括、分类,最终形成开放式信息冗余性经验模块。在此基础上,我们可形成"删略"冗余信息的可操作规则。

【例48】由于中国人口规模大,中国政府必须对公民的生育数量有所限制。对每一个公民来说,这是**应尽的义务**。(《中国的计划生育》,1995)

译文:As China has a large population, the Chinese government has to limit the number of births of its citizens. **This is a duty incumbent on each citizen** as it serves the purpose of making the whole society and whole nation prosperous.

Incumbent 的词义为 if it is incumbent upon you to do something, it is your duty or responsibility to do it;duty 为 something that you have to do because it is morally or legally right,基于"经济简明"原则,我们用一个词即可:This is every citizen's duty…或 It is incumbent upon each citizen…

外文局副局长王刚毅先生在《政治文件翻译的几点思考和建议》一文中指出:我国政府文件如白皮书中往往大量使用"大力、着力(搞好)、认真、努力、积极"等概念来说明政府部门或机构的工作或活动,这些语言形式客观上体现了政府领导人的评价、肯定、表彰、强调等的意图性。❷但对于英语国家受众而言,这些具有意图性的概念(语言形式)是一种"不必要的强化语"(unnecessary intensifiers),信息价值较低。❸王先生还总结了政府文件翻译中的大量实例,提出了"删除不必要的副词和形容词"的具体操作规则,如"不断夺取革命、建设、改革的伟大胜利"原译为 achieved major successes in revolution, development and reform,建议去掉"major successes";"重要经验"原译为 important experience,建议去掉"important",因为哪些经验不重要呢?

---

❶ 曾利沙,邓薇."逻辑引申法"经验模块的建构——兼论语境意义的推导 [J].中国科技翻译,2014 (4):32-33.

❷ 王刚毅.政治文件翻译的几点思考和建议 [J].中国翻译,2014 (3):8.

❸ Pinkham J. The Translator's Guide to Chinglish [M]. Beijing: Foreign Language Teaching and Research Press, 2000.

"全党"原译为 entire Party，建议将"entire"去掉，我们说全党是强调，而外国人很难理解；"以创造性的内容为马克思主义宝库增添了新的财富"原译为 making new and creative contributions to enriching Marxism，建议去掉"making new and creative contributions to"；"开天辟地的大事变"原译为 an epoch-making event，建议改为"marked the start of a new era"；"不屈不挠的斗争"原译为 waged unyielding struggles，建议改为"strove unstintingly"；"不可逆转地结束了"原译为 irreversibly ended，用"ended"即可，"不可逆转"似可不要。❶

下文我们将以白皮书官方英译文本译例来说明对外宣传英译中冗余信息形态特征及其分类方法，形成微观技术理论的范畴化表征。

（1）"语法形态蕴含修饰语"式信息冗余。

135 部白皮书的语料中，"一系列"的使用频次为约 400 次，其搭配有：措施、（法律）法规、问题、政策、规定（规章）、制度、方针、条约、运动、活动、行动、步骤、（重要）成就、成果、改革、产品、承诺、后果、主张、建议等。

【例 49】目前，中国已颁布了**一系列**海洋环境保护的法律法规……（《中国的环境保护》，1996）

译文：**A series of** laws and regulations concerning marine environmental protection has been published…

我们发现，在此情况下，"一系列"并非强调其体系性，而表示"一连串，不止一个"，而英语的"series"则意为"a set or number of things that follow one after another"（《麦克米兰英语词典》）。对于此类汉语语言形式，固然可以在英语中对译，但并不意味着每逢此类形式就对应译出，有时可用英语的名词复数的语法形态表达出来。再从认知语境看，中国政府公布的海洋环境保护的法律法规是以完整的主题性文本（件）形式呈现的，只需说明中国已公布海洋环境保护法律法规即可，即意味着迄今为止公布的所有法律法规。如：

China has issued **its** laws and regulations concerning marine environmental protection…（笔者译）

---

❶ 王刚毅. 政治文件翻译的几点思考和建议［J］. 中国翻译，2014（3）：8.

（2）"方式／状态内涵特征析出修饰语"式信息冗余。

白皮书语料库中，"彻底"的使用频次约为130次，常搭配销毁、改变、废除、解决、戳穿、消除、摆脱，其余搭配有甩掉、平息、破产、铲除、告别、打破、改革、推翻、摧毁、改正、结束、唾弃、驱逐、脱离、胜利、放弃等。其中，"彻底销毁"词频近40次。如：

【例50】中国一贯主张全面禁止和**彻底**销毁核武器。（《中国的防扩散政策和措施》，2003）

译文：China consistently stands for **complete** prohibition and **thorough** destruction of nuclear weapons.

destruction 的词典义为：the act or process of destroying something or of being destroyed。destroy 的词典义❶为：① to damage something so badly that it no longer exists or cannot be used or repaired；② if something destroys someone, it ruins their life completely。thorought 的词典义为：exhaustively complete。我们可以看出，destruction 的概念语义已蕴含了方式特征 thorough；从"彻底"的其他搭配来看，其后面的动词（或含行为性质的名词）都具有蕴含方式"完全、彻底"之功能语义特征。汉语的这种习惯表达方式在汉民族中具有较大的包容性，在英语中则应考虑英语民族受众的语言习惯，应为英语民族的受众习得的这个概念的语义特征，他们理解一个词语，必然是理解这个词语的概念语义结构及其所包含的若干义项。而汉语民族的英语学习者有时是按照英汉词典的释义去记忆英语单词的，导致在汉译英时，凭借对某英语单词的汉语对应概念逐一译出，从而导致这种对应性冗余现象。我们把此类冗余现象视为"方式／状态内涵特征析出修饰语"式信息冗余，此种情况下的修饰语应该考虑删略。改译为：

China consistently stands for **complete** prohibition and **destruction** of nuclear weapons.（笔者译）

（3）"语法形态范畴表意式"信息冗余。

白皮书语料库中，"××化建设""××化进程"的使用频次分别为345次、82次；其中，现代化建设频次为230次，英译为 modernization drive 的次

---

❶ 在本研究中，出于篇幅考虑，一般只引用与本研究相关的词典释义。

数为 99 次，还有 5 次译为 drive for modernization，重合率约为 45%。如：

【例 51】中国司法工作的宗旨和任务是，依照法律保护全体公民的各项基本权利和自由以及其他合法权益，保护公共财产和公民私人所有的合法财产，维护社会秩序，保障中国**现代化建设**事业的顺利进行，依照法律惩罚少数犯罪分子。这体现了中国重视在司法活动中保护人权。（《中国的人权状况》，1991）

译文：The aim and task of China's judicial work is to protect the basic rights, freedoms, and other legal rights and interests of the whole people in accordance with law, protect public property and citizens' lawfully-owned private property, maintain social order, guarantee the smooth **progress** of the **modernization drive**, and punish the small number of criminals according to law. All this shows that China attaches great importance to human rights protection in the administration of justice.

中文表达"建设""进程""活动""过程""行为""方式""方法""问题""现象"等范畴表意性概念与表示具体行为或动作的动名化词语共现于同一语句中时，则为冗词。因为不少英语动词派生为名词后，其形态标记为 -ion，-zation，-ment 等，这些后缀形态均可表意范畴概念。就上例"现代化建设"的案例而言，"化"在此处为"后缀，表示转变成某种性质或状态"，其英译中，modernization 由 modernize 派生，其名词化后缀表意为 -ation：the act, state, or result of doing something；范畴词 progress：the process of getting better at doing something, or getting closer to finishing or achieving something 及 drive：an effort to achieve something, especially an effort by an organization for a particular purpose 的信息内容为 -ation 所蕴含，故为冗词。我们将此类冗余现象称为"语法形态范畴表意式"信息冗余。

（4）概念语义蕴含式冗余。

前文我们已经分析过，"依法"的语义被 punish 蕴含，因此为冗余词。但在官方译文中，我们发现，其多次被译为 in（strict）accordance with the law，如：

【例 52】中国司法机关以事实为依据，以法律为准绳，**严格依法惩治**违法犯罪，保障公民合法权益。（《中国的民主政治建设》，2005）

Chinese judicial organs use facts as the basis and law as the yardstick, and

punish crimes in strict accordance with the law to protect the legitimate rights and interests of citizens.

本句出现在关于中国的司法体制和制度段落中，"司法"是 punish 的主旨参数；Chinese judicial organs 是行为主体参数；有"acceptable or allowed by law"的 legitimate 是性质参数。根据这些语境参数，punish 的两个义项：① to make someone suffer because they have done something wrong；② or broken the law，义项二的语义被凸显，in accordance with the law 的语义在此语境中被完全蕴含。根据外宣翻译应当"经济简明"原则，宜将此冗余信息删除。

白皮书语料库中，"新进展"多处译为 new progress，如：

【例 53】国土整治规划工作取得**新进展**。(《中国的环境保护》，1996)

译文：**New progress** has been made in territorial control planning.

从词典上我们得知，progress 意为 the process of getting better at doing something, or getting closer to finishing or achieving something；better 的词典义为 more useful, interesting, satisfactory, effective, suitable etc。从这里我们可以看出，"new"被 progress 蕴含，为冗余信息，我们将其称为"概念语义蕴含式"冗余。

（5）概念语义不言自明式冗余。

白皮书语料库中，"不懈的"常搭配努力（包括共同努力；国际努力与合作）、战备状态、奋斗、艰苦奋斗等。

【例 54】中国愿与世界各国一道，加强交流与合作，在食品安全控制和促进全球食品贸易健康发展方面继续作出**不懈的**努力。(《中国的食品质量安全状况》，2007)

译文：As a large importer and exporter of food, China is keen to strengthen exchanges and cooperation with other countries and make **unremitting efforts** to ensure the safety of food and promote the healthy growth of the global food trade.

从认知角度来看，"不懈"指"不放松、不松懈"。"努力"指"用尽力气去做事情，指做事情的积极态度"。中文中，尽管"努力"已经蕴含了"不懈"的含义，但两词出于习惯搭配常常一同出现。而英文中，effort 释义为 an attempt to do something, especially when this involves a lot of hard work or determination; unremitting: continuing for a long time and not likely to stop.　此处 make efforts 使用的是复数概念，而从经验常识来看，如果是竭尽全力并要花费大量精力和决心做的事情，一般较为困难，且需要花费较长时间，因此 unremitting 可视为"概念语义不言自明式"冗余，建议删除。

（6）前照应式冗余。

【例 55】国际社会经过长期不懈的努力，已建立起一个相对完整的**国际防扩散体系**。**国际防扩散体系**在防止和延缓大规模杀伤性武器及其运载工具的扩散，维护世界和地区的和平与安全方面，发挥了积极作用。(《中国的防扩散政策和措施》，2003）

译文：Through protracted and unremitting efforts, the international community has established a relatively complete international non-proliferation regime, **which** has played a positive role in preventing and slowing down the proliferation of WMD and their means of delivery, and in safeguarding peace and security both regional and global.

此例中，第二个"国际防扩散体系"为前照应式冗余信息，根据英语语言表达习惯，我们可以使用从句先行词 which 将其替代，有时我们也可用 it 等代词替代，这可以理解为"顺应选择"策略下的"使用代词或先行词替代前照应式冗余信息"的可操作规则。

【例 56】2013 年，**中国**经济运行稳中向好，发展成果更多地惠及**全体人民**。(《2013 年中国人权事业的进展》，2014）

译 文：**China's** economy witnessed a steady growth in 2013, better benefiting the **Chinese people**.

此处的"Chinese people"在前照应参数"China"的映射下，可以简化，试改译为：

China's economy was stably improved in 2013, better benefiting its people.（笔者译）

2. 联想不当信息删略法

从白皮书翻译来看，外宣翻译译者还需要注意避免使用让受众产生不当联想的字词句。如前文中论述的"国家互联网信息办公室"的英文缩写词的翻

译从 "CAOC" "SCAO" 改为 "CAC" 就是出于这一方面的考虑。再如，白皮书语料库中，special needs 出现了共 10 次，其对应中文都为 "特殊需要（需求）"，且看如下案例：

【例 57】由于历史文化不同以及风俗习惯、宗教信仰的差异，中国的一些少数民族在生产和生活方面有一些**特殊的需要**。如藏、蒙古、维吾尔、哈萨克等民族的牧民需要马鞍子、马靴和砖茶（边销茶）；信仰伊斯兰教的穆斯林群众需要清真食品等。为尊重和满足这些**特殊需要**，国家实行优惠的民族贸易和民族特需商品生产供应政策。（《中国的民族政策与各民族共同繁荣发展》，2009）

译文：Because of differences in history, culture, customs and religion, some ethnic minorities have **special needs**. For instance, the Tibetan, Mongolian, Uyghur and Kazak herdsmen need saddles, riding boots and brick tea, and the Muslims have their own **special needs** for Halal foods. To show respect for minority cultures and satisfy these **special needs**, the state has worked out preferential policies for the production of and trade in these items.

此处的 "特殊需要" 指的是中国一些少数民族在生产和生活物质方面**不同于汉族人民的需要**，但英文中，special needs 却有其特定含义，笔者查证了几大词典，其释义均为：（especially **BrE**）needs that a person has because of **mental or physical problems**（牛津高阶词典）；needs that someone has because they have **mental or physical problems**（朗文词典）；Of or relating to people who have specific needs, as those associated with a **disability**（美国传统词典）；People with **special needs** are people who need special help or care, for example because they are **physically or mentally disabled**（BRIT）（柯林斯词典）；the individual requirements（as for education）of a person with **a disadvantaged background or a mental, emotional, or physical disability or a high risk of developing one**（韦氏大学词典）；而维基百科也显示：In the United States, special needs is a term used in clinical diagnostic and functional development to describe individuals **who require assistance for disabilities** that may be medical, mental, or psychological. In the United Kingdom, special needs often refers to **special needs within an**

educational context. This is also referred to as special educational needs（SEN）. ❶

从上述相关信息我们可以得出，special needs 在英美国家专指**"身体或精神上有障碍的"**特殊人士，英美读者读到我们的译文一定会产生疑惑，为什么少数民族中就有那么多障碍人士？显然，这会引发不当联系和猜测，因此，此处不宜使用英美国家已有固定含义的 special needs。试改译为：

Because of differences in history, culture, customs and religion, ethnic minorities may have **needs for special items**. For instance, the Tibetan, Mongolian, Uyghur and Kazak herdsmen need saddles, riding boots and brick tea, and the Muslims **need Halal foods**. To show respect for minority cultures and satisfy **their needs**, the state has worked out preferential policies for the production of and trade in these items.（笔者译）

第一处的"特殊需要"避免使用固定用法 special needs，而换为 needs for special items；第二处，穆斯林群众需要清真食品，在 for instance 的提示下，读者认知思维可以得到这是前文 special items 的具体项目的信息，因此省略；第三处，受到前照应参数 needs for special items 和 their 的映射，needs 含义得到充实。秉着外宣翻译需"经济简明"和"顺应选择"的原则，译者做了如上改译。

3. 价值信息增益法

翻译过程是译者主体带有特定目的和需求的对客体的信息价值特征的甄别、析取、再现与操作处理的过程。外宣文本作为让世界了解中国的窗口，更需要字斟句酌，用最准确的语言来表达其确切的含义，特别是国家领导人的对外表态、外交或外事文件中的用语等更是国家方针政策的体现，往往涉及国家主权和领土完整，关系到国家的政治、安全、经济、军事利益的得失，关系到地区乃至世界形势是稳定还是动乱，是紧张还是缓和的大问题。因此，外宣翻译的译者，需要具备观念性把握原文信息价值的能力，并能根据需要，将具有正价值的信息或重现或凸显或强化，将具有负价值的信息弱化、虚化、淡化、轻化、简化等。此即价值信息增益法的内容。

---

❶ 维基百科 special needs 词条：https://en.wikipedia.org/wiki/Special_needs.

【例58】产业结构调整要依靠改革，进退并举。**进，要更加积极有为。退，要更加主动有序**。（《2013年政府工作报告》）

译文：In making industrial structural adjustment, we will rely on reform and **support growth in some sectors while curbing excess and outdated production capacity in others**.

新华社提供的译文并非简单地逐词逐句将原文译出，而是对原文中含意不清的"进"和"退"及其关系进行增益性释义，这无疑是译者主体性的创译体现。不仅是英语受众，而且一般中文读者都缺乏"进"和"退"在中国经济发展语境中的确切含意，故需要译者充分把握住这两个概念在新时期中国经济转型期的深层次含意，从而作出释义性表达，以便英语读者能够明确其语境意义。

【例59】加强对权力的约束，严惩贪污腐败，**建设廉洁政治**迈出重要步伐（《2013年中国人权事业的进展》，2014）。

译文：China also took an important step forward in building **a clean government**, as it has restricted the use of power and cracked down on corruption.

此处，"building a clean government"可能引发受众"现有政府尚不廉洁"的预设，不利于中国正面形象塑造，因此，我们将其价值信息增益，改译为a cleaner government.

【例60】近年来，新疆各地广泛开展"百日广场文化活动"……图书出版**"东风工程"**、"文化信息资源共享工程"等文化建设重点工程，有力地推动了新疆文化事业的发展。（《新疆的发展与进步》，2009）

译文：In recent years, the Xinjiang government has initiated a series of cultural programs for the general public... Other key projects include **sending books and publications to Xinjiang** and constructing information centers to share resources with other areas of the country. These measures have significantly promoted the development of Xinjiang's cultural programs and endeavors.

原文的"东风工程"指的是给老百姓带来实惠和好处的项目，因为中国地处东半球，东风是暖风，在文化中意味着希望，但在英美文化中，east wind却是寒冷的，因此此处"东风"为负价值信息，译者根据中西文化差异，将其删除，此即译者主体能力在微观操作层面的体现。

【例61】十四世达赖对自己**阳奉阴违**的**做法**直言不讳。(《西藏的发展与进步》，2013)

译文：In 1965, the 14th Dalai Lama spoke publicly about his **feigned compliance**.

笔者对白皮书语料库中"××的做法"进行了检索，得到18个结果，正如【例61】一样，大多数"做法"的具体内容都在句子中得以显示，因此，"做法"只是一个行为的范畴词，不具实际意义，故翻译时译者可将其判断为零价值信息，在翻译时将其删除。

4. 语境意义变通法

所谓"变通"，是指为了满足特定条件下特定读者的特殊需求而对原文作较大的灵活变动的行为，包括增、减、编、述、缩、并、改、仿等八种。❶

从意义本体论看，文本翻译表现为一种辨"义"与析"意"的认知思维过程。❷外宣翻译政治性强，准确性要求高，需要译者高度警惕，根据客观的逻辑基础，如概念逻辑、命题逻辑、句法逻辑、语篇逻辑、认知逻辑、社会文化语境逻辑关联性融合等，对多义词加以认真辨析，深刻认识词义内涵。

例如，白皮书语料库中，"特殊"频次为400多次，其搭配主要有：保护、政策、措施、权益、关系、照顾、措施、(管理)办法、(学校)教育、人群、工作、利益、支持、帮助、情况、因素、地域、群体、责任、任务、原因、食品、组织、网站、历史背景、作用、类型、环境、扶助、困难、影响、需要、需求、膳食、关怀、地区、类型等。

【例62】基层医疗机构根据老年人的**特殊需求**，提供家庭出诊、家庭护理、日间观察、临终关怀等服务。老年人的部分基本健康问题在社区得到解决。(《中国老龄事业的发展》，2006)

译文：With visiting and taking care of patients at home, daily care and hospice care provided by grassroots medical institutions according to the **special** needs of the elderly, their health problems can be basically solved within the community.

---

❶ 黄忠廉. 翻译方法论 [M]. 北京：中国社会科学出版社，2009.

❷ 曾利沙. 意义本体论批评与价值评判的逻辑基础——兼论"论翻译的非逻辑特质"的反逻辑性 [J]. 四川外语学院学报，2007 (1)：113.

【例 63 】加强农村能源建设。中国有 7.5 亿人口生活在农村，受经济和技术水平的限制，仍有多数农村地区依靠传统方式利用生物质能源。解决农村能源问题是全面建设社会主义新农村的必然要求，也是中国的一个**特殊问题**。（《中国的能源状况与政策》，2007 ）

译文：Improving energy development in the rural areas. China has a rural population of 750 million. Due to economic and technical limitations, people in most rural areas still use traditional biomass energy. It is an inevitable demand in the building of a new socialist countryside in all aspects to solve the energy problem for the rural areas. This is also a **problem unique** to China.

【例 64 】中国将加快全国水资源综合规划、流域综合规划等规划的编制工作，制订主要江河流域水量分配方案，加快实施南水北调等跨流域调水工程，优化水资源配置格局，提高**特殊**干旱情况下应急供水保障能力。（《中国应对气候变化的政策与行动》，2008 ）

译文：China will accelerate the pace of formulating nationwide comprehensive plans for water resources and river basins, drawing up a water-allocation plan for major rivers, speeding up the construction of the south-to-north water-diversion and other water-diversion projects, so as to optimize the water resource allocation pattern, and increase the water supply capability for **drought emergencies**.

【例 65 】为尊重和满足这些**特殊需要**，国家实行优惠的民族贸易和民族特需商品生产供应政策。（《中国的民族政策与各民族共同繁荣发展》，2009 ）

译文：To show respect for minority cultures and satisfy these **special needs**, the state has worked out preferential policies for the production of and trade in these items.

【例 66 】科学研究表明，过去 100 年，全球气候进入变暖期。由于西藏高原的**特殊**海拔高度，其所经历的气候变暖过程比周围地区更为强烈。（《西藏的发展与进步》，2013 ）

译文：Scientific research findings show that the earth has entered a warming period over the past century. Due to its **unique** altitude, the Tibet Plateau has been influenced more strongly than surrounding areas by global warming.

【例 67 】其他政府间国际组织，原则上台湾也无权参加。至于亚洲开发银行（ADB）、亚太经济合作组织（APEC）等地区性经济组织，台湾的加入系根据中国政府与有关方面达成的协议或谅解，明确规定中华人民共和国作为主权国家参加，台湾只作为中国的一个地区以"中国台北"（英文在亚行为TAIPEI，CHINA；在亚太经济合作组织为 CHINESE TAIPEI）的名称参加活动。这种做法属于**特殊**安排，不能构成其他政府间国际组织及国际活动效仿的"模式"。（《台湾问题与中国的统一》，1993）

译文：In principle, Taiwan is also ineligible for membership in other categories of inter-governmental organizations. As to regional economic organizations such as the Asian Development Bank（ADB）and the Asia-Pacific Economic Cooperation（APEC）, Taiwan's participation is subject to the terms of agreement or understanding reached between the Chinese Government and the parties concerned which explicitly prescribe that the People's Republic of China is a full member as a sovereign state whereas Taiwan may participate in the activities of those organizations only as a region of China under the designation of Taipei, China（in ADB）or Chinese Taipei（in APEC）. This is only an **ad hoc arrangement** and cannot constitute a "model" applicable to other inter-governmental organizations or international gatherings.

我们可以在语境参数论观照下来看上述 6 个"特殊"的含义。【例 62】中的"特殊需求"在主体参数"老年人"，方式参数"家庭出诊、家庭护理、日间观察、临终关怀"，范围参数"健康问题"的映射下，可以得出**"老年人不同于年轻人的在医疗方面的额外需求"**的语义，鉴于 special needs 的固定用法，此处宜改译为 particular needs。【例 63】中的"特殊问题"在地域参数"中国农村"、话题参数"能源问题"、条件参数"经济水平受限"以及内容参数"利用生物质的传统方式"的映射下，可以得到**"与别国不同的、需要解决的问题"**之意，a problem unique to China 是译者根据语境，发挥主体性得到适切翻译的体现。【例 64】中"特殊干旱情况"表示干旱程度，意为**"尤其、特别"**，drought emergencies 为适切翻译。【例 65】中的"特殊需要"实际不应该为"尊重"的对象，而是"满足"的内容，在对象参数"少数民族"及内容参数"民族贸易和民族特需商品生产供应"的映射下，"特殊需要"得到了"少数民族（不同于汉族的）的民族商品"的语境意义，因为有前照应参数 minorities，因此本句可改译为：To show respect for minorities' cultures and satisfy their needs, the state has worked out preferential policies for the production of and trade in these items。【例 66】中"特殊海拔高度"指的是西藏高原**"尤其高、独一无二的海拔高度"** [1]，unique 是适切翻译。【例 67】中"特殊安排"则为**"不同于惯用做法的安排"**，译文为"an ad hoc arrangement"（前文已讨论过，此处不再赘述）。由此可见，同一词语在不同语境下其语境释义可能不同，外宣翻译译者需要根据具体语境参数进行仔细分析，甄别其不同含义，并根据具体的语义内涵给出不同的解释，这些看似与原文不对应的翻译实为变通之策，是译者发挥主体性的最好佐证，而我们从语境参数的角度则能对其思维过程加以描述性和可证性的分析和阐释。

外宣文本中，我们还常见一些日常用语、成语、方言或古语的出现。对待这些新词句我们不仅应考虑其概念自身的内涵特征，还应考虑其出现的场合、说话者身份、语用含意、文体特征、上下文语境、受众语言文化背景及其接收期待心理等关联因素等，在翻译中进行变通处理。

总之，外宣翻译的语境性要求译者深刻把握词句的语境内涵，根据语境适切性等原则，采用"变通"翻译策略。

5. 隐喻意义提取法

前文我们已经探讨了外宣翻译的"隐喻性"特征。由于隐喻翻译活动受隐喻所赖以发生的社会、民族文化、文学传统等因素潜在的影响，译文是一定文化语境、文学语境、上下文语境等条件下的产物。隐喻的翻译活动绝不是单一的语言符号转换，它实际上是一个关涉语言与思维、文化与文学、心理与生理等多维的认知活动，关涉译者的认知能力、文化价值取向、审美取向等。

学者们就隐喻翻译展开过广泛的讨论。比如最早关注到隐喻翻译问题的彼得·纽马克（Peter Newmark）基于语言形式与语义对等的观念对隐喻翻译策

---

[1] 百度百科：西藏高原有 2 种概念范畴：①青藏高原的简称，现多用于英文表述，指平均海拔 4000 米以上的亚洲中部高原，面积约 300 万平方公里，位于中国及邻近国境内。②仅指青藏高原的一部分，即平均海拔超过 4500 米的区域，最高海拔超过 8800 米，主要在中国西藏自治区境内，面积约 100 万平方公里，是"世界屋脊"的主体，国内多采用这一概念。（来源：http://baike.baidu.com/link?url=e0Y75I_iGuI9d7G0d094DtRdE97Rx0JvFhq1QkkVbp5qnG77BEUFYLHlKI8GTYNwYq1S64vDjtq0N-gSKXD-va）

略进行了论述，此外，他还以隐喻翻译为例阐述了以文本为中心的翻译补偿思想。❶

肖家燕、李恒威认为，隐喻翻译策略大致分为两种：第一，文学翻译中隐喻的翻译策略。❷比较有代表性的是彼得·纽马克为普通隐喻（stock metaphor）提供的七种翻译策略，图里将其总结为四类：①隐喻译成相同的隐喻；②隐喻译成"不同的"隐喻；③隐喻译成非隐喻形式；④把隐喻译成 0（完全不翻译，在目的语中不留任何痕迹）。❸第二，隐喻翻译的普遍策略。例如沙芙娜把隐喻的翻译策略归纳为：替代（substitution，把源语隐喻转换为目的语隐喻）、释意（paraphrase，把隐喻转换为意义）、省略（deletion）三大类。❹这三类同样是从源语到目的语的单向考察，相当于直译、意译和省略。

隐喻的翻译始于源语的词、句，止于目的语的词、句，但其间经过了译者以体验为基础的复杂的认知过程。因为"体验和认知先于翻译活动，译文也是体验和认知的结果，翻译是译者基于对原文语篇各种意义理解之上的，理解必定来自体验和认知"。❺与文学翻译隐喻的审美性和艺术性不同，外宣文本中隐喻的使用通常是为了更形象、更深刻地说明事理，增强语言的表现力和感染力，它不仅是一种语言形式，在更大程度上，它是一种文化符号。翻译时译者需要对各方面要素多加考量，采取相应策略。总体来说，若译语读者和原文读者因为相同或相似的文化背景和体验，能够在本体和喻体之间建立相同的关联，则隐喻可以在翻译中保留；但若在源语中的本体和喻体关联不能在译语中成功建构，则可以视情况采取隐喻提取甚至删除的方法。例如前文中讨论的"甩掉东亚病夫的帽子"的隐喻意义被提取，换用了更适合英美人接受的label；"以……为出发点和落脚点"的相似性被提取，喻体被删除等。

【例 68】新中国通过这些规模宏大的群众运动，仅用了短短几年的时间，就**荡涤**了几千年封建社会遗留下来的**污泥浊水**。（《中国妇女的状况》，1994）

❶ Newmark P. About Translation［M］. Clevedon：Multi-lingual Mutters Ltd.，1991.

❷ 肖家燕，李恒威. 概念隐喻视角下的隐喻翻译研究［J］. 中国外语，2010（5）：106.

❸ Toury G. Descriptive Translation Studies and Beyond［M］. Amsterdam/ Philadelphia：John Benjamins Publishing Company，1995：242-247.

❹ Schäffner C. Translation Competence：Training for the Real World［C］. Keynote Speech at the FIT Sixth Asian Translators' Forum，Macau，2010.

❺ 王寅. 认知语言学的翻译观［J］. 中国翻译，2005（5）：15-20.

译文：By means of these large-scale mass movements, New China took only a few years to **clean up the filth and mire** left over from a feudal society that had lasted for thousands of years.

【例 69】藏民族文化至今仍然是中华文化和世界文化宝库中的一颗**璀璨的明珠**。(《西藏文化的发展》, 2000)

译文：Tibetan culture has all along been **a dazzling pearl** in the treasure-house of Chinese culture as well as that of the world as a whole.

【例 70】西藏文化是中华文化中的一颗**璀璨明珠**，也是世界文化中的一份宝贵财富。(《西藏文化的保护与发展》, 2008)

译文：Tibetan culture is **a lustrous pearl** of Chinese culture as well as a precious part of world culture.

【例 71】正如美国藏学家梅·戈尔斯坦指出的，宗教和寺院集团是"西藏社会进步的**沉重桎梏**"和"极端保守的势力"。(《西藏的现代化发展》, 2001)

译文：According to the American Tibetologist Melvyn C. Goldstein, religion and the monasteries were "extremely conservative" and "**played a major role in thwarting progress**" in Tibet.

【例 68】中，"污泥浊水"喻体的本义是水土受到非常严重的污染，肮脏的泥，浑浊的水，用来比喻落后的东西，本体为封建社会残留，两者之间的相似性为"落后性"，因 the filth and mire 有 extremely or unpleasantly dirty/ a bad or difficult situation that you cannot seem to escape from 之语义，在受众认知思维中能产生隐喻的相似关联，因此译者将喻体进行了保留；【例 69】【例 70】中的"璀璨明珠"在汉语中指"宝物""珍贵之物"，比喻本体"西藏文化"之宝贵，a dazzling/ lustrous pearl 同样能让受众产生相似关联，因此喻体被予以保留；【例 71】中"沉重桎梏"用来指本体西藏的"宗教和寺院集团"，两者之间相似性为"极端落后，影响发展"，译者认识到这种相似性，提取了其喻意。但事实上，英文中的 fetters 同样能让受众感受到其"限制"的意图，而且更为形象，因此，此处可改译为：

According to the American Tibetologist Melvyn C. Goldstein, religion and the monasteries are extremely conservative and are **the fetters of Tibet's progress**.（笔

者译）

　　隐喻翻译过程中的"理解"不是停留在语言表层，而是从隐喻的文化认知根源中获得深层次的理解；"表达"也不是单单求得语言形式的对等，需要依据隐喻发生的语境、存在的动机与作品的创作意图等进行恰当转换。❶隐喻翻译实践虽然是通过单词、短语、句子等语言层面得到落实，但语言表层的语符转换内在地牵涉文化、思维等认知活动。文本中隐喻的翻译过程实际上是一个在目的语中再现源域到目标域映射的过程，而不是单纯的喻体转换过程；是一个从思维到语言的互动过程，而不只是语言层面的符号转换过程。外宣翻译译者对隐喻翻译应该是基于"顺应选择""语境适切""经济简明"策略对隐喻予以保留或提取的过程。

　　6. 逻辑引申法

　　引申法是指翻译过程中概念固有的语义特征在特定语境中沿着一定维度发生语义迁移的现象，具有可次范畴化（类）的特点，由一系列相互区别、相互联系的范畴家族成员构成；当一个概念在转换过程中受语言文化或思维差异的制约时，其概念语义在语境中发生语义嬗变，其原有语义特征扩大、引申、增生、转换等。其开放性技术理论范畴包括模糊概念→具象概念❷、部分概念→整体概念、单个概念→复合概念、抽象概念→形象概念、轭式概念→时—空转换概念、事物特征概念→关系情态概念、物类具象概念→形象特征概念、行为活动概念→关联特征概念、物类特征概念→物类具象概念、归纳性概念→品质概念、物理属性概念→情感属性概念、感官属性概念→精神属性概念、情感属性概念→情感主体概念……❸曾利沙、邓薇通过典型案例分析，结合语境参数论，探讨了"逻辑引申法"开放式经验模块建构的方法。❹故此处不再赘述，仅结合外宣文本，以几个案例加以说明。

　　（1）特指概念引申为泛指概念。

　　【例72】有些少数民族地区生产和生活条件还相当困难，还有部分少数民

---

❶　肖家燕，李恒威 . 概念隐喻视角下的隐喻翻译研究［J］. 中国外语，2010（5）：106.

❷　此处用符号"→"代表"引申为"。

❸　曾利沙 . 翻译学理论系统整合性研究［M］. 北京：外语教学与研究出版社，2014.

❹　曾利沙，邓薇 ."逻辑引申法"经验模块的建构——兼论语境意义的推导［J］. 中国科技翻译，2014（4）：32-35.

族人民的**温饱问题**尚未得到解决。中国自八十年代中期大规模地开展有组织有计划的扶贫工作以来，少数民族和民族地区始终是国家重点扶持对象。(《中国的少数民族政策及其实践》，1999）

译文：In some minority areas, production and living conditions are fairly difficult, and the people's **basic needs** of some people are not assured. …

"温饱"本义是吃得饱，穿得暖，是两个特指衣服和食物的概念，但在主题参数"条件困难"、关联概念参数"扶贫"、对象参数"少数民族和民族地区"的映射下，对这两个特指概念进行了引申，语义内涵扩大为"人们的基本生活需求"，即 basic needs。

【例 73】人民生活水平稳步提高，**城乡居民衣食住行条件**不断改善，基本公共服务均等化进一步推进，人民的生存权和发展权得到更好的保障。(《2013年中国人权事业的进展》，2014）

译文：The people's living standards have risen steadily, as China continuously improves **the urban and rural residents'clothing, food, accommodation, and transportation conditions**, further equalizes basic public services, and better protects the people's rights to subsistence and development.

改译为：

People's rights to subsistence and development were better guaranteed with the improvement of people's living standards, **the better satisfaction of people's basic needs**, and the advance in equalizing basic public services.❶（笔者译）

"衣食住行"是生活的四个最为基本的方面，此处表意为人民生活的基本需求，故译文将其引申为 people's basic needs；此外，"城乡居民"本来指"城市居民"与"农村居民"两个群体，通常用于将二者进行区分和比较时，但此处的区分不存在任何意义，他们是一个集合体，泛指中国居民，故译文将其引申为 people，更符合表意准确及语言精练的要求。

（2）泛指概念引申为特指或具体活动概念。

【例 74】国家根据各地建设的需要，在自愿的前提下，对每一个大学毕业

---

❶ 第四章第二节从译者的认知思维能力讨论了此案例。

生都作出合适的**安排**。因此，中国的大学毕业生不存在失业问题。(《中国的人权状况》，1991)

译文：The state sees to it that, in light of the needs of various areas in economic development, every college graduate is provided with a suitable **job** on a voluntary basis…

在主体参数"国家"、对象参数"大学毕业生"、条件参数"各地建设需要"、对比参数"失业"的映射下，"安排"被充实为特指概念"工作"，即从泛指概念引申为特指／具体活动概念。

小　结

本章从方法论探讨了译者主体性能力的构成。外宣翻译有其自身的文本特征，在对客体特征的属性进行认识并对客体的价值属性进行判断的基础上，译者主体会采取相应的翻译原则、策略和具体方法，即译者主体性能力的方法论范畴。外宣翻译可以在受众—委托人双重目的—需求原则之下，形成"经济简明""信息突出""语境适切"等价值原则和策略论原则，并在其下推衍出"辅助性准则"和"可操作性规则"及"技术理论模块论"理论范畴。外宣翻译实践中所谓策略原则是指为了有效达到或实现目的而建立的一些规范与要求。从理论阐释角度看，对外宣传翻译行为主体的目的在于获得文字信息传递的最佳社会效应／度，而最佳社会效应／度的实现又取决于读者群体的民族文化、思维方式、期待心理、喜好、认知能力等因素，只有在满足这些潜在因素的前提下才能达到信息传递的最佳效度。"辅助性准则"范畴的职能在于能更好地说明策略原则，作为策略原则具体实施的不同层面的规约性内容，对译者的实践操作具有方向性的指导作用。各层级原则范畴之间具有互为补充、相互制约、相互联系的统一性。系统理论的特点就是宏观理论必须在微观实践层次得到印证，而微观层次理论必须在宏观理论层次上予以阐释，而理论体系的推演与建构的原则在于突出理论的逐渐深化和研究维度的拓展，同时又必须具有可描写性、可阐释性、可操作性。

结　论

第一节　研究总结

自乔姆斯基提出语言能力与表现的概念以后，翻译界也开始对翻译能力进行讨论，学者们从不同视角、采取不同方法认识了译者的能力。作为翻译实践活动的主体，译者的主体性与翻译中的选择有着紧密关系，但对于主体性的发挥与译者能力之间的关系具体体现在哪些方面，其关系之间有何理据性，却一直缺乏系统研究。

本研究从马克思主义实践哲学和价值哲学出发，结合功能目的论和语境参数论，从多维视角系统地考察外宣翻译译者主体性实践论、认识论和方法论能力结构，包括对译者主体性能力从实践论的认识，即译者主体性能力的双语语言能力及超语言能力的构成；也包括对译者主体性能力从认识论的考察，即译者主体性能力的多维视角能力及主体间性能力构成；还包括对译者主体性能力从方法论的探讨，具体到外宣翻译而言，则是译者如何认识客体的本质属性（外宣文本特征）以及在翻译实践中对翻译原则、策略、方法的认识。

本研究的理论基础是马克思主义实践价值哲学论以及逻辑范畴体系建构的系统论，理论方法论特点是融通功能目的论中合理的部分，在由上而下和从下至上的宏微观互动的基础上，分析与综合并举、归纳与演绎兼顾，突出可阐释性、可描写性、可印证性和可推论性。

本研究以理论分析加案例实证的方法，对外宣翻译中译者主体性能力进行理论层面的哲学思辨和实践层面的客观实证。

基于哲学层面的理论思辨是一种形而上的研究方法，其目的就是在哲学和逻辑层面探讨所研究的问题，对研究问题进行符合逻辑和事物发展一般规律的抽象理论论证和哲学思辨，并对其作出概念性总结。本研究的理论思辨以实践哲学和价值哲学为理论基础，在辩证唯物主义认识论的指导下对主体认识客体进行定性概括，即主体对客体进行观念性的把握，同时也对客体自身的价值属性特征进行定性、归纳、概括等以达到认识客体的目的。此过程也是对译者主体性发挥的本体论认识，即外宣翻译译者主体应具有何种能力才能把握客体。客观实证具体是指以客观描述为基础，对翻译现象及翻译行为进行自然观察和分析，获取可分析的客观材料，明确研究问题，探讨解决问题的方法，上升为理论认识，进而用以指导翻译实践，这属于翻译学实证研究的描述性研究。理论阐释，就是以某理论作为工具或分析视角，对具体的客观事物和现象进行分析和说明，探讨其产生或形成的可能过程或原因，以印证特定的理论认识，形成特定的理论假设和假说，辅以相应的原则和规则。本研究在分析与综合的基础上选取外宣翻译中译者主体性发挥典型的物化形态予以范畴化的分类，并在此基础上进行定性认识和分析，继而进行典型或科学归纳，作出可行的演绎性推论，从特殊上升为一定范围内的普遍认识。

本研究达到了从实践论、认识论和方法论系统认识译者主体性能力的目的，也阐释了主体性发挥中能力各要素的本质特征及其相互关系和相互作用，融通并拓展了功能目的理论，建构出外宣翻译活动中的逻辑范畴体系——目的—需求论原则→价值论原则→策略论原则→辅助性准则→可操作性规则→翻译技法论。

第二节　研究主要贡献及创新点

本研究的贡献及创新主要体现在以下几个方面：

从理论方面来看。第一，本研究从哲学实践论、认识论、方法论系统地对译者主体性能力进行了研究，结合实践主体论和价值哲学来研究译者主体，将主体纳入实践范畴和价值范畴，建构了译者主体性能力范畴体系，尤其是对长期以来被忽视的译者主体性能力的外部结构（如包括国家形象修辞能力的超语言能力）予以考察，突破了简单"忠实"论和"等值"论的理论局限，拓展了译者主体研究理论范畴，提供了实践价值哲学的认识论依据，丰富了翻译学译者主体系统研究。

第二，本研究试图系统地研究译者主体性能力结构要素，在前人研究的基础上，将译者主体性能力构成要素进行范畴和理论化表征，具有一定的辩证逻辑意义上的系统方法论意义；"译者主体性能力"逻辑范畴是翻译学理论范畴体系中一种维度拓展性研究的尝试，对构建应用翻译学理论体系有着重要意义。

第三，本研究是对应用翻译中具有影响力的德国功能目的派理论拓展性研究，在其基础上拓展了应用翻译学的体系与研究次范畴，将其体系化、范畴化，形成相应的经验模块，能更明晰、更系统、更有条理和逻辑地论述应用翻译学体系不同类型文本的理论和实践研究的关系，具有批判继承基础上的理论与实践紧密结合的实践指导意义。

第四，本研究对外宣翻译的现有研究采取了全新的评述方法，分自下而上、自上而下以及整合型研究进行，与现有外宣翻译综述相比，更能揭示外宣翻译研究的主要本质特点。

在实践方面，本研究也具有实践和方法意义：第一，翻译实践中的译者主体性发挥长期以来缺乏可描写性、可阐释性、可论证性、可推论性的研究，本研究以问题为导向，对外宣翻译中译者能力在主体性发挥中的表现进行了结合实际案例的描写和解释，并且突出可描写性、可操作性、可印证性、可阐释性，为认识译者主体性能力提供了一套可操作和可复制的思路，对翻译教学和培训具有实际意义。第二，"以实践为指向的翻译批评……需要理论的指导。"❶ 本研究中对译者能力结构的"肌质性的分析"能为翻译批评提供可分析性、可阐释性、可描述性的评论视角，也可以对翻译研究性实践提供某种建设性思路。第三，本研究收集了包括 1991 年中国发布的第一部白皮书到 2020 年间共计 135 部白皮书的大型语料，可为外宣翻译的教学提供大量实例材料。

---

❶ 吕俊，侯向群．翻译批评学引论［M］．上海：上海外语教学出版社，2009：15.

第三节　研究主要发现

通过对外宣翻译的译者主体性发挥从哲学实践论、认识论、方法论进行系统考察，本研究有以下几点发现：

第一，从认识论和方法论来看，翻译实践中译者主体性的发挥实质上是译者能力的体现。一方面，译者能力是主体性发挥的基础，也是译者主体性发挥在微观操作层次上的体现，译者个体能力结构的差异在某些程度上决定了译文的质量。另一方面，翻译实践过程中若无译者主体性的发挥，译者能力很有可能展现不出来。

第二，译者能力是一个综合性概念，是由多种技能、机制和因素构成的复杂的、有机的、动态的能力综合体，也是各层次能力相辅相成、动态互动的综合体。能力具有社会性和个体性。本研究认为，在外宣翻译实践活动中，理想译者主体性能力是译者实践论能力、认识论能力、方法论能力的统一。

第三，从实践论来看，翻译实践中译者主体性能力可为双语语言能力及超语言能力两大范畴；从认识论看，译者主体性能力可分为多维视角能力和主体间性能力两大范畴；从方法论看，译者主体性能力可分为宏观理论对策能力和微观技法对策能力两大范畴，各范畴还可分为若干次范畴。译者发挥主体性的过程即是主体对客体本质属性、价值属性的认识，以及在实践中对客体的把握和改造，在翻译过程中翻译原则、策略、方法技巧等的运用。

第四，本研究建构了外宣翻译的文本特征论，是包括冗余性、政治性、隐喻性、语境性在内的一个开放性理论范畴体系；研究还将目的—需求论原则纳入理论体系，拓展了德国功能目的理论。在认识外宣翻译文本特征基础上，本研究形成了目的—需求论原则—价值论原则—策略论原则—辅助性准则—可操作性规则—翻译技法论的理论范畴体系。

第四节　研究局限性及可拓展研究空间

本研究在马克思主义实践价值哲学和逻辑范畴体系建构的系统论指导下，

结合实践价值论、认识论和方法论系统对外宣翻译译者主体性能力进行了范畴化研究。尤为重要的是，本研究在研究方法上采取把理论思辨和客观实证结合起来，使宏观的理论在微观层面得到印证，以此说明和论证了译者主体性能力的可阐释性、可描写性、可印证性和可推论性。当然，本研究也存在部分不足之处，归纳起来主要有以下几个方面：

第一，本研究对译者的主体性能力研究限定在外宣翻译，没有把传统意义上主体性发挥较为典型的文学翻译纳入研究视野。第二，本研究建立的是开放性的研究范畴体系，对译者主体性能力各次范畴及次次级范畴等还需在大量典型语料的基础上进行进一步的阐释和深化拓展。第三，本研究在微观层面客观实证的语料选取和分析方面难免具有一定的主观性，也会存在一些问题。

本研究的拓展研究可从以下几个方面考虑：第一，对外宣翻译中译者主体性理论范畴进行实验实证研究，从大量外宣语料中进一步论证译者主体性并将其运用到翻译教学与实践中以得到进一步的检验；第二，认识是一个不断发展的过程，对外宣翻译译者主体性能力的认识也会随着时间和社会历史条件的变化而发生相应的变化，因此研究者们可以根据这些变化对本研究建立的开放的范畴体系进行相应的补充和修订；第三，各类特定文本类型都有其自身特点，后续研究可结合特定文本特征及文本功能形成对译者主体性能力更为全面的本体论、认识论、价值论、方法论的认识，丰富翻译学理论体系建构。

附录：中国政府白皮书（1991—2020）目录

1991 年

《中国的人权状况》

1992 年

《西藏的主权归属与人权状况》

《中国改造罪犯的状况》

1993 年

《台湾问题与中国的统一》

1994 年

《中国知识产权保护状况》

《中国妇女的状况》

1995 年

《中国人权事业的进展》

《中国的军备控制与裁军》

《中国的计划生育》

1996 年

《中国的粮食问题》

《中国的环境保护》

《中国的儿童状况》

1997 年

《中国的宗教信仰自由状况》

《关于中美贸易平衡问题》

《1996 年中国人权事业的进展》

1998 年

《中国的国防》

《中国海洋事业的发展》

《西藏自治区人权事业新进展》

1999 年

《中国的少数民族政策及其实践》

《1998 年中国人权事业的进展》

2000 年

《中国 21 世纪人口与发展》

《中国的禁毒》

《一个中国的原则与台湾问题》

《中国的航天》

《2000 年中国的国防》

《西藏文化的发展》

《中国人权发展 50 年》

2001 年

《西藏的现代化发展》

《中国的农村扶贫开发》

《2000 年中国人权事业的进展》

2002 年

《2002 年中国的国防》

《中国的劳动和社会保障状况》

2003 年

《中国的矿产资源政策》

《新疆的历史与发展》

《中国的防扩散政策和措施》

《西藏的生态建设与环境保护》

2004 年

《2004 年中国的国防》

《中国的减灾行动》

《西藏民主改革 50 年》

《2008 年中国的国防》

2010 年

《2009 年中国人权事业的进展》

《中国的反腐败和廉政建设》

《中国与非洲的经贸合作》

《中国的人力资源状况》

《中国互联网状况》

2011 年

《2011 年中国的航天》

《中国的对外贸易》

《中国应对气候变化的政策与行动（2011）》

《中国农村扶贫开发的新进展》

《中国特色社会主义法律体系》

《中国的和平发展》

《西藏和平解放 60 年》

《中国的对外援助》

《2010 年中国的国防》

2012 年

《中国的能源政策（2012）》

《中国的司法改革》

《钓鱼岛是中国的固有领土》

《中国的稀土状况与政策》

《中国的医疗卫生事业》

2013 年

《中国武装力量的多样化运用》

《西藏的发展与进步》

《中国与非洲的经贸合作（2013）》

2018 年

《改革开放 40 年中国人权事业的发展进步》

《新疆的文化保护与发展》

《关于中美经贸摩擦的事实与中方立场》

《青藏高原生态文明建设状况》

《中国与世界贸易组织》

《中国保障宗教信仰自由的政策和实践》

《中国的北极政策》

2019 年

《中国的粮食安全》

《新时代的中国与世界》

《为人民谋幸福：新中国人权事业发展 70 年》

《平等 发展 共享：新中国 70 年妇女事业的发展与进步》

《中国的核安全》

《新疆的职业技能教育培训工作》

《平等、参与、共享：新中国残疾人权益保障 70 年》

《新时代的中国国防》

《新疆的若干历史问题》

《关于中美经贸磋商的中方立场》

《伟大的跨越：西藏民主改革 60 年》

《新疆的反恐、去极端化斗争与人权保障》

2020 年

《中国交通的可持续发展》

《新时代的中国能源发展》

《中国军队参加联合国维和行动 30 年》

《新疆的劳动就业保障》

《抗击新冠肺炎疫情的中国行动》

参考文献

一、中文文献

［1］爱泼斯坦，林戊荪，沈苏儒．呼吁重视对外宣传中的外语工作［J］．中国翻译，2000（6）：2-4．

［2］卞建华．功能主义目的论在中国的引进、应用与研究（1987—2005）［J］．解放军外国语学院学报，2006（5）：82-88．

［3］卞建华．传承与超越：功能主义翻译目的论研究［M］．北京：中国社会科学出版社，2008．

［4］施燕华．"不折腾"英译大家谈［J］．中国翻译，2009（2）：58-61．

［5］薄振杰．中国高校英语专业翻译教学研究——无标题语段翻译能力之培养［D］．济南：山东大学，2010．

［6］蔡帼芬．国际传播与对外宣传［M］．北京：北京广播学院出版社，2000．

［7］蔡新乐．翻译的本体论研究：翻译研究的第三条道路、主体间性与人的元翻译构成［M］．上海：上海译文出版社，2005．

［8］曹立华，王文彬．目的论视阈下跨文化语言交际规范之研究——以辽宁旅游景区宣传资料汉英翻译为例［J］．辽宁大学学报（哲学社会科学版），2013（6）：138-143．

［9］常青，周玉忠．建构主义视角下的外宣翻译——从宁夏旅游景点的英译谈起［J］．宁夏大学学报（人文社会科学版），2009（3）：189-192．

［10］陈大亮．谁是翻译主体［J］．中国翻译，2004（2）：3-7．

［11］陈大亮．翻译研究：从主体性向主体间性转向［J］．中国翻译，2005（2）：3-9．

［12］陈德鸿，张南峰．当代西方翻译理论精选［M］．香港：香港城市大学出版社，2000：67-99．

［13］陈莉萍．专门用途英语研究［M］．上海：复旦大学出版社，2000.

［14］陈文安．厘清认识，接轨产业——参加 2012 年 MTI 专业师资翻译与本地化技术培训有感［J］．中国翻译，2012（3）：66–68.

［15］陈小慰．简评"译文功能理论"［J］．上海科技翻译，1995（4）：41–42.

［16］陈小慰．试论"译文功能理论"在应用文类翻译中的指导作用［J］．上海科技翻译，1996（3）：9–12，16.

［17］陈小慰．翻译功能理论的启示——对某些翻译方法的新思考［J］．中国翻译，2000（4）：9–12.

［18］陈小慰．外宣翻译中"认同"的建立［J］．中国翻译，2007（1）：60–65，96.

［19］陈小慰．对德国翻译功能目的论的修辞反思［J］．外语研究，2012（1）：91–95.

［20］陈小慰．对外宣传翻译中的文化自觉与受众意识［J］．中国翻译，2013（2）：95–100.

［21］陈怡．英语专业高年级学生汉译英能力与文本测试评分研究——以 TEM-8 为例［D］．上海：上海外国语大学，2010.

［22］陈原．一个社会语言学者的札记［C］// 中国语言学会第二届学术年会论文集．1983.

［23］程镇球．翻译问题探索——毛选英译研究［M］．北京：商务印书馆，1980.

［24］仇贤根．外宣翻译研究——从中国国家形象塑造与传播角度谈起［D］．上海：上海外国语大学，2010.

［25］崔启亮．中国本地化行业二十年（1993—2012）［J］．上海翻译，2013（2）：20–24.

［26］刁克利．翻译学研究方法导论［M］．天津：南开大学出版社，2012.

［27］丁衡祁．对外宣传中的英语质量亟待提高［J］．中国翻译，2002（4）：44–46.

［28］段峰．文化视野下文学翻译主体性研究［M］．成都：四川大学出版社，2008.

［29］段连城．对外传播学初探［M］．北京：中国建设出版社，1988.

［30］段连城．怎样对外介绍中国［M］．北京：中国对外翻译出版公司，1993.

［31］窦卫霖．中美官方话语的比较研究［D］．上海：上海外国语大学，2011.

［32］范武邱．科技翻译能力拓展研究［M］．北京：国防工业出版社，2011.

［33］范祥涛，刘全福．论翻译选择的目的性［J］．中国翻译，2002（6）：27–30.

［34］范祥涛．翻译层次性目的的多维描写［J］．外语教学，2003（2）：44–47.

［35］范勇．目的论观照下的翻译失误——一些大学网站英文版例析［J］．解放军外国语学院学报，2005（1）：70–72，88.

［36］范勇. 美国主流媒体表达中国文化特色词汇的显异策略——基于对 2009 年《纽约时报》涉华报道的实证研究［J］. 上海翻译，2011（1）：65-69.

［37］方开瑞. 字斟句酌 形义并重——第十三届"韩素音青年翻译奖"英译汉参赛译文评析［J］. 中国翻译，2001（6）：68-70.

［38］方开瑞. 意识形态与小说翻译中人物形象的变形［J］. 外语与外语教学，2005（3）：52-56.

［39］方梦之. 我国的应用翻译：定位与学术研究——2003 全国应用翻译研讨会侧记［J］. 中国翻译，2003（6）：49-51.

［40］方梦之，等. 译学词典［Z］. 上海：上海外语教育出版社，2004.

［41］方梦之. 英汉翻译基础教程［M］. 上海：中国对外翻译出版公司，2005.

［42］方梦之，毛忠明. 英汉—汉英应用翻译教程［M］. 上海：上海外语教育出版社，2006.

［43］方梦之，等. 中国译学大辞典［Z］. 上海：上海外语教育出版社，2009.

［44］方梦之. 我国的应用翻译：理论建设与教学——第四届全国应用翻译研讨会侧记［J］. 中国翻译，2011（3）：34-36.

［45］方梦之. 应用翻译研究 30 年（1980—2010）［J］. 上海翻译，2012（2）：22-27.

［46］方梦之. 应用（文体）翻译学的内部体系［J］. 上海翻译，2014（2）：1-6.

［47］冯全功. 从认知视角试论翻译能力的构成［J］. 外语教学，2010（6）：110-113.

［48］冯契. 逻辑思维的辩证法［M］. 上海：华东师范大学出版社，1996.

［49］傅雪婷. 传播学视阈下的国际性重大活动官网外宣翻译研究——以杭州 G20 峰会官网为例［J］. 浙江师范大学学报（社会科学版），2017，42（3）：103-109.

［50］高宁. 译学主体、译学对话和译者主体性地位［J］. 中国比较文学，2006（1）：115-128.

［51］葛校琴. 后现代语境下的译者主体性研究［M］. 上海：译文出版社，2006.

［52］葛建平，范祥涛. 网络技术辅助下的翻译能力［J］. 上海翻译，2008（1）：62-65.

［53］龚光明. 翻译思维学［M］. 上海：上海社会科学院出版社，2004.

［54］桂乾元. 记联邦德国的三位翻译家［J］. 中国翻译，1987（3）：47-49.

［55］郭建中. 当代美国翻译理论［M］. 武汉：湖北教育出版社，2000.

［56］过家鼎. 注意外交用词的政治含义［J］. 中国翻译，2002（6）：59-60.

［57］哈贝马斯. 认识与兴趣［M］. 郭官义，李黎，译. 上海：学林出版社，1999.

［58］韩子满.应用翻译：实践与理论研究［J］.中国科技翻译，2005（4）：48-51，61.

［59］韩子满.转向冲动与问题意识——也谈当前国内的翻译研究［J］.上海翻译，2015（3）：10-16.

［60］衡孝军.对外宣传翻译理论与实践——北京市外宣用语现状调查与规范［M］.北京：世界知识出版社，2011.

［61］贺善侃.实践主体论［M］.上海：学林出版社，2001.

［62］贺显斌.了解当代西方译论的一个新窗口 Introducing Translation Studies（2001）述介［J］.上海科技翻译，2002（3）：58-61.

［63］贺显斌.欧盟的翻译对传统翻译观念的挑战［J］.广东外语外贸大学学报，2007（2）：28-31，39.

［64］洪明.企业外宣广告翻译的目的论维度［J］.外语学刊，2006（5）：103-106.

［65］洪卫.从信息释义角度谈外宣词汇翻译策略——以新词为例［J］.西安电子科技大学学报（社会科学版），2012（4）：85-88.

［66］胡安江，周晓琳.语言与翻译的政治——意识形态与译者的主体身份建构［J］.四川外语学院学报，2008（5）：103-107.

［67］胡范铸，薛笙.作为修辞问题的国家形象传播［J］.华东师范大学学报（哲学社会科学版），2010（6）：35-40.

［68］胡芳毅，贾文波.外宣翻译：意识形态操纵下的改写［J］.上海翻译，2010（1）：23-28.

［69］胡芳毅.操纵理论视角下的外宣翻译——政治文本翻译的改写［J］.中国科技翻译，2014（2）：40-42，39.

［70］胡庚申.从"译者主体"到"译者中心"［J］.中国翻译，2004（3）：10-16.

［71］胡洁.建构视角下的外宣翻译研究［D］.上海：上海外国语大学，2010.

［72］胡牧.主体性、主体间性抑或总体性——对现阶段翻译主体性研究的思考［J］.外国语，2006（6）：66-72.

［73］胡兴文.叙事学视域下的外宣翻译研究［M］.上海：上海交通大学出版社，2019.

［74］胡妤.描写译学视域下的外宣翻译规范研究：以 China Today 为例［M］.上海：上海交通大学出版社，2019.

［75］黄驰.跨文化传播视域下的外宣翻译研究［M］.长春：吉林大学出版社，2020.

［76］黄慧，贾卉.建构主义翻译观下的外宣翻译——从"做可爱的上海人"的英译谈起

［J］. 上海翻译, 2007（4）: 38-42.

［77］黄友义. 坚持"外宣三贴近"原则 处理好外宣翻译中的难点问题［J］. 中国翻译, 2004（6）: 27-28.

［78］黄友义. 从翻译工作者的权利到外宣翻译——在首届全国公示语翻译研讨会上的讲话［J］. 中国翻译, 2005（6）: 31-33.

［79］黄友义. 谈谈职业翻译人才培养与翻译人才评价以及翻译行业管理的接轨［J］. 中国翻译, 2007（4）: 8-9.

［80］黄友义. 社会需要更多的实用翻译人才［J］. 中国翻译, 2007（1）: 47-48.

［81］黄振定. 翻译学的语言哲学基础［M］. 上海: 上海交通大学出版社, 2007.

［82］黄忠廉. 翻译方法论［M］. 北京: 中国社会科学出版社, 2009.

［83］黄忠廉, 信娜. 应用翻译学创建论［J］. 上海翻译, 2011（2）: 7-10.

［84］黄忠廉, 方梦之, 李亚舒等. 应用翻译学［M］. 北京: 国防工业出版社, 2013.

［85］贾卉. 意识形态与美国《新闻周刊》涉华词语的翻译［J］. 上海翻译, 2008（2）: 27-31.

［86］贾文波. 对外旅游翻译不可忽视民族审美差异［J］. 上海科技翻译, 2003（1）: 20-22.

［87］贾文波. 应用翻译理论与实践［M］. 长沙: 湖南科学技术出版社, 2004.

［88］贾文波. 功能翻译理论对应用翻译的启示［J］. 上海翻译, 2007（2）: 9-14.

［89］贾文波. 应用翻译功能论（第二版）［M］. 北京: 中国对外翻译出版公司, 2012.

［90］姜秋霞, 权晓辉. 翻译能力与翻译行为关系的理论假设［J］. 中国翻译, 2002（6）: 13-17.

［91］姜秋霞, 杨平. 翻译研究实证方法评析——翻译学方法论之二［J］. 中国翻译, 2005（1）: 23-28.

［92］蒋芳婧. 受众接受视角下的中央文献日译策略——基于《2013年政府工作报告》日译本受众访谈调查［J］. 天津外国语大学学报, 2014（5）: 42-48.

［93］金萍. 多维视域下翻译转换能力发展与翻译教学对策研究［M］. 北京: 中国人民大学出版社, 2012.

［94］金萍. 多维视域下翻译能力结构体系的认知阐释［J］. 兰州大学学报（社会科学版）, 2013（6）: 148-153.

［95］乐萍. 目的论视角下贵州地区少数民族文化的外宣翻译研究［D］. 上海: 上海外国语大学, 2014.

［96］李长栓.《一个中国的原则与台湾问题白皮书》英语译文值得推敲［J］.中国翻译,
2001（5）: 62-64.

［97］李海军,李钢.英语专业学生翻译能力的培养［J］.中国大学教学, 2012（3）: 69-71.

［98］李淮春.马克思主义哲学全书［M］.北京:中国人民大学出版社, 1996.

［99］李辉.论马克思主义理论学科建设的"问题导向"［J］.高校理论战线, 2012（12）:
64-69.

［100］李惠红.翻译学研究方法论［M］.北京:国防工业出版社, 2010.

［101］李慧坤.由源文到译文——简述汉斯·费尔梅的"翻译目的论"［J］.北京理工大学
学报（社会科学版）, 2003（S1）: 113-114.

［102］李家春.城市外宣翻译跨文化文本重构研究［D］.上海:上海外国语大学, 2013.

［103］李加军.外宣翻译中的译员文化认知——以跨文化传播中的受众解读效果为视角
［J］.江苏大学学报（社会科学版）, 2009（6）: 68-70.

［104］李连科.价值哲学引论［M］.北京:商务印书馆, 1999.

［105］李楠明.价值主体性［M］.北京:社会科学文献出版社, 2005.

［106］李瑞林.从翻译能力到译者素养:翻译教学的目标转向［J］.中国翻译, 2011（1）:
46-51, 93.

［107］李文革.西方翻译理论流派研究［M］.北京:中国社会科学出版社, 2004.

［108］李欣.外宣翻译中的"译前处理"——天津电视台国际部《中国·天津》的个案分析
［J］.上海科技翻译, 2001（1）: 18-21.

［109］李行健.现代汉语规范词典［Z］.北京:外语教学与研究出版社, 2010.

［110］李玉香.从功能目的论看商标词的翻译［J］.同济大学学报（社会科学版）, 2006
（4）: 75-82.

［111］李运兴.语篇翻译引论［M］.北京:中国对外翻译出版公司, 2001.

［112］李运兴.翻译语境描写论纲［M］.北京:清华大学出版社, 2010.

［113］李占喜.国内外翻译过程研究:回顾与述评［J］.时代文学, 2009（8）: 30-32.

［114］廖七一.当代西方翻译理论探索［M］.南京:译林出版社, 2000.

［115］林克难,籍明文.应用英语翻译呼唤理论指导［J］.上海科技翻译, 2003（3）: 10-12.

［116］林克难.从信达雅、看易写到模仿—借用—创新——必须重视实用翻译理论建设
［J］.上海翻译, 2007（3）: 5-8.

［117］林晓琴.从乔布斯悼词的两岸三地译文看企业外宣翻译的本土化顺应［J］.东南学术，2012（5）：273-280.

［118］刘春阳.谈外宣翻译人才的基本素质［J］.外语学刊，2013（1）：117-121.

［119］刘洪潮.怎样做对外宣传报道［M］.北京：中国传媒大学出版社，2005.

［120］刘金龙，刘晓民.应用翻译研究三论［J］.广西社会科学，2007（8）：158-161.

［121］刘金龙.我国的应用翻译研究：回顾与展望——基于《上海翻译》（2003—2010）的语料分析［J］.上海翻译，2011（2）：25-29.

［122］刘猛.认知能力与交替传译能力的关系——基于国内翻译硕士院校的实证研究［D］.上海：上海外国语大学，2014.

［123］刘宓庆.当代翻译理论［M］.北京：中国对外翻译出版公司，1999.

［124］刘明东.翻译选择的政治思辨［J］.外语学刊，2010（1）：126-128.

［125］刘萍，王小川.《翻译课程模式研究——以发展翻译能力为中心的方法》评介［J］.外语与外语教学，2007（2）：63-64.

［126］刘庆雪.跨学科视角下的口译交际策略研究［D］.上海：上海外国语大学，2011.

［127］刘少勤.盗火者的足迹与心迹——论鲁迅与翻译［D］.福州：福建师范大学，2003.

［128］刘雅峰.译有所为，译者何为？——文化全球化背景下外宣翻译及其译者研究［J］.山西师大学报（社会科学版），2008（3）：140-142.

［129］刘雅峰.译者的适应与选择：外宣翻译过程研究［D］.上海：上海外国语大学，2009.

［130］刘雅峰.译者的适应与选择：外宣翻译过程研究［M］.北京：人民出版社，2010.

［131］刘艳春.翻译专业技能研究［D］.天津：南开大学，2014.

［132］刘彦仕.生态翻译学视角下的红色文化旅游资料的英译［J］.外国语文，2011（S1）：74-76.

［133］刘源甫，王熙，曹鑫.论科技英语句词汇概念层级调适及翻译［J］.中国科技翻译，2014（3）：1-4.

［134］刘再复.论文学的主体性［J］.文学评论，1985（6）：11-26.

［135］卢彩虹.传播视角下的外宣翻译研究［M］.杭州：浙江工商大学出版社，2016.

［136］卢小军.略论我国外宣翻译的误译类型及其成因［J］.江苏外语教学研究，2011（2）：75-80.

［137］卢小军.外宣翻译"译+释"策略探析［J］.上海翻译，2012（2）：40-43.

［138］卢小军.国家形象与外宣翻译策略研究：英、汉［M］.北京：外语教学与研究出版社，2015.

［139］罗选民，黎土旺.关于公示语翻译的几点思考［J］.中国翻译，2006（4）：66-69.

［140］罗选民，黄勤，张健.大学翻译教学测试改革与翻译能力的培养［J］.外语教学，2008（1）：76-82.

［141］吕和发，董庆文，任林静.跨文化公关视域下的外宣与外宣翻译研究［M］.北京：国防工业出版社，2016.

［142］吕俊，侯向群.翻译学——一个建构主义的视角［M］.上海：上海外语教学出版社，2006.

［143］吕俊，侯向群.翻译批评学引论［M］.上海：上海外语教学出版社，2009.

［144］吕俊.开展翻译学的复杂性研究——一个译学研究思想观念和思维方式的革命［J］.上海翻译，2013（1）：1-6.

［145］中共中央马克思恩格斯列宁斯大林著作编译局.马克思恩格斯选集（第1卷）［M］.北京：人民出版社，2012.

［146］中共中央马克思恩格斯列宁斯大林著作编译局.马克思恩格斯选集（第2卷）［M］.北京：人民出版社，2012.

［147］中共中央马克思恩格斯列宁斯大林著作编译局.马克思恩格斯选集（第3卷）［M］.北京：人民出版社，2012.

［148］中共中央马克思恩格斯列宁斯大林著作编译局.马克思恩格斯选集（第4卷）［M］.北京：人民出版社，2012.

［149］马会娟，管兴忠.发展学习者的汉译英能力——以北外本科笔译教学为例［J］.中国翻译，2010（5）：39-44.

［150］马会娟.中国学习者汉译英翻译能力分级研究［J］.外语教学，2012（1）：105-108.

［151］马会娟.汉译英翻译能力研究［M］.北京：北京师范大学出版社，2013.

［152］穆雷，诗怡.翻译主体的"发现"与研究——兼评中国翻译家研究［J］.中国翻译，2003（1）：14-20.

［153］穆雷.翻译能力与翻译测试——英汉/汉英翻译测试研究系列（四）［J］.上海翻译，2006（2）：43-47.

［154］苗菊.翻译能力研究——构建翻译教学模式的基础［J］.外语与外语教学，2007（4）：47-50.

［155］苗菊，刘艳春.翻译实证研究——理论、方法与发展［J］.中国外语，2010（6）：92-97.

［156］莫爱屏.译者主体性与语篇中视角的互动研究［J］.外语教学，2008（5）：86-90.

［157］莫爱屏，满德亮，蒋清凤.翻译学博士研究生跨学科研究能力的培养［J］.中国外语，2014（4）：91-96.

［158］莫爱屏，吴迪，刘吉林.社会建构模式下职业化译者能力培养新探［J］.外语教学理论与实践，2015（3）：68-73，93.

［159］宁继鸣.汉语国际推广：关于孔子学院的经济学分析与建议［D］.济南：山东大学，2006.

［160］牛新生.从感召功能看汉语公示语英译——以宁波城市公示语为例［J］.中国翻译，2007（2）：63-67，94.

［161］欧阳利锋.论译者的批判性思维［J］.外语与外语教学，2009（8）：50-53.

［162］潘平亮.翻译目的论及其文本意识的弱化倾向［J］.上海翻译，2006（1）：13-17.

［163］潘月明，郭秀芝.高校外宣翻译的策略探微——以浙江理工大学校史翻译为例［J］.中国科技翻译，2011（4）：28-31.

［164］彭漪涟.逻辑范畴论——马克思主义哲学关于逻辑范畴的理论［M］.上海：华东师范大学出版社，2000.

［165］彭劲松.外宣翻译中变译的语言顺应论阐释［J］.广西师范大学学报（哲学社会科学版），2010（1）：49-52.

［166］齐振海.认识论探索［M］.北京：北京师范大学出版社，2008.

［167］钱春花.交互性教学对学习者翻译能力的驱动［J］.外语界，2010（2）：19-24.

［168］钱春花.基于扎根理论的译者翻译能力体系研究［J］.外语与外语教学，2011（6）：65-69.

［169］钱春花.基于心流理论的体验式翻译教学对翻译能力的作用分析［J］.外语界，2011（3）：23-30.

［170］钱春花.翻译能力构成要素及其驱动关系分析［J］.外语界，2012（3）：59-65.

［171］钱春花，徐剑，李冠杰.翻译行为研究评述与展望［J］.上海翻译，2015（3）：17-22.

［172］邱文生. 认知视野下的翻译研究［M］.厦门：厦门大学出版社，2010.

［173］裴姬新. 从独白走向对话——哲学诠释学视角下的文学翻译研究［M］.杭州：浙江大学出版社，2009.

［174］尚宏. 不同译者思维过程与职业能力的实证研究［D］.上海：上海外国语大学，2011.

［175］沈苏儒. 论信达雅：严复翻译理论研究［M］.北京：商务印书馆，1998.

［176］沈苏儒. 对外传播的理论与实践［M］.北京：五洲传播出版社，2004.

［177］沈苏儒. 对外报道教程［M］.北京：五洲传播出版社，2004.

［178］沈苏儒. 有关跨文化传播的三点思考［J］.对外传播，2009（1）：37-38.

［179］施燕华. 浅谈中美建交公报的翻译［J］.中国翻译，2004（1）：60-61.

［180］束慧娟. 动态投射与译者主体性［J］.上海翻译，2012（3）：13-15.

［181］孙宁宁. 实践哲学转向对翻译研究的影响［J］.河海大学学报，2003（3）：76-78.

［182］孙雪瑛，冯庆华. 目的论视域中的企业外宣翻译［J］.外语学刊，2014（4）：98-102.

［183］谭卫国. 英语隐喻的分类、理解与翻译［J］.中国翻译，2007（6）：42-46，96.

［184］谭载喜. 翻译学［M］.武汉：湖北教育出版社，2000.

［185］谭载喜. 西方翻译简史（增订版）［M］.北京：商务印书馆，2004.

［186］唐义均. 党政文献汉英翻译中搭配冲突的调查［J］.中国翻译，2012（1）：87-91.

［187］田运. 思维辞典［Z］.杭州：浙江教育出版社，1996.

［188］童孝华. 翻译的主体意识——2014年政府工作报告翻译心得［J］.中国翻译，2014（4）：92-97.

［189］仝亚辉. PACTE翻译能力模式研究［J］.解放军外国语学院学报，2010（5）：88-93.

［190］屠国元，朱献珑. 译者主体性：阐释学的阐释［J］.中国翻译，2003（6）：8-14.

［191］王爱琴. 词典技巧与翻译能力［J］.上海科技翻译，2004（2）：55-58.

［192］王传英. 从"自然译者"到PACTE模型：西方翻译能力研究管窥［J］.中国科技翻译，2012（4）：32-35，8.

［193］王大来. 从翻译的文化功能看翻译中文化缺省补偿的原则［J］.外语研究，2004（6）：68-70，77.

［194］王刚毅. 政治文件翻译的几点思考和建议［J］.中国翻译，2014（3）：8.

［195］王家根，孙丽，赵联斌. 外宣翻译理论导论［M］.芜湖：安徽师范大学出版社，2019.

［196］王加林，贺显斌．回归前后香港施政报告中 WE 的使用与香港人身份的建构［J］．解放军外国语学院学报，2012（4）：12–15，106.

［197］王金波，王燕．从信息论的角度看汉英翻译的冗余现象［J］．中国科技翻译，2002（4）：1–4，12.

［198］王静．外宣资料的功能性编译法探讨［J］．上海翻译，2010（3）：40–42.

［199］王克友．翻译过程与译文的演生：翻译的认识、语言、交际和意义观［M］．北京：中国社会科学出版社，2008.

［200］王立松，张静敏．关联理论重构外宣翻译中的文化缺省［J］．天津大学学报（社会科学版），2015（1）：68–72.

［201］王宁．翻译的文化建构和文化研究的翻译学转向［J］．中国翻译，2005（6）：5–9.

［202］王弄笙．十六大报告汉英翻译的几点思考［J］．中国翻译，2004（1）：56–59.

［203］王文．庞德与中国文化——接受美学的视阈［D］．苏州：苏州大学，2004.

［204］王平兴．"近似对应"与"伪对应"——谈对外新闻中的一些翻译问题［J］．中国翻译，2007（3）：61–64.

［205］王平兴．关于党政文献汉译英的词语搭配和语义韵问题［J］．中国翻译，2013（3）：71–77.

［206］王树槐，王若维．翻译能力的构成因素和发展层次研究［J］．外语研究，2008（5）：80–88.

［207］王树槐，栗长江．英语专业本科生翻译教学情况调查与思考［J］．山东外语教学，2008（5）：88–92.

［208］王湘玲，等．西方翻译能力研究：回眸与前瞻［J］．湖南大学学报（社会科学版），2008（2）：103–106.

［209］王湘玲，毕慧敏．建构基于真实项目的过程教学模式——兼评《翻译能力培养研究》［J］．上海翻译，2008（2）：52–56.

［210］王湘玲．建构主义的项目式翻译能力培养研究［M］．长沙：湖南大学出版社，2012.

［211］王一多．叙事学视角下的国防白皮书英译研究［J］．外语研究，2019，36（2）：77–81，95.

［212］王寅．认知语言学的翻译观［J］．中国翻译，2005（5）：15–20.

［213］王友贵．当代翻译文学史上译者主体性的削弱（1949—1978）［J］．外国语言文学，

2007（1）：40-47.

［214］王育伟.中翻英过程中查证行为实证研究［D］.上海：上海外国语大学，2014.

［215］王正琪，陈典港.论对外宣传翻译中的 Skopos 原则［J］.南昌大学学报（人文社会科学版），2006（2）：136-139.

［216］温建平.论翻译思维能力的培养［J］.外语界，2006（3）：7-13.

［217］文军.论翻译能力及其培养［J］.上海科技翻译，2004（3）：1-5.

［218］文军.论以发展翻译能力为中心的课程模式［J］.外语与外语教学，2004（8）：49-52.

［219］文军.翻译课程模式研究——以发展翻译能力为中心的方法［M］.北京：中国文史出版社，2005.

［220］文军，李红霞.以翻译能力为中心的翻译专业本科课程设置研究［J］.外语界，2010（2）：2-7.

［221］吴自选.德国功能派翻译理论与 CNN 新闻短片英译［J］.中国科技翻译，2005（1）：4-7，24.

［222］吴国华.语言与文化研究的回顾与前瞻［J］.解放军外语学院学报，1997（5）：1-6.

［223］吴育红，刘雅峰.译者适应与译者选择之偏差［J］.上海翻译，2014（3）：78-81.

［224］武光军.2010 年政府工作报告英译本中的迁移性冗余：分析与对策［J］.中国翻译，2010（6）：64-68.

［225］武光军，赵文婧.中文政治文献英译的读者接受调查研究——以 2011 年《政府工作报告》英译本为例［J］.外语研究，2013（2）：84-88.

［226］武建国，牛振俊，冯婷.互文视域下中国传统文化的外宣——以林语堂的翻译作品为例［J］.外语学刊，2019（6）：117-121.

［227］夏征农，陈至立.辞海［Z］.上海：上海辞书出版社，2009.

［228］肖辉.双语词汇、概念记忆模式假设与翻译［J］.语言与翻译，2003（3）：44-47，53.

［229］肖家燕，李恒威.概念隐喻视角下的隐喻翻译研究［J］.中国外语，2010（5）：106-111.

［230］肖前，李秀林，汪永祥.辩证唯物主义原理［M］.北京：人民出版社，1981.

［231］肖维青.多元素翻译能力模式与翻译测试的构念［J］.外语教学，2012（1）：109-112.

[232] 肖姝.译者主体性与对外传播中标语、口号翻译 [J].外国语文, 2011 (S1): 61-63, 136.

[233] 谢天振.译介学 [M].上海:上海外语教育出版社, 1999.

[234] 谢天振, 查明建.中国现代翻译文学史 (1898—1949)[M].上海:上海外语教育出版社, 2004.

[235] 熊兵娇.实践哲学视角下的译者主体性探索 [D].上海:上海外国语大学, 2009.

[236] 熊英.我国外宣翻译存在的不足及其成因分析 [J].湖南科技大学学报 (社会科学版), 2012 (2): 142-145.

[237] 徐梅江.汉译英的双向理解和完美表达 [J].中国翻译, 2000 (6): 12-15.

[238] 徐敏, 胡艳红.功能翻译理论视角下的企业外宣翻译 [J].华中科技大学学报 (社会科学版), 2008 (3): 107-111.

[239] 徐艳利.论"翻译的不确定性"论题中的译者主体性问题 [J].外语研究, 2013 (1): 80-83.

[240] 徐英.新闻编译中的名物化改动与意识形态转换 [J].中国翻译, 2015 (3): 90-94.

[241] 许宏.外宣翻译与国际形象建构 [M].北京:时事出版社, 2017.

[242] 许建忠.工商企业翻译实务 [M].北京:中国对外翻译出版公司, 2002.

[243] 许钧, 袁筱一.当代法国翻译理论 [M].武汉:湖北教育出版社, 2001: 130.

[244] 许钧."创造性叛逆"和翻译主体性的确立 [J].中国翻译, 2003 (1): 8-13.

[245] 许钧, 穆雷.中国翻译研究 (1949—2009)[M].上海:外语教育出版社, 2009.

[246] 闫建琪.重视当代中央文献的编辑和翻译出版工作, 增强国际话语权 [J].马克思主义与现实, 2014 (4): 9-10.

[247] 杨洁, 曾利沙.论翻译伦理学研究范畴的拓展 [J].外国语, 2010 (5): 73-79.

[248] 杨洁.文学翻译主体性范畴之"主—客体互动性"研究 [M].北京:中国社会科学出版社, 2013.

[249] 杨明星.论外交语言翻译的"政治等效"——以邓小平外交理念"韬光养晦"的译法为例 [J].解放军外国语学院学报, 2008 (5): 90-94.

[250] 杨明星, 闫达."政治等效"理论框架下外交语言的翻译策略——以"不折腾"的译法为例 [J].解放军外国语学院学报, 2012 (3): 73-77.

[251] 杨平.对当前中国翻译研究的思考 [J].中国翻译, 2003 (1): 5-7.

[252] 杨仕章. 异化视域中的文化翻译能力 [J]. 解放军外国语学院学报, 2013（1）: 100-106.

[253] 杨武能. 阐释、接受与再创造的循环——文学翻译断想 [J]. 中国翻译, 1987（6）: 3-6.

[254] 杨武能. 翻译、接受与再创造的循环——文学翻译断想之一 [C] // 许钧. 翻译思考录. 武汉: 湖北教育出版社, 1998.

[255] 杨晓荣. 翻译批评导论 [M]. 北京: 中国对外翻译出版公司, 2005.

[256] 杨雪莲. 传播学视角下的外宣翻译——以《今日中国》的英译为个案 [D]. 上海: 上海外国语大学, 2010.

[257] 杨友玉. 多维视域下的外宣翻译体系构建研究 [M]. 北京: 水利水电出版社, 2018.

[258] 于慧堂. 辩证思维逻辑学 [M]. 济南: 齐鲁书社, 2007.

[259] 余秋平. 国家形象视阈下外宣翻译策略刍议 [J]. 西安外国语大学学报, 2016（1）: 126-129.

[260] 袁莉. 关于翻译主体研究的构想 [C] // 张柏然, 许钧. 面向二十一世纪的译学研究. 北京: 商务印书馆, 2002.

[261] 袁晓宁. 论外宣英译策略的二元共存 [J]. 中国翻译, 2013（1）: 93-97.

[262] 袁筱一. "不可译"与"再创造" [J]. 中国翻译, 1997（4）: 3-7.

[263] 袁筱一. 从翻译的时代到直译的时代——基于贝尔曼视域之上的本雅明 [J]. 外语教学理论与实践, 2011（1）: 89-95.

[264] 袁卓喜. 现代修辞视角下的外宣翻译——基于西方劝说机制理论的思考 [J]. 解放军外国语学院学报, 2013（1）: 91-95.

[265] 袁卓喜. 修辞劝说视角下的外宣翻译研究 [M]. 北京: 中国传媒大学出版社, 2017.

[266] 曾利沙. 论"规律"——兼论翻译理论与实践的辩证关系 [J]. 外语与外语教学, 2001（9）: 49-52.

[267] 曾利沙. 小议翻译操作中的"多度视域"——兼对第十二届"韩素音青年翻译奖"英译汉参考译文的几点商榷意见 [J]. 中国翻译, 2001（2）: 40-43.

[268] 曾利沙. 名词后缀"-s"的语义嬗变与翻译 [J]. 上海科技翻译, 2001（1）: 22-25.

[269] 曾利沙. 论"操作视域"与"参数因子"——兼论翻译学理论范畴"文本特征论"的研究 [J]. 现代外语, 2002（2）: 153-164.

［270］曾利沙.关于翻译操作的"多度视域"研究——兼论译学系统理论研究的范畴化与概念化［J］.四川外语学院学报,2002（4）:99-102.

［271］曾利沙.化理论为方法 化理论为知识——翻译专业研究生学科理论教学谈［J］.中国翻译,2002（1）:35-39.

［272］曾利沙.论文本的缺省性、增生性与阐释性——兼论描写翻译学理论研究方法论［J］.外语学刊,2004（5）:77-81,94.

［273］曾利沙.对《2002年中国的国防》(白皮书)英译文评析——兼论对外宣传翻译"经济简明"原则［J］.广东外语外贸大学学报,2005（2）:5-9,16.

［274］曾利沙.论旅游指南翻译的主题信息突出策略原则［J］.上海翻译,2005（1）:19-23.

［275］曾利沙.论翻译的艺术创造性与客观制约性——主题关联性社会文化语境下的译者主体性个案研究［J］.广东外语外贸大学学报,2006（2）:5-8,30.

［276］曾利沙.意义本体论批评与价值评判的逻辑基础——兼论"论翻译的非逻辑特质"的反逻辑性［J］.四川外语学院学报,2007（1）:113-117.

［277］曾利沙.从对外宣传翻译原则范畴化看语用翻译系统理论建构［J］.外语与外语教学,2007（7）:44-46.

［278］曾利沙.从翻译理论建构看应用翻译理论范畴化拓展——翻译学理论系统整合性研究之四（以旅游文本翻译为例)［J］.上海翻译,2008（3）:1-5.

［279］曾利沙.从认知角度看对外宣传英译的中式思维特征——兼论应用翻译技术理论范畴化表征与客观理据性［J］.广西民族大学学报（哲学社会科学版）,2009（6）:175-179.

［280］曾利沙,李燕娜.从语境参数论看范畴概念"活动"英译的实与虚——兼论应用翻译研究的经验模块与理论模块的建构［J］.上海翻译,2011（2）:1-6.

［281］曾利沙.论应用翻译学理论范畴体系整合与拓展的逻辑基础［J］.上海翻译,2012（4）:1-6.

［282］曾利沙.翻译学理论多维视角探索［M］.上海:上海外语教育出版社,2012.

［283］曾利沙.功能—目的论视角下校训英译的主—客观理据论——以"明德尚行 学贯中西"英译剖析为例［J］.广东外语外贸大学学报,2013（5）:60-64,78.

［284］曾利沙.翻译学理论系统整合性研究［M］.北京:外语教学与研究出版社,2014.

［285］曾利沙,邓薇."逻辑引申法"经验模块的建构——兼论语境意义的推导［J］.中国

科技翻译, 2014 (4): 32-35.

[286] 曾文雄. 哲学维度的中西翻译学比较研究 [M]. 北京: 科学出版社, 2013.

[287] 查明建, 田雨. 论译者主体性——从译者文化地位的边缘化谈起 [J]. 中国翻译, 2003 (1): 21-26.

[288] 张保红. 文学翻译的多角度及其美学效果 [J]. 外语教学, 2001 (6): 49-51.

[289] 张柏然. 全球化语境下的翻译理论研究 [J]. 中国翻译, 2002 (1): 58-59.

[290] 张长明, 仲伟合. 论功能翻译理论在法律翻译中的适用性 [J]. 语言与翻译, 2005 (3): 44-48.

[291] 张沉香. 功能目的理论与应用翻译研究 [M]. 长沙: 湖南师范大学出版社, 2008.

[292] 张春柏. 翻译批评的一种语言学模式——简评《翻译批评——其潜能与局限》[J]. 上海科技翻译, 2001 (2): 1-4.

[293] 张健. 英语新闻业务研究 [M]. 上海: 上海外语教育出版社, 2010.

[294] 张健. 外宣翻译导论 [M]. 北京: 国防工业出版社, 2013.

[295] 张锦兰. 目的论与翻译方法 [J]. 中国科技翻译, 2004 (1): 35-37, 13.

[296] 张久全. 翻译的政治性特征初探 [J]. 重庆科技学院学报 (社会科学版), 2009 (3): 164-165.

[297] 张昆. 国家形象传播 [M]. 上海: 复旦大学出版社, 2005.

[298] 张丽红, 刘祥清. 生态翻译论对外宣翻译的启示 [J]. 中国科技翻译, 2014 (2): 43-46.

[299] 张美芳. 论两种不同层次的翻译教学 [J]. 外语与外语教学, 2001 (5): 37-39.

[300] 张美芳. 翻译研究的功能途径 [M]. 上海: 上海外语教育出版社, 2005.

[301] 张美芳. 功能加忠诚——介评克里丝汀·诺德的功能翻译理论 [J]. 外国语, 2005 (1): 60-65.

[302] 张美芳. 澳门公共牌示语言及其翻译研究 [J]. 上海翻译, 2006 (1): 29-34.

[303] 张美芳. 文本类型理论及其对翻译研究的启示 [J]. 中国翻译, 2009 (5): 53-60.

[304] 张美芳. 巧传信息, 适应读者——以故宫博物院网站材料翻译为例 [J]. 中国翻译, 2013 (4): 99-103.

[305] 张美芳. 文本类型、翻译目的及翻译策略 [J]. 上海翻译, 2013 (4): 5-10.

[306] 张绵厘. 实用逻辑教程 [M]. 北京: 中国人民大学出版社, 1993.

［307］张南峰.走出死胡同，建立翻译学［J］.外国语，1995（3）：1–3.

［308］张南峰.从梦想到现实——对翻译学科的东张西望［J］.外国语，1998（3）：41–47.

［309］张炼强.语言和言语活动的认知思维理据——兼论认知思维与逻辑思维的关系［J］.首都师范大学学报（社会科学版），2007（2）：99–114.

［310］张瑞娥，陈德用.英语专业本科生翻译能力的复合培养教学模式［J］.外语界，2008（2）：47–54，72.

［311］张瑞娥.英语专业本科翻译教学主体交往体系建构研究［D］.上海：上海外国语大学，2012.

［312］张瑞娥.翻译能力构成体系的重新建构与教学启示——从成分分析到再范畴化［J］.外语界，2012（3）：51–58，65.

［313］张雯，卢志宏.中西方修辞传统与外宣翻译的传播效果［J］.上海翻译，2012（3）：38–40，78.

［314］张羽佳.翻译的政治性——马克思文本研究中的一个议题［J］.现代哲学，2007（2）：33–38.

［315］赵式一.模因论视阈中的外宣翻译［J］.山西大学学报（哲学社会科学版），2012（2）：137–140.

［316］赵宇阳.论非英语专业外语教学中的翻译能力培养［J］.广西民族大学学报（哲学社会科学版），2009（S1）：120–121，147.

［317］赵忠会.技术为翻译产业插上腾飞的翅膀——参加2013年"翻译与本地化技术、项目管理"培训有感［J］.中国翻译，2013（4）：96–98.

［318］郑晔.国家机构赞助下中国文学的对外译介——以英文版《中国文学》（1951—2000）为个案［D］.上海：上海外国语大学，2012.

［319］郑海霞.跨文化视域中的外宣翻译研究［M］.北京：中国水利水电出版社，2017.

［320］仲伟合，钟钰.德国的功能派翻译理论［J］.中国翻译，1999（3）：48–50.

［321］仲伟合，周静.译者的极限与底线——试论译者主体性与译者的天职［J］.外语与外语教学，2006（7）：42–46.

［322］周锰珍，曾利沙.论关联性信息与价值［J］.中国科技翻译，2006（2）：23–26，35.

［323］周领顺.试论企业外宣文字中壮辞的英译原则［J］.上海科技翻译，2003（3）：59–60.

［324］周荣娟，刘朝晖.外宣语篇翻译中的逻辑连贯重构［J］.吉首大学学报（社会科学版），2011（2）：141-143.

［325］周学恒，孟宏党.论应用型本科英语翻译教学非文学性转向［J］.西安文理学院学报（社会科学版），2011（4）：111-114.

［326］周兆祥.专业翻译［M］.香港：商务印书馆（香港）有限公司，1997.

［327］朱健平.翻译的跨文化解释——哲学诠释学和接受美学模式［D］.上海：华东师范大学，2003.

［328］朱穆之.论对外宣传［M］.北京：五洲传播出版社，1995.

［329］朱义华.从"争议岛屿"来看外宣翻译工作中的政治意识［J］.中国翻译，2012（6）：96-98.

［330］朱义华.外宣翻译研究体系建构探索——基于哲学视野的反思［D］.上海：上海外国语大学，2013.

［331］朱义华.外宣翻译的政治性剖析及其翻译策略研究［M］.苏州：苏州大学出版社，2017.

［332］朱志瑜.类型与策略：功能主义的翻译类型学［J］.中国翻译，2004（3）：3-9.

二、外文文献

［1］Alvarez R，Vidal M C. Translation, Power, Subversion［M］. Beijing: Foreign Languages Teaching and Research Press，2007.

［2］Bassnett S，Lefevere A. Translation, History and Culture［M］. London and New York: Printer，1990.

［3］Bassnett S. Writing in No Man's Land: Questions of Gender and Translation［J］. Ilha Do Desterro，1992（28）：63-73.

［4］Bassnett S. Comparative Literature: A Critical Introduction［M］. Oxford: Blackwell，1993.

［5］Bassnett S. The Meek or the Mighty: Reappraising the Role of the Translator［C］//Alvarez R，Vidal M C（eds.）. Translation, Power, Subversion. Multilingual Matters Ltd，1996.

［6］Bassnett S，Lefevere A. Constructing Cultures［M］. Shanghai: Shanghai Foreign Language Education Press，1998.

[7] Bassnett S, Trivedi H. Post-Colonial Translation: Theory and Practice [C] . London and New York: Routledge, 1999.

[8] Bassnett S. Translation Studies (Third Edition)[M] . London and New York: Routledge, 2001.

[9] Bassnett S. Translation [M] . London and New York: Routledge, 2014.

[10] Beeby A. Choosing an Empirical-Experimental Model for Investigating Translation Competence: The PACTE Model [C] // Olohan M (eds.) . Intercultural Faultlines. Research Models in Translation Studies: Textual and Cognitive Aspects. Manchester: St Jerome, 2000: 43-55.

[11] Bell R T. Translation and Translating: Theory and Practice [M] . London: Longman, 1991.

[12] Campbell S J. Towards a model of translation competence [J] . Meta, 1991 (2): 329-343.

[13] Campbell S J. Translation into the second Language [M] . London and New York: Routledge, 1998.

[14] Catford J C. A Linguistic Theory of Translation [M] . London: Oxford University Press, 1965.

[15] Chomsky N. Aspects of the Theory of Syntax [M] . Cambridge, Mass.: MIT Press, 1965.

[16] Derrida J. Des Tours de Babel [C] //Graham J F (ed.) . Difference in Translation. Ithaca and London: Cornell University Press, 1985: 165-207.

[17] Delisle J. Translation: An Interpretive Approach [M] . Ottawa: University of Ottawa Press, 1988.

[18] De Cillia R, Reisigl M, Wodak R. The Discursive Construction of National Identities [J] . Discourse & Society, 1999, 10 (2): 149—173.

[19] Firth J R. Papers in linguistics, 1934-1951 [M] . London: Oxford University Press, 1957.

[20] Flotow L V. Translation and Gender: Translating in the "Era of Feminism" [M] . Manchester: St. Jerome Publishing, 1997.

[21] Fox O. The Use of Translation Diaries in a Process-Oriented Translation Teaching Methodology [C] // Schäffner C, Adab B (eds.) . Developing Translation Competence. Amsterdam: John Benjamins, 2000.

[22] Frank A. Electronic Tools for Translators [M] . Beijing: Foreign Language Teaching and Research Press, 2006.

[23] Fraser J. The Broader View: How Freelance Translators Define Translation Competence [C] //Schäffner C, Adab B (eds.) . Developing Translation Competence. Amsterdam: John Benjamins, 2000: 51-62.

[24] Godard B. Theorizing Feminist Discourse/Translation [C] // Basnett S, Lefevere A (eds.) . Translation, History and Culture. London: Frances Pinter, 1990.

[25] Goodenough W H. Cultural Anthropology and Linguistics [C] // Hymes D (ed.) . Language in Culture and Society: A Reader in Linguistics and Anthropology. NewYork: Harper & Row, 1964: 36.

[26] Gutt E A. Translation and Relevance: Cognition and Context [M] . Oxford: Blackwell, 1991.

[27] Hall T E. Beyond culture [M] . Garden City, N.Y: Anchor Press, 1976.

[28] Halliday A K. Language, Context and Text [M] . Victoria: Deakin University Press, 1985.

[29] Harris B. The Importance of Natural Translation. Revised Text of a Paper Read to the AILA World Congress [C] . In Working Papers on Bilingualism, Stuttgart, 1977.

[30] Harris B, Sherwood B. Translating as an Innate Skill [C] //Gerver D, Sinaiko H W (eds.) . Language, Interpretation and Communication. New York: Plenum, 1978: 155-170.

[31] Hatim B, Mason I. Discourse and the Translator [M] . London and New York: Routledge, 1990.

[32] Hatim B, Mason I. The Translator as Communicator [M] . London and New York: Routledge, 1997.

[33] Hatim B. Teaching and Researching Translation [M] . Pearn Education Limited, 2001.

[34] Hermans T. The Manipulation of Literature: Studies in Literature Translation [C] . London: Croom Helm, 1985.

[35] Hermans T. Translation in Systems: Descriptive and System-oriented Approaches Explained [M] . Manchester: St. Jerome Publishing, 1999.

[36] Holz-Manttari J. Translatorisches Handeln: Thearie und Methode [M] . Helsinki: Suomalainen Tiedeakatemia, 1981/1984.

[37] Kelly D. A Handbook for Translator Trainers [M] . Manchester: St.Jerome, 2005.

[38] Kiraly D. Pathways to Translation: Pedagogy and Process [M] . Kent: The Kent State University Press, 1995.

［39］Kiraly D. A Social Constructivist Approach to Translator Education: Empowerment from Theory to Practice［M］. Manchester: St. Jerome, 2000.

［40］Lakoff G , Johnson M. Metaphors We Live By［M］. Chicago: The University of Chicago Press, 1980.

［41］Lefevere A. Translation, Rewriting and the Manipulation of Literary Fame［M］. London and New York: Routledge, 1992.

［42］Malinowski B. Coral Gardens and Their Magic (Vol.2)［M］. London: Routledge, 1935.

［43］McCarthy M, O'Dell F. English Vocabulary in Use［M］. Beijing: Foreign Language Teaching and Research Press, 2001.

［44］Munday J. Introducing Translation Studies［M］. Routledge, 2001.

［45］Neubert A. Empirical Basis for a Translation Expert System for Trainee Translation Studies［C］// Neubert A, Shreve G , Gommlich K (eds.). Basic Issues in Translation Studies. Kent: The Institute for Applied Linguistics, 1995.

［46］Neubert A. Competence in Language, in Languages, and in Translation［C］//Schäffner C , Adab B (eds.). Developing Translation Competence. Amsterdam: John Benjamins, 2000.

［47］Newmark P. About Translation［M］. Clevedon: Multi-lingual Mutters Ltd., 1991.

［48］Nida E A. Towards a Science of Translating［M］. Leiden: Brill, 1964.

［49］Nida E A , Taber C R. The Theory and Practice of Translation［M］. Leiden: Brill, 1969.

［50］Nida E A. Language, Culture And Translating［M］. Shanghai: Shanghai Foreign Language Education Press, 1993.

［51］Niranjana T. Siting Translation: History, Post-structuralism, and the Colonial Context［M］. Berkely: University of California Press, 1992.

［52］Nord C. Scopos, Loyalty and Translational Conventiorzs［J］. Target, 1991 (3): 91-109.

［53］Nord C. Text Analysis in Translation: Theory, Methodology and Didactic Application of a Model for Translation-oriented Text Analysis［M］. Amsterdam: Rodopi, 1991.

［54］Nord C. A Functional Typology of Translation［C］//Anna Trosborg. Text Typology and Translation. Amsterdam/Philadelphia: John Benjamin's Publishing Company, 1997: 43-66.

［55］Nord C. Translation as a Purposeful Activity: Functionalist Approaches Explained［M］. Shanghai: Shanghai Foreign Language Education Press, 2001.

[56] Nord C. Loyalty Revisited–Bible Translation as a Case in Point [J] . The Translator, 2001 (2): 185–202.

[57] Nord C. Manipulation and Loyalty in Functional Translation [C] //Nord C. Manipulation and Loyalty in Function Trarslation. Current Writing : Text and Reception in Southern Africa, 2002, 14 (2).

[58] Orozco M. Building a Measuring Instrument for the Acquisition of Translation Competence in Trainee Translators [C] // Schäffner C, Adab B (eds.) . Developing Translation Competence. Amsterdam: John Benjamins, 2000: 199–201.

[59] Orozco M, Alabir A H. Measuring Translation Competence Acquisition [J] . Meta, 2002 (1): 375.

[60] PACTE. Acquiring Translation Competence, Hypotheses and Methodological Problems of a Research Project [C] //Beeby A, Ensinger D, Presas M (eds.) . Investigating Translation. Amsterdam/ Philadelphia : John Benjamins Publishing Company, 2000.

[61] PACTE. Investigating Translation Competence: Conceptual and Methodological Issues [J] . Meta, 2005 (2): 609 – 619.

[62] PACTE. Results of the Validation of the PAXTE Translation Competence Model: Acceptability and Decision–making [J] . Across Languages and Cultures, 2009 (2): 207 – 230.

[63] Pinkham J. The Translator's Guide to Chinglish [M] . Beijing: Foreign Language Teaching and Research Press, 2000.

[64] Presas M. Bilingual Competence and Translation Competence [C] // Schäffner C, Adab B (eds.) . Developing Translation Competence. Amsterdam: John Benjamins, 2000: 19–32.

[65] Pym A. Redefining Translation Competence in an Electronic Age [J] . Meta, 2003 (4): 481–497.

[66] Pym A. Exploring Translation Studies [M] . New York: Routledge, 2014.

[67] Reiss K. Translated by Rhodes Erroll F. Translation Criticism–The Potentials & Limitations [M] . Shanghai: Shanghai Foreign Language Education Press, 1971/2004.

[68] Risku H. A Cognitive Scientific View on Technical Communication and Translation: Do Embodiment and Situatedness Really Make a Difference [J] . Target, 2010 (1): 94–111.

[69] Robinson D. The Translator's Turn [M] . Baltimore: The John's Hopkins University Press,

1991.

[70.] Robinson D. Who Translates? Translator's Subjectivity beyond Reason [M] . Albany: State University of New York Press, 2001.

[71] Schäffner C, Adab B. Developing translation competence [C] . Amsterdam/ Philadelphia: John Benjamins Publishing Company, 2000: 3–18.

[72] Schäffner C. Translation Competence: Training for the Real World [C] . Keynote Speech at the FIT Sixth Asian Translators' Forum, Macau, 2010.

[73] Simon S. Gender in Translation: Cultural Identity and the Politics of Transmission [M] . London and New York: Routledge, 1996.

[74] Snell–Hornby M. Translation Studies: An Integrated Approach [M] . Shanghai: Shanghai Foreign Language Education Press, 2001.

[75] Toury G. Descriptive Translation Studies and Beyond [M] . Amsterdam/ Philadelphia: John Benjamins Publishing Company, 1995: 242 – 247.

[76] Van Dijk T A. Ideology: A multidiscplinary Introduction [M] . London: Sage, 1998.

[77] Vermeer H J. A Skopos Theory of Translation (Some arguments for and against) [M] . Heidelberg: Text Con Text–Verlag, 1996.

[78] Vermeer H J. Starting to Unask What Translatology Is About [J] . Target, 1998 (1) .

[79] Venuti L. The Translator's Invisibility: A History of Translation [M] . London and New York: Routledge, 1995.

[80] Venuti L. The Scandals of Translation—Towards an Ethics of Difference [M] . London and New York: Routledge, 1998.

[81] Venuti L. The Translation Studies Reader [C] . London and New York: Routledge, 2000.

[82] Vidal M. (Mis) Translating Degree Zero: Ideology and Conceptual Art [C] //Perez M C (ed.) . Apropos of Ideology: Translation studies on Ideology—Ideologies in Translation studies . Manchester: St. Jerome Publishing, 2003.

[83] Vinay J , Darbelnet J. Comparative Stylistics of French and English: A Methodology of Translation [M] . New York: John Benjamins Publishing Co, 1995.

[84] Wilss W. Perspectives and Limitations of a Didactic Framework for the Teaching of Translation [C] //Brislin R W (ed.) . Translation Applications and Research. New York: Gardner,

1976.

[85] Wilss W. The Science of Translation: Problems and Methods [M] . Amsterdam/ Philadelphia:
John Benjamins Publishing Company, 2001: 15.

[86] Yang M X. The principles and tactics on diplomatic translation—A Chinese perspective [J] .
Babel, 2012 (1): 1–18.

[87] Zhang M F. Reading different cultures through cultural translation—On translation of site
names in Macau Historic Centre [J] . Babel, 2012 (2): 205–219.

[88] Zhong Y. The Making of a "Correct" Translation Showcasing the Official Chinese Discourse of
Translation [J] . Meta, 2011 (4): 796–811.

后　记

白驹过隙，转眼间，博士毕业已有几年时间，如今，将博士论文与最新科研成果融合整理成书，又细细地回味了读博时的酸甜苦辣，感慨万千。

首先，我想将博士论文的致谢"引用"至此，谨以表达我最崇高的敬意。

曾经，无数次憧憬博士毕业后的"自由"；此刻，回想起求学期间的点点滴滴，感恩给予我帮助的亲朋好友，心中竟有万分不舍，就像一只羽翼渐丰的雏鹰，既向往更加广袤的蓝天，又恋栈白云山畔的清新。

首先，我要特别感谢恩师曾利沙教授。恩师是一位治学严谨、为人谦和、德高望重的学者。他不曾嫌弃学生才疏学浅，一步一步将我领入翻译研究的殿堂。从甄选题目到框架定夺至完成定稿，论文凝聚着恩师无数的心血。同时，我也要感谢优雅美丽、善良和蔼的师母。

我是幸运的，在本硕几年求学后，在成家立业后，我还能重回母校圆我的博士梦。

感谢在广外大十年求学期间认识的所有的老师和同学们，尤其是我的硕士导师王初明教授，他严谨的治学精神深深影响和鞭策着我；感谢高翻学院、翻译研究中心及英文学院的各位老师，有了他们，我才得以一步步站在巨人的肩膀上斗胆看世界。

感谢各位答辩及匿名评审专家，他们在论文预答辩和答辩过程中提出了诸多宝贵的意见。

感谢同门兄弟姐妹们，读博之路，艰难异常，但正是有了大家的鼓励与扶持，这条路便显得平坦了很多，故也能苦中作乐，享受"痛并快乐着"。特别是"战友"俊超，图书馆一起奋斗的美好日子，永难忘记。同门是一种缘分，在将来的日子里，我会将这份缘好好地延续下去。

感谢广东金融学院外文学院的领导和同事们，正是有了根据地和大后方的支持，我才能更安心地求学。

家是永远的港湾。感谢我的先生，对我一如既往的支持与爱护；感谢可爱的女儿，用最真的爱和最纯的笑温暖、感动着我；感谢父母，赋予我生命，并让我拥有了最宝贵的精神财富，以及世界上最好的姐姐和妹妹；感谢公婆，不辞辛苦帮我照顾家庭；感谢最亲爱的姐姐妹妹，以及姐夫妹夫，是你们的爱伴我成长。感谢先生与我的大家庭当中的每一位成员。

弹指一挥间，十年广外情。曾经畅想过无数次的毕业后时代姗姗而来，终于可以好好地陪陪家人，彻底放松心情，让自己的思绪天马行空……但，我也一定会想念当年穿梭于舒适的图书馆和温馨小宿舍间的"苦行僧"生活，想念相思河畔的激扬文字和摩星岭峰的挥斥方遒。那些日子，虽显孤独，但却使我充实，让我欣喜，也更让我懂得一切的美好都是努力和追求过后的镜像。

时光荏苒过，情谊永存留。在今后的日子里，我将带着这份浓浓的情和对未来的无限向往，以最饱满的热情，"笑看风轻云淡"，来迎接生命赋予我的新使命。

博士毕业后的这几年，我相继赴英国、德国访学，也继续深入钻研博士论文的拓展方向，进入了更好的状态，并得到了更多前辈大咖的指教和帮助，深深感恩。未来，唯有更加努力，方能不负芳华，笃行致远。

最后，还要特别感谢知识产权出版社宋云老师和卢文宇老师对本书出版的辛勤付出！

邓　薇
2021 年夏于花城广州